"国培计划"优秀成果出版工程·陕西系列

为儿童终身发展奠基

幼儿教师必备的幼教技能

靳存安 著

西南师范大学出版社

全国百佳图书出版单位　国家一级出版社

图书在版编目（CIP）数据

为儿童终身发展奠基：幼儿教师必备的幼教技能 /
靳存安著. — 重庆：西南师范大学出版社，2016.12
　ISBN 978-7-5621-8409-6

Ⅰ. ①为… Ⅱ. ①靳… Ⅲ. ①幼教人员－师资培养
Ⅳ. ①G615

中国版本图书馆 CIP 数据核字（2016）第 284827 号

名师工程系列丛书

编委会主任：马　立　宋乃庆
总策划：周安平
策　划：李远毅　卢　旭　郑持军　郭德军

为儿童终身发展奠基——幼儿教师必备的幼教技能

靳存安　著

责任编辑：郑先俐
特约编辑：刘艳春
封面设计：天之赋设计室
出版发行：西南师范大学出版社
　　　　　地址：重庆市北碚区天生路 1 号
　　　　　邮编：400715　市场营销部电话：023-68868624
　　　　　http://www.xscbs.com
经　　销：新华书店
印　　刷：重庆共创印务有限公司
开　　本：720mm×1030mm　1/16
印　　张：17
字　　数：270 千字
版　　次：2017 年 3 月　第 1 版
印　　次：2017 年 3 月　第 1 次印刷
书　　号：ISBN 978-7-5621-8409-6

定　　价：30.00 元

前　言

　　当今世界发生着深刻的变化，社会的发展决定了教育必须跟上时代的步伐，因此教育必须朝着适应未来的方向进行深刻的变革。自 2010 年以来，我国启动了新一轮幼儿教育改革，现正以令世人瞩目的迅猛之势在全国深入推进。

　　新一轮幼儿教育改革，是党和人民赋予所有幼教事业工作者的历史使命。在改革的大潮中，本人在陕西省教育厅朱晓冬老师和罗昆山老师的关心和支持下，以《幼儿园教育指导纲要（试行）》和《3－6 岁儿童学习与发展指南》为准绳，以培养 21 世纪所需的创新型人才为己任，以改变传统教与学的方式为突破口，紧密联系幼儿教育的新课堂实践，编写了《为儿童终身发展奠基——幼儿教师必备的幼教技能》这本书。目的是奉献社会，为工作在一线的广大教师提供一个理论与实践的"对话"平台，加强同人之间的交流与合作，从而促进专业知识和技能的提高，使每一位教师都能成为紧跟时代步伐、不负时代重托的合格教师。

西安市未央区智能摇篮幼儿园园长　靳存安

目 录

第一章 新课改的背景、意义与核心要求

第一节 新课改的背景 …………………………………… 3

一、人类的生存发展需要创新型人才 …………………… 3

二、人类知识经济的发展需要创新型人才 ……………… 4

三、国际竞争需要创新型人才 …………………………… 5

第二节 新课改的意义 …………………………………… 5

第三节 新课改的核心要求 ……………………………… 7

一、掌握幼儿身体发展的特点和保健方法 ……………… 7

二、掌握幼儿心理发展的特点和保健方法 ……………… 9

第二章 幼儿的意识发展特点与能力培养

第一节 幼儿注意的特点与注意力培养 ……………… 15

一、幼儿注意的特点 ……………………………………… 15

二、怎样培养幼儿的注意力 ……………………………… 16

第二节 幼儿观察的特点与观察力培养 ……………… 17

一、幼儿观察的特点 ……………………………………… 17

二、怎样培养幼儿的观察力 ……………………………… 18

第三节 幼儿思维发展的特点及思维能力培养 ……… 20

一、幼儿思维发展的特点 ………………………………… 20

二、怎样培养幼儿的思维能力 …………………………… 22

第四节　幼儿想象的特点与想象力开发 ·············· 23
　　一、幼儿想象的特点 ······························ 23
　　二、怎样开发幼儿的想象力 ······················ 24
第五节　幼儿记忆的特点与记忆力培养 ·············· 25
　　一、幼儿记忆的特点 ······························ 25
　　二、怎样培养幼儿的记忆力 ······················ 26
第六节　依据幼儿意识特点开发幼儿的智力 ·········· 28

第三章　幼儿可能具有的潜能与潜能开发

第一节　幼儿可能具有的潜能 ······················ 33
第二节　幼儿潜能开发事例的启示 ·················· 35
第三节　如何开发幼儿的潜能 ······················ 36
　　一、开发幼儿潜能的方法 ························ 36
　　二、开发幼儿潜能应注意什么 ···················· 37

第四章　幼儿的独特性与培养"完整的幼儿"

第一节　幼儿是完整的人 ·························· 43
　　一、幼儿是完整的人 ···························· 43
　　二、幼儿的独特性 ······························ 45
　　三、幼儿与成人的差异 ·························· 50
第二节　幼儿是独立意义上的人 ···················· 51
　　一、让幼儿真正独立 ···························· 51
　　二、家园合作培养幼儿的独立性 ·················· 54
　　三、幼儿是责权主体 ···························· 57

第五章　幼儿的情商、性格培养与幼儿教育活动目标

第一节　幼儿的情商培养 ·························· 67

第二节　幼儿的性格培养 ·························· 74

　　一、人的性格 ································· 74

　　二、良好的性格与人生的关系 ················ 75

　　三、时代要求培养幼儿哪些良好性格 ·········· 77

第三节　幼儿教育活动的目标 ····················· 78

第六章　新课改目标及幼儿学习方式

第一节　在教学活动中实现新课改目标 ·············· 85

第二节　通过改变幼儿学习方式实现新课改目标 ······· 88

　　一、传统的幼儿学习方式——被动接受式学习 ····· 88

　　二、现代的幼儿学习方式——主动发现式学习 ····· 88

第三节　新课改提倡的幼儿学习方式的特征 ··········· 97

　　一、主动性 ·································· 97

　　二、独立性 ·································· 98

　　三、独特性 ·································· 98

　　四、体验性 ·································· 98

　　五、问题性 ·································· 99

第七章　幼儿教师角色与行为方式的转变

第一节　幼儿教师角色的转变 ····················· 103

　　一、教师应是幼儿学习的促进者 ·············· 103

　　二、教师应是教育教学的研究者 ·············· 105

　　三、教师应是课程的建设者和开发者 ·········· 106

第二节　幼儿教师行为方式的转变 ················· 109

　　一、在对待幼儿的态度上，强调尊重和赞赏 ····· 109

　　二、在教学关系上，强调帮助和引导 ·········· 111

　　三、在对待自我上，强调反思 ················ 112

　　四、在对待家长与其他教育者的关系上，强调合作 ········· 114

第八章　幼儿教育活动设计的原则

第一节　趣味直观性原则 …………………………………………… 117

第二节　启发探索性原则 …………………………………………… 119

第三节　全面渗透性原则 …………………………………………… 123

第四节　艺术创造性原则 …………………………………………… 125

第五节　整体协同性原则 …………………………………………… 127

第六节　主体活动性原则 …………………………………………… 131

第七节　科学发展性原则 …………………………………………… 135

　　一、教师要"目中有人""心中有人" …………………………… 135

　　二、挖掘并合理利用资源实施教学 …………………………… 136

　　三、精心创设教学情境 ………………………………………… 137

　　四、充分考虑幼儿的接受能力 ………………………………… 138

　　五、传授的观念、知识、技能应准确 ………………………… 138

　　六、合理安排活动时间 ………………………………………… 138

第八节　注重过程性原则 …………………………………………… 139

第九节　课程开放性原则 …………………………………………… 141

第十节　情境体验性原则 …………………………………………… 144

第九章　幼儿教育活动的导入法与导学策略

第一节　幼儿教育活动的导入法 …………………………………… 149

　　一、开门见山导入法 …………………………………………… 149

　　二、演示导入法 ………………………………………………… 149

　　三、谜语导入法 ………………………………………………… 150

　　四、直观导入法 ………………………………………………… 150

　　五、游戏导入法 ………………………………………………… 151

　　六、物品导入法 ………………………………………………… 152

　　七、问题导入法 ………………………………………………… 152

八、歌曲导入法 ………………………………………………… 152

九、悬念导入法 ………………………………………………… 153

十、经验导入法 ………………………………………………… 153

第二节　幼儿教育活动的导学策略 ……………………………… 154

一、谈话导学策略 ……………………………………………… 155

二、观察导学策略 ……………………………………………… 158

三、感官参与导学策略 ………………………………………… 161

四、演示导学策略 ……………………………………………… 164

五、对比导学策略 ……………………………………………… 166

六、推理导学策略 ……………………………………………… 169

七、换位思考导学策略 ………………………………………… 171

八、悬念导学策略 ……………………………………………… 173

九、游戏导学策略 ……………………………………………… 175

十、激趣导学策略 ……………………………………………… 178

十一、改变角色导学策略 ……………………………………… 181

十二、整合导学策略 …………………………………………… 183

十三、线索分析导学策略 ……………………………………… 186

十四、角色表演导学策略 ……………………………………… 188

十五、情境导学策略 …………………………………………… 192

十六、猜谜语导学策略 ………………………………………… 194

十七、递进导学策略 …………………………………………… 197

十八、故事导学策略 …………………………………………… 200

十九、操作导学策略 …………………………………………… 202

二十、问题导学策略 …………………………………………… 204

二十一、预测导学策略 ………………………………………… 206

二十二、添加导学策略 ………………………………………… 208

二十三、衔接导学策略 ………………………………………… 210

二十四、绘画导学策略 ………………………………………… 212

二十五、练习导学策略 ………………………………………… 215

二十六、主动发现导学策略 …………………………………… 216

二十七、支架导学策略 ……………………………… 218

二十八、讲解导学策略 ……………………………… 220

二十九、描述导学策略 ……………………………… 223

三十、迁移导学策略 ………………………………… 223

三十一、讨论导学策略 ……………………………… 226

三十二、认知导学策略 ……………………………… 229

三十三、欣赏导学策略 ……………………………… 230

三十四、示范导学策略 ……………………………… 232

三十五、范例导学策略 ……………………………… 234

三十六、讲述导学策略 ……………………………… 235

第三节　在导学活动中掀起高潮的策略 …………… 237

一、活动高潮构成的要素 …………………………… 238

二、掀起活动高潮的策略 …………………………… 239

第四节　结束教学活动的策略 ……………………… 247

一、总结归纳策略 …………………………………… 247

二、操作练习策略 …………………………………… 248

三、游戏表演策略 …………………………………… 249

四、水到渠成策略 …………………………………… 250

五、拓展延伸策略 …………………………………… 250

后记 …………………………………………………… 255

第一章

新课改的背景、
意义与核心要求

新课程改革正在全国如火如荼地深入开展，作为基础教育重要组成部分的幼儿教育，也开始走上了改革之路。尤其是随着《幼儿园教育指导纲要（试行）》等文件的出台，幼儿教育的发展更是翻开了新的一页。

第一节　新课改的背景

当前，基础教育新课程改革正在全国如火如荼地深入开展，作为基础教育重要组成部分的幼儿教育，也开始走上了改革之路。尤其是随着教育部《幼儿园教育指导纲要（试行）》（以下简称《纲要》）和《3—6岁儿童学习与发展指南》（以下简称《指南》）等文件的出台，各级各类幼儿园都开始了新课程改革，幼儿教育的发展翻开了新的一页。为什么要实行新课程改革呢？这要从时代发展的特征说起。

一、人类的生存发展需要创新型人才

由于在20世纪的工业经济时代，人类盲目地过度开发、生产，因而产生了能源枯竭、环境污染等一系列问题，这给人类的生存和发展带来了极为严峻的挑战。例如，石油、煤炭、天然气等资源即将在21世纪末枯竭，人类发展所需要的能源去哪里寻找呢？另外，由于二氧化碳等的过量排放，造成全球气候变暖。现全球的平均气温比60年前有明显上升，变暖的趋势可能导致全球各地降水不均，出现水灾、旱灾等，还会导致多种生物加速灭亡。科学家研究表明，按照目前的二氧化碳排放量的水平来计算，到21世纪末，全球温度还要平均上升2摄氏度，极地的冰雪将全部融化，世界各国的沿海地区将被全部淹没，地球上绝大部分的物种将灭绝。世界各国为了解决温室效应问题，提出了"低碳生活"的新概念，并采取了降耗减排等措施。为了解决资源耗竭问题，人类将目光投向了太空。中国月球探测计划"嫦娥工程"已顺利实施，美国也正在做着2050年移民火星的实验。为了人类的生存和可持续发展，世界各国都在努力，但是还有无数科学难题需要去攻破，因此，培养一大批创新型人才的任务变得刻不容缓。

二、人类知识经济的发展需要创新型人才

人类已进入 21 世纪，而 21 世纪是一个科学知识与科学技术迅猛发展的知识经济时代。那么，什么是知识经济呢？

在国内，我国"水稻之父"袁隆平培育的超级杂交水稻多年前就实现了亩产 800 公斤的目标。截至目前，超级杂交水稻在全世界累计推广 60 多亿亩，增产稻谷 6000 多亿公斤，杂交水稻在增加世界水稻产量、保障国际粮食供给中正发挥着重要的作用。2014 年新培育的超级杂交水稻产量实现了实验理论亩产 1081.8 公斤、实测亩产 937.3 公斤的水平，在超级杂交水稻亩产 1000 公斤的实验中取得了重大突破。

我国备受瞩目的京沪高铁在 2010 年 12 月的试运行中跑出 486.1 千米/小时的超高时速，创造了世界铁路运营试验最高速，正在向高铁的极限速度靠近。

2010 年 11 月 16 日，我国自主研发的超级计算机"天河一号"，以峰值速度 4700 万亿次每秒、持续速度 2566 万亿次每秒浮点运算的优异性能位居世界第一。2014 年 6 月，"天河二号"在德国举行的全世界超级计算机比赛中，以峰值时速 5490 万亿次每秒的优异性能位居世界第一。超级计算机"天河二号"每秒钟的计算量，需要中国 13 亿人用普通计算器工作 1000 年才能完成。

在国际上，现代化汽车生产线平均每 3 秒钟就能制造出一辆汽车；互联网的普及，让世界成了"地球村"；"人造太阳"的技术瓶颈已被突破，如果研制成功，将为人类带来无法估量的绿色能源；"人造黑洞"实验已经取得突破性进展，它可帮助人类收集光来发电；最近，欧洲的科学家宣称，已经"抓住了"宇宙间的反物质，如果这一科研成果变成了现实，那么只需要零点几克反物质就足以让撞击地球的小行星瞬间灰飞烟灭。

无数事实证明"科学技术是第一生产力"，不断创新的科学知识和技术已成为推动社会经济发展的不竭动力和源泉，成为生产力的第一要素，因此人们把 21 世纪称为知识经济时代。"创新是一个民族发展的灵魂"，在知识经济时代，我们中华民族要想傲立于世界之林，就必须推动知识经济

持续发展，并培养一大批创新型人才。

三、国际竞争需要创新型人才

历史告诉我们，不论哪个国家和民族，在当今竞争激烈的时代要想生存、发展，要想使人民安居乐业，就必须先占领科学知识和科学技术的制高点，培养一大批在高科技领域具有超强创新能力的人才。

从上面对当今世界三个主要特征的阐述中，我们清楚地看出具有高水平科学文化素养和人文素养的人才，具有超强创新能力并关爱社会、关爱人类的高素质人才，对人类的生存与发展，对国家、民族的前途和命运是多么重要。2014年6月9日，习近平同志在中国"两院"院士大会上发出了"创新、创新、再创新""加快创新型国家建设步伐"的动员令，并明确指出"创新的事业呼唤创新的人才""实现中华民族伟大复兴，人才越多越好，本事越大越好"。然而，实现中华民族伟大复兴所需的一大批高素质创新型人才靠什么得来呢？靠的是教育，而教育靠的是广大的教师。为了使广大教师能满足时代发展对教育的要求，国家近年来先后颁布了"新课程标准"、《纲要》和《指南》等指导性文件，修订了基础教育宗旨，确定了基础教育新的核心，调整了教育培养目标，改变了人才培养模式。国家全面实施新课程改革，其目的是为了培养少年儿童具有适应21世纪社会、科技、经济发展的必备素质，培养他们成为具有国际竞争力的创新型现代公民。培养具有国际竞争力的创新型现代公民，是时代赋予我们所有教育工作者的艰巨、伟大、光荣的历史使命。

第二节　新课改的意义

新中国成立之后，我国的教育宗旨是让受教育者德、智、体、美、劳全面发展。可由于受应试教育的影响，以教授知识、提高成绩为主的智育成为课堂关注的中心，德、智、体、美、劳全面发展的素质教育变成了空洞的口号，教育核心依然指向知识的传授和学习。这从过去人们常鼓励孩子的格言俗语中就可见一斑："知识就是力量，知识就是财富。""学好数理化，走遍天下都不怕。"教师的责任就是"教书"，学生的任务就是"学习，学习，再学习"。传统的教学模式是教师讲，学生听；教师领，学生读；教师在黑板上写，学生在本子上抄。教师采取的是"填鸭"式、机械训练式的教学方法，学生只能被动地学习，教师教什么就学什么，教师喂什么就吃什么，教师说什么就信什么。学生学习的方式是死记硬背——死读书，读死书。

2005 年，中国"导弹之父"钱学森提出了"为什么我们的学校总是培养不出杰出人才"这样一个疑问。钱老的质疑是教育工作者必须直面的问题。

用新的教育理念审视传统教育，会发现传统教育过分强调认知性目标，以知识为本位，把其当成教育核心，由此造成教师成了课堂的主体和核心，学生获取知识和技能的过程变成了教师单调的说教和学生死记硬背的过程，教师单一的灌输知识、传授技能成了课堂的唯一活动。这种教育的最大弊端是阻碍了学生在学习过程中的观察、分析和思考，阻碍了学生在探究过程中情感的体验和态度的发展，阻碍了学生在学习过程中对方法的探索和能力的培养。这种只重教学结果而轻教育教学过程、只重知识积累而轻能力培养、只关注学科的发展而不关注人的发展的教育，就是只要"葫芦"不要"藤叶"的教育。这种教育由于缺乏对孩子好奇心的刺激，缺乏让孩子提升智慧的机会，缺乏让孩子体验情感的机会，缺乏对孩子生存发展能力的培养，使孩子越学越厌学，越学越不会学。更可怕的是，这种教育从源头上剥离了知识与人的情感、智力的内在联系，从根本上缺少教育对人的生命本身及其发展的关怀，这实际上阻碍了孩子的个性发展，使孩子的自主能力、独立能力、创造能力等难以发展，也使孩子的全面发展成为空谈。

实践是检验真理的唯一标准。历史证明，以传授知识为核心的教育，很难培养出时代所需的德才兼备的创新型人才。为了紧跟世界教育创新发展的潮流，20世纪90年代，我国掀起了第三轮课程改革。时代要求我们广大教育工作者解放思想，更新观念，一起走进新课程。

第三节　新课改的核心要求

幼儿教育是基础教育的重要组成部分，幼教工作者也应加深对基础教育新课程改革的理解，更新幼儿教育教学观念。怎样看待幼儿，把幼儿看成什么样的人，对幼儿采取什么态度（即幼儿观），一直是幼儿教育理论和实践的重要课题。一切为了每一位学生的发展是新课程改革的核心理念，我们从幼儿教育角度解读，就可把它阐释为教育是为了每一位幼儿的发展。幼儿教育要以幼儿为中心，因为幼儿是发展的人，是独特的人，是具有独立意义的人。怎样以幼儿为中心，促进幼儿的发展呢？新课程改革要求教师应改传统的"幼儿围着教师转"的观念为现在的"教师围着幼儿转"。那么，幼儿教育工作者怎样做才能符合新课程改革的核心要求呢？

幼儿期是人的一生身心发展的最重要时期，保证幼儿身体和心理健康发展，是实现幼儿全面发展的基本前提和重要条件。

新课程改革要求教师应努力学习，掌握幼儿身心发展的理论，熟悉不同年龄段幼儿身心发展的特点，并依据幼儿身心发展的规律和特点开展教育教学活动，从而有效促进幼儿身心健康发展。

一、掌握幼儿身体发展的特点和保健方法

2～3岁幼儿心肺调节功能和免疫系统的发育处于初级阶段，还很不完善，对环境气候变化的适应能力和对传染病的抵抗力都特别差，容易生病。此外，这个阶段幼儿的骨化过程正迅速进行，但其骨骼较软，弹性大，可塑性强，受压迫容易变形；幼儿的肌肉系统也在发育，但肌肉的力

量和耐力都很差，若坐站体位不正，或进行剧烈运动，都易引起肌肉疲劳和损伤。

3~4岁幼儿骨化过程尚未完成，骨骼弹性大，易弯曲变形，肌肉柔软，肌纤维较细，能量贮备少。不过，此阶段幼儿虽肌肉力量和耐力还比较差，但肌肉、骨骼的发育很快。此阶段幼儿喜欢运动但动作还不协调，大脑神经细胞对氧的需求量较大，活动时间长了易疲劳。对于大脑发育状况来说，此阶段幼儿大脑皮层的兴奋感易扩散，情绪的控制能力差。幼儿心肺系统的调节功能发育还不完善，对气候变化的适应能力依然比较差，对传染病的抵抗力不强。

4~5岁幼儿大肌肉发育迅速，动作发展有了明显飞跃，肌肉力量和耐力、心肌收缩能力、肺活量都有了一定提高，特别是对气候变化的适应能力逐渐增强，对传染病的抵抗力不断提高。此阶段幼儿的运动特点是动作逐渐变得稳定协调、灵活自如，能将球等物抛得更远更准，能在较大的运动器材上攀登玩耍。

5~6岁幼儿的大小肌肉发育都比较迅速，心肺系统调节能力更强，耐力进一步增强，跑步跳跃更为有力，动作更加迅速，身体更加平衡，对气候变化的适应能力和对传染病病毒的抵御能力显著提高。其运动的特点是无论在协调性、灵活性还是准确性上都有惊人的表现，开始喜欢尝试难度较大的活动，如曲线快跑、跨障碍跑跳和立定跳远等，抛物投掷更有力、准确，并且能在大型的、复杂的运动器材上攀登玩耍。

为了幼儿的身体健康，教师应掌握以上知识并在教育活动中严格根据各年龄段幼儿身体发育的特点，认真落实《纲要》和《指南》中提出的保健活动和体育活动的教育目标，灵活地采用观察、讲解、示范、练习、表演、操作等教学方法，动静结合地积极开展丰富多彩的健康游戏活动，不断激发幼儿对健康活动的兴趣。另外，还应指导幼儿认识身体的主要器官及其功能，了解卫生保健知识，接受疾病预防与治疗，提高自身的安全保护意识，积极参加各类体育活动，不断增强体质，养成健康的生活习惯。

幼儿园要根据季节的变化，适时调整食谱，科学配餐；教师要指导幼儿养成良好的饮食习惯，认识各类常见的食物，了解不同食物的营养和身体发育对营养的需求，保证每位幼儿健康成长。

二、掌握幼儿心理发展的特点和保健方法

（一）幼儿心理发展的一般特点

1.具有好奇心

幼儿天生具有好奇心，主要是通过感知、观察事物表象来认识世界的，具体形象的表象左右着幼儿的整个认识过程，甚至他们的思维活动也常常难以摆脱直观印象的束缚，所以说幼儿的思维以具体形象性为特征。

2.行为不稳定

幼儿控制和调节自己的心理活动和行为的能力仍然很差，很容易受其他事物的影响而改变自己的活动方向，因而行为表现出很大的不稳定性。

3.3岁前个性特征不稳定

3岁前的幼儿已表现出不同的个性特征，但这些特征不稳定，易受到外界的影响而改变。同时，其个性特征一般只从参与活动的积极性、情绪的稳定性、好奇心的强弱程度等方面反映出来，不但表现的范围有局限性，而且表现的内容也不深刻。

4.3岁后个性特征趋于稳定

3岁后幼儿个性特征表现的范围比以前大，表现的内容相对比较深刻。无论是在兴趣爱好、行为习惯、才能方面，还是在对人对己的态度方面，都开始具有独特的个性倾向。这时的个性倾向，已成为他们一生个性的基础或雏形。

（二）3～6岁幼儿各阶段心理发展的特点

1.小班幼儿心理发展的特点

小班幼儿情绪性强、不稳定，行为常常受情绪支配，而不受理智支

配。他们情绪性强的特点表现在很多方面,如高兴时很听话,不高兴时说什么也不听。情绪的不稳定性表现得也很突出,如看见别的孩子都哭了,受他们情绪的影响,自己也莫名其妙地哭起来,可看到老师拿来新玩具,马上又破涕为笑了。因此,有经验的教师总是用灿烂的笑容、亲切的态度对待每个情绪不稳定的幼儿,营造安全温馨的环境,也会用新奇的玩具、可爱的小动物等,吸引、转移幼儿的注意力,使他们不知不觉地加入集体活动中。想稳定幼儿情绪,方法有很多,最重要的是先建立教师和幼儿之间的感情,让幼儿喜欢教师、信赖教师。

小班幼儿的独立性差,爱模仿别人。例如,看见别人玩什么,自己也想玩什么;看见别人有什么,自己就想要什么;还特别爱模仿教师的语言、语气、神态、动作和行为。所以,在教育活动中,供幼儿玩赏的玩具种类不必很多,但每种要多准备几套。更重要的是教师在教学中应以表扬为主,多为幼儿树立可模仿的榜样。

小班幼儿的思维仍在动作中进行。如玩积木,他们不会计划自己玩的步骤,而是先做后想,或者边做边想,常常是在搭好后才突然有所发现,只能推倒重来。他们的思维很具体、很直接,不会做复杂的分析综合思考,只能从表面去理解事物。因此,教师对幼儿提要求也要具体些,千万不能提像"你们要遵守纪律"这样的抽象要求。

2. 中班幼儿心理发展的特点

中班幼儿活动的自主性和主动性有进一步的发展,有主动参与活动的热情与能力,处于典型的游戏年龄阶段。他们已能提出自己活动的想法,能计划游戏的内容和情节,会自己安排角色。在集体游戏中,怎么玩,有什么规则,不遵守规则应怎么处理,幼儿基本都能商量解决。教师要多为这一阶段的幼儿提供促其发展的条件,发挥区域角的作用,创设宽松、自由且讲规则的活动环境,使幼儿真正成为活动的主人。但在游戏活动过程中,幼儿之间往往会产生矛盾,还需要教师帮助解决。

中班幼儿虽然较少借助行动来思维,但是思维过程还必须依靠实物的形象做媒介,属于典型的具体形象思维。因此,在各类教育活动中,需为其提供具体丰富的实物材料和宽敞的活动空间，材料选择和空间布置尽量做到直观、具体、形象。例如，引导幼儿理解"6减2等于几"时，必须借助实物演示来让他们懂得其抽象含义。中班幼儿常常根据自己的具体生活经验来理解学习的内容，因此，教师教学前必须了解幼儿的认知水平和已有的生活经验，教学中尽量用形象的语言来帮助幼儿理解所学内容。如教"笔直"一词，可以竖起一支铅笔，告诉幼儿"笔直"就是像铅笔一样直，这样幼儿不但懂得了"笔直"的含义，而且能将其牢牢记在脑海里。

中班幼儿较之小班幼儿，其想象的水平有所提高，情绪更稳定，求知欲和好奇心更强，能积极运用感官去探索、了解新鲜事物；有与同伴和教师保持密切联系的愿望；喜欢交流，乐意将自己感兴趣的事物告诉教师和家长；能通过手势、语言、动作、表情等帮助表达。

3. 大班幼儿心理发展的特点

好奇是幼儿的共同特点，但大班幼儿的好奇心与小、中班幼儿有所不同。小、中班幼儿的好奇心较多地表现在对事物本身的兴趣上，他们经常向成人提的问题多半停留在"这是什么""那是什么"上。而大班孩子则不同，他们不光问"是什么"，还要问"为什么"，提问的范围也很广，天文地理无所不包。好学、好问是幼儿有求知欲的表现，无论家长还是教师都应该保护他们的求知欲，千万不能因嫌麻烦而拒绝回答幼儿的提问。同时，对于幼儿出于好奇破坏玩具的行为，应该加以正面引导，一面向幼儿介绍一些简单的机械原理，一面告诉他们哪些东西是不能损坏的，这样既满足了幼儿渴求知识的愿望，又能引导他们养成爱惜物品的好习惯。

大班幼儿的思维仍然是具体形象的，但已有了抽象概括思维的萌芽，在注意、观察、记忆、思维、想象等过程中，都有一套自己的方法，做事前会计划自己的行为。在认知方面，他们已开始掌握一些比较抽象的概念（如白天、黑夜），能对熟悉的物体进行简单的分类，也能初步理解事物的因果关系。所以，在教育活动中，对这一阶段的幼儿要多进行一些简单的科学知识教育，引导他们去发现事物间的各种内在联系，促进他们智力的发展。

　　大班幼儿初步形成了比较稳定的心理特征，情绪体验日益丰富，表现为情绪过程越来越"合理"以及情感指向的事物不断增加，情绪情感自我调节能力逐步加强。他们开始能够控制自己，做事也不再随波逐流，显得比较有主见，对人、对己、对事开始有了相对稳定的态度和应对方式。他们有的热情大方，有的胆小害羞；有的活泼，有的文静；有的自尊心很强，有的有强烈的责任感；有的爱好唱歌跳舞，有的喜欢绘画、手工等。对于幼儿最初展现的个性特征，教师应当给予充分的关注，在面向全体幼儿进行教育的同时，也应该因材施教，针对各人的特点长善救失，使每位幼儿的心理都能健康发展。

　　大班幼儿的社会化意识大大增强，与同伴的合作能力、解决问题能力、协调人际关系能力得到发展，规则意识不断提高，并且能比较自觉地按照道德行为规范调节、约束自己的行为。

　　了解以上幼儿心理发展的特点，对幼儿教育工作非常重要，有助于教师依据幼儿的心理特点科学地确定教育内容，有助于教师针对各阶段幼儿心理特点进行"承前启后""继往开来"的教育，有助于教师科学地选择教育方法，避免"成人化""公式化"的教育。

　　教育家陶行知说过，孩子的体力和心理都需要适当的营养，有了适当的营养，才能发挥高度的创造力。这里所说的"营养"，尤其是心理所需的"营养"，最重要的是教师对孩子的关爱。作为一名幼儿教师，我们必须以真诚、关怀的态度对待幼儿，耐心观察、分析，了解每位幼儿的内心世界，并满足他们的合理需求。教师只有以情感为纽带，把爱传递给幼儿，幼儿才会对教师产生亲切感、安全感、信任感，才会爱教师、信教师，从心底认可教师，才能使自己的心理健康发展。

○ 第二章

幼儿的意识发展
特点与能力培养

　　幼儿教师只有全面掌握了幼儿身心发展的规律，才能根据幼儿身心发展的特点，有的放矢地设计并组织幼儿开展丰富多彩、有意义的教育活动，才能保障每位幼儿的心智得到开发，身心全面发展，健康快乐成长。

第一节 幼儿注意的特点与注意力培养

一、幼儿注意的特点

注意是指人的心理活动对一定对象的指向和集中。幼儿注意的特点是以无意注意为主，有意注意逐渐发展，注意力不稳定、不持久。

无意注意是事先没有预定的目的、不需意志努力、不由自主地对一定事物所产生的注意。凡是形象鲜明、生动有趣、新颖多变、刺激强烈的事物，都易引起幼儿的无意注意。教师只有遵循这一特征，制作新奇有趣、色彩醒目的教具开展教学，才能吸引和保持幼儿的注意，有效地提高教学质量。

无意注意与幼儿的兴趣、需求和生活经验有关。兴趣是最好的老师，幼儿在做自己感兴趣的事情时，总是很投入、很专注。因此，教师在教学活动中要把培养幼儿的广泛兴趣与注意力结合起来，在设计教学前，要了解幼儿的兴趣需求，在活动中充分利用幼儿已有的知识经验。只有这样才能引起幼儿注意，提高教学效果。

有意注意是指有预定目标的、需要一定意志努力的注意。培养幼儿有意注意需要开展丰富多彩的活动并对其进行长期的有意识的锻炼。

教育理论和教育实践告诉我们，在教育活动中，幼儿如果能高度集中注意力，不但可从教育环境中接收更多的信息，而且可使感知的信息进入大脑长时记忆系统，记得又快又牢。注意力的发展不但影响幼儿对知识的探索、接受与记忆，而且影响幼儿智力的发展。因此，在教育活动中，我们要充分考虑幼儿注意的特征，把发展幼儿的注意力作为发展幼儿智力的首要任务来抓。

二、怎样培养幼儿的注意力

（一）避免分散幼儿的注意力

根据幼儿注意力不稳定的特点，创设安静、简朴的环境，避免存在分散幼儿注意力的元素。如幼儿进餐、睡眠、学习时，周围要安静，环境要简朴，不要过分花哨，以免分散幼儿的注意力。

（二）注意教具的选择

指导幼儿学习的教具应具有直观性、灵活性、新颖性，如采用多媒体展现、图片呈现等。只有选择这样生动有趣、具体直观的教具，才能吸引幼儿的注意力。

（三）提问应具趣味性

幼儿注意力分散时，应用有趣的问题引起幼儿注意，如"哎呀！老师怎么不知道葫芦的嘴巴长在哪里？"这样一来，幼儿的注意力就集中在观察对象身上，教师不必用强制甚至斥责等方法，就能使幼儿配合教学，从而达到预期的教学目的。

（四）延长幼儿注意时间

活动前提出明确的任务、目标，可以延长幼儿注意的时间，提高有意注意的效果。

（五）在游戏中培养幼儿的注意力

游戏是幼儿最喜爱的活动，在游戏活动中可有效地培养他们的注意力。

（六）激发幼儿兴趣

兴趣是最好的老师，能让幼儿产生浓厚兴趣的事物会像磁铁一样吸引幼儿的注意力。因此应经常带幼儿到绚丽多彩的大自然中去，丰富他们的生活，开阔他们的眼界，培养他们多方面的兴趣爱好；开展讲述、阅读活动，让幼儿动手做一些手工艺品，这些都有利于培养幼儿的探究精神，提高幼儿的有意注意力。

例如，引导幼儿注意的教学活动片段"勤劳的小蜜蜂"。

师：今天我们班飞来了一只勤劳的小昆虫，你们想见见它吗？（为吸引幼儿注意，出示小蜜蜂图片）这是谁呀？

生：小蜜蜂。

师：小蜜蜂在干什么？

生：飞。

师：小蜜蜂会飞到哪里去呢？（启发幼儿思维联想，出示小蜜蜂在花丛中采蜜的情景图）你们看，小蜜蜂飞到了哪里？（再次吸引幼儿注意，启发幼儿观察）

第二节　幼儿观察的特点与观察力培养

一、幼儿观察的特点

观察是一种有目的、有计划、比较持久的知觉活动。

3岁前幼儿的知觉主要是无意的，没有目的性，因此还谈不上是特别标准的观察。3岁后幼儿的观察特点如下。

（一）观察缺乏有意性

有意观察是指有一定的目的和方向的观察。幼儿初期还不能进行自觉的、有目的的、有意识的观察，在观察时易受个人的兴趣、无关事物等的影响，或因外界的干扰而转移自己的视线。

（二）观察缺乏细致性

幼儿初期观察事物时，往往只注意事物的轮廓，不注意事物各部分之间的关系，观察时常常伴有强烈的个人情绪，对感兴趣的东西可能会反复观察，对那些不感兴趣的则视而不见。

（三）观察缺乏独立性

幼儿观察时极易受教师和周围幼儿的干扰，缺乏观察的独立性，往往自己没有看清楚是怎么一回事儿，就人云亦云地描述所要观察的事物。

（四）观察缺乏持续性和稳定性

幼儿观察持续的时间比较短，极易受无关刺激的干扰而转换观察的目标。一般认为，在预先组织的情况下，小、中、大班幼儿有效观察的时间分别是 5 分钟、10 分钟、15 分钟左右。

（五）观察缺乏概括性

小班幼儿还不善于概括事物的特征和事物间的内在联系，但随着年龄的增长和思维能力的发展，幼儿观察的概括性能力会不断增强。

总之，幼儿观察能力发展的规律是从无意性、情绪性、不确定性向有意性、目的性、精确性和有组织性方向发展的。

二、怎样培养幼儿的观察力

观察是学习的基础，幼儿只有拥有良好的观察能力，才能善于发现事物的本质和事物之间的关系，这对于幼儿学习、生活、认识世界都具有重要意义。因此，在教育活动中，必须根据幼儿观察的特征，有意识、有目的、有计划地培养幼儿的观察能力。在观察过程中要注意以下几点：确定明确的观察目标；培养幼儿观察的兴趣；教给幼儿观察的方法，如对比观察法，顺序观察法，从整体到部分、从明显到隐蔽观察法等；发挥联想能力，提高观察的深度，进一步理解事物之间的关系。

例如，科学观察活动课片段"美丽的大白鹅"。

一、导入活动

师：有一只可爱的小动物最喜欢在池塘边照镜子，我们一起去看一看好吗？（出示大白鹅照镜子图）

二、观察活动

1. 师：大白鹅为什么爱在池塘边照镜子？我们一起和鹅比一比谁长得漂亮吧。

生：都漂亮。

师：小朋友们都喜欢穿各种颜色的衣服，大白鹅最喜爱穿什么颜色的衣服？

生：白色。

师：它的白色衣服是什么材料做的？

生：羽毛。

师：衣服白得像什么？

生：雪。

2. 师：小朋友们都有修长的身材，大白鹅的身材是什么样的？

生：胖胖的。

师：大白鹅胖胖的身子像什么？

生：龙船。

3. 师：小朋友们都有短而粗的脖子，大白鹅的脖子是什么样的？

生：细、长、弯。

师：细长的脖子像什么？

生：管子。

4.师：小朋友们的头上都有黑黑的头发，大白鹅的头上有什么？

生：帽子。

师：帽子是什么颜色的？

生：红艳艳的。

5.师：小朋友们都有一双亮闪闪的眼睛，大白鹅呢？（生答略）

6.师：小朋友们有樱桃一样的嘴巴，大白鹅的嘴巴是什么样的？

生：宽、长、扁。

7.师：（夸白鹅）大白鹅真好看，全身羽毛雪一般，胖胖的身子像小船，长长的脖子会拐弯，爱戴帽子红艳艳，两只眼睛亮闪闪，宽长的嘴巴扁又扁，小朋友们都喜欢。

8.师：小朋友们都爱吃各种食品，大白鹅爱吃什么？

生：鱼虾。

第三节　幼儿思维发展的特点及思维能力培养

一、幼儿思维发展的特点

（一）感知动作思维阶段

感知动作思维是指思维的过程离不开直接感知的事物和操作事物的动作的思维方式。

初生孩子的智力发展处于感知运动阶段，思维依赖于感知和动作，即思维是在感知操作活动中，借助触摸、摆弄物体等动作而产生的，离开对具体事物的直接感知和操纵、触摸，思维就无法进行。此阶段孩子思维能力的培育，只能在听、看、动等感知的过程中进行。

（二）直觉行动思维阶段

直觉行动思维又称直观行动思维，是指依靠对事物的直接感知和动作进行的思维。

直觉行动思维在2岁左右幼儿的身上表现得最为突出，其特点之一是幼儿的思维活动与他对物体的直接感知紧密相连。例如，幼儿看见父母包饺子，也要拿块面包饺子；给他辆小汽车，他就会拿起小汽车做游戏。特点之二是幼儿的思维只能在活动中进行，他不论干什么，不会先想好了再进行，而是边做边想，边想边玩。对这一阶段幼儿思维能力的培养，父母、教师的身教重于言教——身教能起到潜移默化的教育作用。更重要的是父母、教师要创造条件鼓励幼儿动手探索周围的事物。

（三）具体形象思维阶段

具体形象思维是指运用事物的具体形象、表象以及对表象的联想所进行的思维。

具体形象思维是3~6岁幼儿思维的主要形式。其特点有：具有具体形象性，即离开事物的具体形象就不能进行思维活动；开始认识事物的属性，即通过对物体的感知，逐步认识事物的属性，区别事物之间不同的特点。此阶段幼儿的思维虽然能摆脱对实物的依赖，但又必须借助具体事物形象进行。因此，在教育活动中，教师在没有实物教具和实景的情况下，要尽量使用图片、挂图、投影、幻灯等多媒体工具呈现事物的具体形象和生活的场景。只有这样才能激活幼儿的思维，增强其感性认识，发展其思维能力。

（四）抽象逻辑思维阶段

抽象逻辑思维是以概念总结、判断、推理等形式进行的思维，是人类思维活动的核心形态，是人类思维的最高级形式。其特点是以抽象的概念、判断和推理作为思维的基本形式，以分析、综合、比较、抽象、概括和具体化作为思维的基本过程，从而揭示事物的本质特征和事物之间的规律性联系的思维。

幼儿的抽象逻辑思维在 5 岁左右萌发，此后会逐渐发展。

二、怎样培养幼儿的思维能力

思维能力是学习能力和智力的核心，培养幼儿灵活、开阔、敏捷的思维能力是挖掘幼儿智力潜能的关键。那么，怎样在日常的教育活动中锻炼幼儿的思维能力呢？

（一）丰富幼儿的感性知识法

幼儿的思维是在获得感性经验的基础上发展起来的，因此，引导幼儿广泛接触各种事物并丰富其感性经验，他们的概括能力就会全面、准确，理解能力就会深刻、灵活，思维能力也会更强。

（二）发展幼儿的语言法

语言是思维的工具，也是思维的外衣。幼儿只有掌握了语言，才能使自己的思维逐渐摆脱对直观、具体、形象事物的依赖，概括出事物间的规律性联系。所以，在各类活动中，帮助幼儿丰富词汇量，学习准确运用词汇，练习完整连贯表达思想，对发展幼儿的思维能力非常重要。

（三）拓展幼儿思维法

这种方法是针对事物的某些特点，尽可能通过引导让幼儿发现事物新的性质，反映出事物的独特性。例如，对于一张白纸能干什么的问题，启发幼儿尽可能说出更多的答案，达到拓展思维的目的。

（四）逐步推荐法

这种方法是通过事物的因果关系，引导幼儿通过联想锻炼发散思维的方法。它可以培养幼儿的分析能力和预测能力，增强幼儿思维的深度和广度。例如，指导幼儿讨论：小鸭子不小心掉进了又小又深的土坑里，小花猫会想什么办法救出小鸭子？这样的讨论有助于幼儿逻辑推理能力的发展。

（五）概括总结法

这种方法是指导幼儿按照一定的标准，概括总结数个目标事物的本质和共同点的方法。运用这种方法时，首先要让幼儿对众多目标事物形成总体认识，然后抓住事物十分突出的特点，从它们的不同点和共同点两方面进行分析，找到其本质特征，再对事物的本质进行概括性描述，最后形成对幼儿以后的认识活动有指导意义的理性成果。例如，将拼图打乱，让幼儿重新拼出完整图案，就是对幼儿思维能力的非常好的锻炼。

（六）逆向提问法

这种方法是指导幼儿从结果推导原因的培养方法。例如，提问幼儿：小花为什么哭了？（妈妈批评了她）妈妈为什么批评她？（做错了事）做错了什么事？……

第四节 幼儿想象的特点与想象力开发

一、幼儿想象的特点

想象是指人对头脑中已有的表象进行改组加工而产生新形象的心理过程。

幼儿想象的发展特征是：1岁内没有想象能力；2～3岁时想象处于初级阶段；3岁后以无意想象为主，其想象具有复制性和模仿性，没有主题和预设目标，具有特殊的夸张性质，容易把想象和现实混淆，想象常由外界刺激而产生。随着年龄的增长和对其想象能力的有意培养，幼儿的有意想象和创造性想象能力开始不断发展。

二、怎样开发幼儿的想象力

在教育活动中可用以下方法培养幼儿的想象力。

（一）扩大幼儿视野，丰富其感性知识和生活经验

想象虽然是新形象的形成过程，但想象的水平取决于原有的记忆表象是否丰富，取决于幼儿感性知识和生活经验的多少。因此，教师要在工作中引导幼儿去感知客观世界，开阔他们的视野，帮助他们积累感性知识，丰富他们的生活经验，增加他们头脑中的表象内容。

（二）利用文学艺术活动，发展幼儿形成表象的能力

想象是大脑对客观世界创造性的反映，是对客观事物分析、综合的复杂过程，而这一过程和语言是密不可分的。因此，在语言教学活动中，教师应利用故事、诗歌等一切可利用的资源，通过诱导启发的方法，鼓励引导幼儿进行再造性想象，激发幼儿广泛展开想象。例如，在语言活动中，教师呈现出静止不动的人和物的画面，根据幼儿的生活经验和实际经历，引导幼儿展开合理想象，把画面中没有说出的内容补充完整，使静止的画面变得生动。根据景物的特点推断出画面中的情景发生在什么地方、什么季节；根据人物的表情，想象他（她）是愉快的还是忧伤的；根据人物的行为想象他（她）要去干什么；等等。这样的引导会使幼儿各抒己见，从而使其想象力得以发展。

（三）利用游戏和玩具，促进幼儿想象力发展

幼儿最喜爱玩玩具、做游戏，玩具和游戏能使幼儿大脑皮层中的新旧知识经验相接，使他们的想象一直处于积极状态，从而激发幼儿去想象、去创造。例如，打电话游戏以及橡皮泥、折纸、意愿画、拼贴画、制作玩

具、舞蹈等游戏活动，对激发幼儿的灵感、放飞幼儿的想象、点燃幼儿创造的火花、培养幼儿的想象力非常重要。

（四）给予充分的自由空间，让幼儿"异想天开"

国家所倡导的素质教育，要求我们给幼儿自由的空间，包括思想上、行为上的，不能固定幼儿的思维，更不能扼杀幼儿的想象能力；要求我们开发幼儿的创造性思维，培养幼儿的创造性想象，让幼儿能"异想天开"。歌德小的时候，妈妈在给他讲故事时，讲一段后总会停下来，让歌德自己想象故事接下来将如何发展，歌德最终成为世界著名的大作家，这种教育方式功不可没。

第五节　幼儿记忆的特点与记忆力培养

一、幼儿记忆的特点

记忆是个体对其经验的识记、保持和再现（回忆和再认）。从信息加工的观点来看，记忆是人将信息在大脑中输入、编码、储存和提取的过程。

幼儿记忆的特点是以无意记忆为主，有意记忆逐渐发展，无意记忆优于有意记忆，但有意记忆效果好。幼儿无意记忆与无意注意有关，效果依赖于客观事物的性质、客观事物与主体的关系、认知活动的主要对象或活动中重点突出的事物、活动中感官参与的次数、活动动机。而幼儿的有意记忆是在成人的教育下产生的，有意记忆的效果依赖于对记忆任务的认识和活动的动机。幼儿有意记忆有以下主要特点。

（一）机械记忆占优势，理解记忆逐渐发展

幼儿机械记忆较常见，意义记忆很少见，但是幼儿意义记忆的效果优于机械记忆。随着年龄的增长，幼儿的机械记忆中加入了越来越多的理解性成分，即向意义记忆倾斜。

（二）形象记忆占优势，语词记忆逐渐发展

幼儿形象记忆占优势，语词等抽象记忆逐渐发展，但幼儿形象记忆的效果优于抽象记忆（形象带有直观性、鲜明性）。幼儿形象记忆和抽象记忆都随年龄的增长而得以发展。

（三）记忆方法不断丰富，记忆策略得以优化

随着幼儿有意记忆和意义记忆的不断发展，意义记忆对机械记忆的不断渗透，幼儿记忆发展所需的记忆策略、方法也在不断积累。幼儿慢慢能够对记忆材料进行加工，使之条理化、系统化，使形象记忆和语词等抽象概念相联系。

二、怎样培养幼儿的记忆力

对幼儿记忆力的培养，有以下几种方法。

（一）意义记忆法

意义记忆是在对事物理解的基础上，依据事物的内在联系，运用有关的知识经验让幼儿进行的记忆。它与机械记忆相对应。机械记忆是以多次重复学习为基本条件，依据事物的外在联系，在没有多少知识经验可运用的情况下进行的记忆。教师应在锻炼幼儿记忆力时，试着让幼儿养成先理解后记忆的习惯。

（二）重复记忆法

幼儿本来就喜欢重复，他们会对同一个故事百听不厌，同一首儿歌百唱不厌。教师适时反复的阅读、朗读，是巩固幼儿记忆最常用的方法。

（三）联想记忆法

例如，"1像铅笔能写字，2像鸭子会游泳"等，以此加强幼儿的联想记忆。

（四）直观形象记忆法

具体形象、生动鲜明的物体，能引起幼儿的注意，激发幼儿的兴趣，容易被幼儿识记。因此，教师如果能恰当地运用实物、标本、模型、图画等直观教具进行教学，幼儿就能产生形象记忆，提高记忆能力。

（五）归类记忆法

例如，将"青""清""请""情"等偏旁相同、发音也接近的字归为一类，通过比较认读，使幼儿更容易识记。

（六）歌诀记忆法

有节奏、有韵律的儿歌容易上口，幼儿很喜欢，因此，将学习的知识编成儿歌，对于提高幼儿的记忆效率、开发其智力大有好处。

（七）感官参与记忆法

调动幼儿的多种感官知觉——视觉、听觉、嗅觉、味觉、触觉参与到活动中来，能使幼儿获得最好的记忆效果。例如，指导幼儿认识苹果时，可先让幼儿通过看、摸、闻、尝，了解苹果的颜色、形状、味道，最后让幼儿画苹果，加深对苹果的记忆。

（八）游戏活动记忆法

高尔基说过："游戏是幼儿认识世界的途径。"例如，讲故事《小蝌蚪找妈妈》时，教师讲完后让幼儿做"小蝌蚪找妈妈"的游戏，幼儿在对游戏的浓厚兴趣中，很容易就记住了青蛙的外形特征和生长过程。

（九）动作演示记忆法

看到教师的动作演示，幼儿就会准确理解并记忆相关知识。例如，古诗《静夜思》中有一句"举头望明月"，其中"举头"一词幼儿难以理解并记忆，可通过教师的动作演示、幼儿的尝试练习，让幼儿理解、记住词意。

（十）比喻记忆法

在教学中，教师要善于运用一些浅显易懂的比喻手法破解难点，这样做会在幼儿的脑海里留下难忘的印象。例如，在指导幼儿画葫芦时，一边示范一边比喻说："先画一个圆圈像汤圆，然后在汤圆下面画一个大圆圈像鸡蛋，最后在葫芦上面画上嘴巴口朝天。"这样一来，幼儿不但记住了葫芦的样子，而且能较容易地画出葫芦来。

（十一）比较记忆法

在教学活动中，可通过比较找出异同点的方法，帮助幼儿记忆。例如，认识鸭子时，可出示鸡的图片，让幼儿在比较活动中记住鸡、鸭不同的特征。

第六节　依据幼儿意识特点开发幼儿的智力

智力通常也叫智慧、智能，是人们认识客观事物并运用知识解决实际问题的能力。智力包括多个方面，如注意力、观察力、思维力、想象力、记忆力、分析判断能力、应变能力等，其核心是思维力。

如何在日常教育活动中开发幼儿的智力？

例如，健康活动课"好玩的金箍棒"。

一、认识金箍棒

1. 师：小朋友们，今天老师给你们带来了非常好玩的玩具，想玩吗？

（谈话激趣引起孩子注意）

师：（出示金箍棒）这是什么呀？

生：金箍棒。

师：好看吗？

生：好看。

（让孩子整体观察、思考、表达）

2. 师：金箍棒是长的还是短的？是粗的还是细的？是什么形状的？

生：长长的，细细的，圆圆的。

师：棒上的颜色一样吗？

生：不一样。有黄色，有红色。

师：它哪儿是黄的？哪儿是红的？

生：两端是黄色，中间是红色。

师：金箍棒两端黄黄的颜色像生活中见到的什么东西？中间的红色像什么东西呢？（生答略）

（让孩子从细节处观察，练习思维、想象、表达）

师：你们喜欢吗？

生：喜欢。

3. 师：（小结夸金箍棒）金箍棒真好看，细长的身子圆又圆，中间红似火，两端金灿灿，小朋友见了都喜欢。

（在理解的基础上，让孩子结合实物的具体形象进行记忆）

二、玩耍金箍棒

教师可分如下几个步骤引导孩子。

1. 小朋友们已认识了金箍棒，金箍棒是谁最喜欢的玩具？

（谈话启发联想，引起幼儿兴趣）

2. 想看孙悟空玩金箍棒吗？（出示孙悟空耍金箍棒的画面，引导幼儿深度观察）孙悟空是怎样玩金箍棒的？你们想不想玩一玩金箍棒呢？每人拿一根金箍棒玩一玩，谁能想出新玩法？（引导幼儿思考、想象、创新）

3. 幼儿自由探索玩耍。（教师观察，指导幼儿玩耍）

4. 指定幼儿表演自主创新的玩法。(如骑马、当剑舞、劈打等)

(通过让幼儿表演和观看表演,不断引导幼儿注意、观察、想象、思考、记忆,从而达到相互学习、共同提高的目的)

5. 小朋友们表演了金箍棒的新玩法,老师也想用金箍棒表演一个节目,想看吗?(谈话激趣,引起注意)

6. 教师完整表演金箍棒操,让幼儿看仔细,哪个动作最漂亮?像什么?(让孩子学着观察、思考、想象、记忆)

7. 幼儿学棒操。

8. 总结活动。

(1)小朋友们,金箍棒好玩吗?哪些玩法最有趣、最好看?玩金箍棒对我们的身体有什么好处?

(2)小结说儿歌,结束活动:金箍棒真好玩,能骑马能舞剑,能做操能锻炼,小朋友们都喜欢。

评析:在该健康教育活动中,教者能根据《纲要》的要求,开展有趣的体育活动,充分利用幼儿喜爱的金箍棒,引导幼儿在玩中学、学中玩。不论是在认识金箍棒还是在玩耍金箍棒的活动中,都能根据幼儿的认知特点,有目的、有计划、有步骤、科学地启迪幼儿的心智,在引导幼儿创新、展示、锻炼、学习、感受快乐的同时,开发幼儿的注意、观察、思维、想象、记忆等能力,促进幼儿智力的发展。

幼儿教师只有全面掌握了幼儿身心发展的规律,才能根据幼儿身心发展的特点,有的放矢地设计并组织幼儿开展丰富多彩、有意义的教育活动,才能保障每位幼儿的心智得到开发,身心全面发展,健康快乐成长。

○ 第三章

幼儿可能具有的
潜能与潜能开发

　　因为幼儿是成长中的人，所以我们应该相信每名
幼儿都潜藏着巨大的发展能量。教师要坚信每名幼儿
都能积极成长，都有培养价值，都是可以进步、完善
并获得最终成功的。

第一节　幼儿可能具有的潜能

因为幼儿是成长中的人，所以我们应该相信每名幼儿都潜藏着巨大的发展能量。教师要坚信每名幼儿都能积极成长，都有培养价值，都是可以进步、完善并获得最终成功的。

教师对教育好每名幼儿都应充满信心，善于发现其潜能，并能科学挖掘其潜能，让每名幼儿都成为栋梁之材。那么，幼儿可能具有哪方面的潜能呢？

1. 言语语言潜能

言语语言潜能主要是指幼儿听、说、读、写的潜在能力。言语语言潜能优秀的孩子表现为喜欢阅读、听讲故事、看书学习，并能掌握相当大的信息量，词汇量也大，可一字不差地记忆知识，可流利而高效地利用语言描述事件、表达思想、进行交流。

2. 身体运动潜能

身体运动潜能主要是指运用四肢和躯干的潜在能力。运动潜能优秀的幼儿表现为能够较好地控制自己的身体，对外部刺激能够做出恰当的身体反应，以及善于利用身体语言表达自己的思想情感。他们擅长体育活动，能自如地掌控身体使之保持平衡，并善于运用身体语言表现艺术、表达情感和思想，善于完成小肌肉活动任务。

3. 自知内省潜能

自知内省潜能主要是指认识、洞察和反省自身的能力。自知内省潜能优秀的幼儿自我理解能力、独创能力都很强，喜欢按自己的兴趣爱好和目标去探究、学习，能较好地控制自己的情绪情感。

4. 人际关系潜能

人际关系潜能主要是指认识、洞察、反省自己的潜在能力，以及与人相处交往的能力，表现为善于觉察、体验他人的情绪情感和意图，并据此做出适当反应。人际关系潜能优秀的幼儿能理解他人，有较强的组织能力和领导能力，伙伴相对多，善做决定和调解伙伴间的纠纷，喜欢参加集体活动。

5. 音乐潜能

音乐潜能主要是指感受、辨别、记忆、改变和表达音乐的潜在能力，表现为对音乐，包括节奏、音调、音色和旋律的敏感程度，以及通过演奏和歌唱等表达音乐的能力。音乐潜能优秀的幼儿有良好的节奏感、音高感和旋律感，并能随音乐做出反应，善于记住各种旋律，喜欢唱歌或哼唱曲调，对乐器感兴趣。

6. 数理逻辑潜能

数理逻辑潜能主要是指运算和推理的潜在能力，表现为对事物间的各种关系，如类比、对比、因果和逻辑等关系很敏感并能通过数理运算和逻辑推理等进行思维的能力。数理逻辑潜能优秀的幼儿可在理解数字、空间以及逻辑关系上有超过其他孩子之处，并且倾向于喜欢科学、数学，善于分类、提问、计算、实验等。

7. 空间感知潜能

空间感知潜能主要指感受、辨别、记忆、改变物体的空间关系，并借此表达思想和感情的潜在能力。空间感知潜能优秀的幼儿表现为对线条、形状、结构、色泽和空间关系很敏感，喜欢尝试通过平面图和立体造型将它们表现出来。这类幼儿还喜欢绘画、想象、幻想，一般能清晰地记住看过或读过的图表，擅长使用颜色画画等。

8. 自然观察潜能

自然观察潜能主要指亲近自然、观察自然，获得美感的潜在能力（分辨事物、观察自然的直觉理解能力）。该潜能优秀的幼儿对自然现象敏感，善于对自然现象进行观察、分类和鉴别，乐于参与到种植和饲养活动中去，喜欢探索大自然。

第二节　幼儿潜能开发事例的启示

美国学者詹姆斯说过，普通人只开发了其潜能的 10%，即使像爱因斯坦这样的科学家的大脑使用率也没有超过 20%。美国的科学家研究发现，如果人发挥大脑一半的功能，就可以轻而易举地学会 40 种语言，熟背整本《百科全书》。总之，人的潜能和创造力是无限的。开发幼儿巨大的潜能，是时代赋予我们幼儿教师的主要任务。而古往今来，很多幼儿潜能开发的例子，也给我们研究幼儿潜能开发的可能性和重要性提供了有力的证据。

例一：爱迪生的故事

爱迪生小时候因愚笨失去了受教育的机会，其母却不放弃对爱迪生的教育，利用生活中的有限资源，耐心启发爱迪生边游戏边学习。在母亲的引导教育下，他潜藏的巨大的能力得到了开发，最终成了世界著名的发明大王，一生共有 2000 多项发明成果。

例二：艾瑞斯的故事

英国 3 岁女孩艾瑞斯患有自闭症，喜欢拿笔乱画，医生建议用艺术疗法对其进行治疗。经过老师和家长有针对性的培养，艾瑞斯的空间感知智能得到了开发。更出乎意料的是，她创作的作品在英国艺术作品拍卖会上以最高价 800 英镑被人买走，这让她的父母欣慰不已。

例三："数学神童"的故事

1977 年，西安市长安区有一位不满 5 岁的孩子飞飞，提前上了学前班。在老师的指导下他学习了 10 以内的加法。一次，老师有意测试孩子们的能力，让他们计算 7 加 4 等于几，结果这个孩子不需任何工具帮助，直接写出了答案。老师不理解地问他是怎么计算的，他说：7 加 3 等于 10，我再加上 1，就得 11。这说明有些幼儿天生就有数学逻辑能力。

例四：郭兰英的故事

我国著名歌唱家郭兰英老师 3 岁时，父母送她学习唱戏，使其音乐潜能很早就得到了开发，为她走向人生艺术巅峰奠定了基础。

例五：豪豪的故事

山东有位 2 岁的小朋友叫豪豪，每天被奶奶带去跳广场舞。受此影响，孩子的音乐潜能被激发出来，不满 3 岁时，就登上了中央电视台的舞台。不论演奏什么乐曲，孩子都能随着节奏旋律跳出震撼全场的舞蹈。在舞台上与主持人互动时，他的语言表达能力也很惊人。

事实说明，每个孩子都有巨大的潜能（即高度的智慧和创造力），我们作为教师，必须用动态发展的眼光看待孩子，既要看到今天孩子身上的不足和不完美，也要看到明天他们不可估量的发展可能，要坚信每个孩子都会成为对社会发展有用的人才。最重要的是找到适合开启他们潜能宝藏之门的金钥匙，去打开潜藏的资源宝库。

第三节　如何开发幼儿的潜能

一、开发幼儿潜能的方法

开发幼儿的言语语言潜能的最好方法是指导幼儿多阅读，并创设语言交流的平台，让幼儿想说、敢说。

开发幼儿的身体运动潜能的最好方法是让幼儿多参加有益于身体发展的运动，让他们勤动手、勤用脚，发展运动能力。

开发幼儿的自知内省潜能可以从游戏活动和日常生活习惯、学习习惯、交往习惯、纪律养成等方面的小事做起，引导幼儿反省自己的行为，控制自己的情绪和情感等。

有人际关系潜能的人，更能理解别人，也能让别人理解自己。父母应有意识地让孩子参与社会交往活动；幼儿园老师要有意识地安排幼儿负责组织小组活动、集体活动，开展角色游戏等，这些对开发幼儿的人际关系潜能都非常重要。

音乐潜能不仅包括对音乐的感觉，还包括对世间一切声音的感知能力。开发幼儿的音乐潜能，就要有意识地引导幼儿欣赏音乐，聆听大自然各种美好的声音，参与各类音乐活动。

开发幼儿的数理逻辑潜能，最好是通过比较多少、长短、大小，分类，配对等，力求在生活化、游戏化的活动训练中开发幼儿这方面的能力。

开发幼儿的空间感知潜能，要引导幼儿观察五彩缤纷的大自然，欣赏图片、绘画、工艺品，引导幼儿参与绘画、造型等活动。这些对开发幼儿的空间感知潜能很重要。

开发幼儿的自然观察潜能，要经常带幼儿到大自然中多观察、欣赏，多与自然亲密接触是开发幼儿自然观察潜能的必要手段。

二、开发幼儿潜能应注意什么

幼儿是处于发展过程中的人。正因为幼儿身心处于发展阶段，所以这就意味着幼儿还是一个不成熟的人，是一个正在成长的人，身上存在这样那样的问题也是正常的。教师要用发展的眼光看待幼儿成长过程中出现的种种问题，要从教育的角度理解幼儿的言行。幼儿就是在教育过程中发展起来的，在教师的指导下成长起来的。从某种意义上讲，幼儿的生活和命运是掌握在学校的教师手里的。教师怎样教育一个不成熟的、正在发展的孩子呢？

例一：陶行知修表的故事

有一天，一位朋友的妻子找到陶行知说："陶先生，你是大教育家，我前几天才买了一个钟表，谁知被我那淘气的儿子拆得七零八落。他才五六岁就拆表，将来大了恐怕连房子都敢拆。今天我气得不行，结结实实地揍了他一顿，你说我该拿这娃咋办呀？"陶行知听了笑着说："坏了，恐怕中国的爱迪生被你打跑了！"朋友的妻子有点愕然："为什么呢？难道我这样做不对吗？"陶行知点点头说："走，我们上你家，见见这个小爱迪生。"

陶行知进了朋友家门，看见那孩子蹲在大树下，正聚精会神地看蚂蚁搬家。孩子的妈妈一看他这样，又来气了，正要骂，被陶行知劝住了。

陶行知把孩子搂在怀里，笑嘻嘻地问："听你妈妈说你很喜欢钟表，还把新买的钟表拆了，能告诉我为什么吗？"孩子怯生生地望了妈妈一眼，低声说："我想看看里面是什么东西在响。""你想看看钟表里面是什么东西在响，这很好，但你要跟妈妈说一声，不能自作主张拆东西。那咱们拿着已拆开的钟表到修表店里，看修表师傅是怎样让钟表响起来的，好吗？"陶行知说。孩子听了高高兴兴地跟着陶行知来到修表店，专心地看修表师傅修了一个多小时。当修表师傅装好钟表，上了发条，钟表重新发出清晰的表针走动声后，孩子高兴地欢叫着："响了，响了，修好了！"陶行知在临走前，又花了一元钱买了一个旧钟表，送给孩子，让他回家拆着玩。孩子高兴地拿着旧钟表蹦蹦跳跳地对妈妈说："妈妈，伯伯买了一个旧钟表，让我拆着玩呢。""还让他拆啊？"朋友的妻子不解地问。陶行知笑笑说："孩子拆钟表是因为好奇，好奇心其实就是求知欲。你不分青红皂白地打他一顿，不怕把他的求知欲打跑了？不如引导他去把事情做好，培养他的兴趣，这才有利于他的学习和发展。"这位母亲听了连连点头。

现今好多教师和家长都习惯于要求孩子不许乱动东西，动手就打手！这样其实扼杀了孩子的学习兴趣，摧残了孩子的创造力。陶行知的故事告诉我们该怎样善待不成熟、正在成长、充满生命力的孩子。

例二：陶行知教育学生的故事

陶行知有一天在去班级检查工作的路上，看见一位叫王友的学生用土块砸同学，便将其制止，并叫他过一会儿到办公室去。当陶行知回到办公室时，王友已低着头站在办公室外，陶行知看见他就面带微笑掏出一块糖说："老师让你过一会儿到办公室来，结果你比我先到办公室，说明你是一个听话的孩子，所以奖你一块糖。"当王友半信半疑地接了第一块糖后，陶行知又掏出一块糖说："刚才老师制止你打同学，你立即住了手，说明你尊重我，所以我再奖你一块糖。"当王友含着眼泪接过第二块糖后，陶行知又掏出第三块糖说："刚才我了解得知，你打同学是因为他们欺负女同学，说明你是一个很有正义感的好孩子，所以我再奖励你一块糖。"这时王友感动得大声哭着说："陶校长，我错了。同学再不对，我也不能用土块砸他们。"陶行知又掏出一块糖笑着说："你已认识到了自己的错误，说明你是一个能认错，也能改错的好孩子，我再奖你一块糖。我的糖发完了，我们的谈话也结束了。"

例三：美国近代成功学创始人拿破仑·希尔的故事

拿破仑·希尔在自传中写道："我从小失去了母亲，成为远近有名的调皮捣蛋的孩子，村里不论出了什么坏事，比如母牛从农场跑了，葡萄架倒了，一棵树被人砍了，人们都怀疑是我干的。那时候连我的父亲和兄弟都认为我不可救药，所以我便真正成了坏孩子。人们都这样看我，我也不会让他们失望，只有变得更坏。"

"有一天，父亲将继母带回家，当着全家人的面指着我介绍说：'这就是拿破仑·希尔，是众多孩子中最坏的一个。'我站在那里，双手交叉着叠在胸前，盯着她，我的眼中没有丝毫欢迎的意思。我绝不会忘记我的继母是怎样回应他这句话的。她微笑着走到我跟前，把双手轻轻地放在我的两肩上，用温柔的目光盯着我的眼睛。我马上意识到我将会拥有一个疼爱我的人。继母和蔼地说：'这是最坏的孩子吗？完全不像，我看他倒是这些孩子中最聪明的一个，我们要做的，无非是把他所具有的伶俐品质发挥出来。'从此以后，我的继母总是不断鼓励我依靠自己的力量制订大胆的计划，坚毅地前进。继母的这种鼓励就是我事业的支柱，我绝不会忘记继母对我的教导与鼓励，可以说是她造就了我，她用她深厚的爱、不可动摇的信任和鼓励，激励着我努力成为她相信我能成为的那种孩子。"

陶行知帮助孩子修表和继母教育拿破仑·希尔的故事，告诉我们应怎样对待正在成长发展中的孩子。事实说明，对处于发展过程中不成熟的孩子采取宽容的态度，耐心引导他们改正错误并既往不咎，采取动之以情、晓之以理、润物细无声的教育方法，善待每位有这样那样问题的正在发展的孩子，对于他们的发展是多么重要！教育孩子就是要用尊重个体发展的眼光看待孩子；教育孩子就是要善于发现孩子身上的优秀品质，相信每个孩子包括"问题孩子"的内心都有向上的渴求，都能成才。只有这样，孩子才会喜欢老师、尊敬老师，才会亲其师、信其道。特别是对待存在严重问题的孩子，绝不能采取严肃说教的方式去批评他，更不能采取侮辱打骂的粗暴方法，以免给孩子造成心灵上的伤害，使其走上歧路。

例如，有一位小学老师，采取打骂、关黑房子、站板凳等手段，教育一位不守纪律、爱打同学的孩子，导致这位孩子最后辍学回家了。这位孩子长大成人后，报复攻击这位老师，最终走上了犯罪的道路，这位老师的身心也受到了严重的伤害。

我们不得不承认，在幼儿园还有个别老师不能善待刚入园爱哭闹、好动爱打人的孩子，甚至采取责骂、吓唬的方式来管教幼儿，对幼儿的心灵造成伤害，使一些孩子死活都不愿意去幼儿园。

事实说明，孩子在学校是否生活得很好，是否能学好，是否健康，是否幸福快乐，是否能成才，都和他所在的学校和教师有极大的关系。为了每一位幼儿的发展，时代在呼唤有慈母般爱心、有高度责任感的好老师。

第四章

幼儿的独特性与
培养"完整的幼儿"

　　教师必须为幼儿的终身发展打下良好的素质基础，培养"完整的幼儿"是对教育发展历史的总结，是现代幼儿教育的新观念，是时代对幼儿教师的呼唤。在教育活动中，教师要把幼儿作为完整的人看待。

第一节　幼儿是完整的人

一、幼儿是完整的人

说幼儿是完整的人，实际是指幼儿是一个能逐步独立发展和持续发展的个体，主要表现在幼儿在发展中能够逐步认识自己，并逐步从身体的"我"向社会的"我"发展，既有健康的身体和自我保护能力，又有积极的情绪情感，有表达自己内心想法的愿望，有了解、感知周围世界的需求，有与同伴交往的热情，有自我激励、自我评价、自我调控的意识，有获取知识的兴趣，有尝试、探索、幻想、创造的愿望和能力。在教育活动中，幼儿不但具备独特的智慧和人格力量，而且在体验着全部的教育生活。因此，我们说幼儿并不是单纯抽象的学习者，而是有着丰富个性的完整的人。

我国著名教育家蔡元培指出："教育是帮助被教育的人，给他能发展自己的能力，完成他的人格。"随着对幼儿教育理论的研究，我们已普遍认识到学前教育不是为上小学做准备的教育，而是为幼儿终身发展奠定基础的教育。所以，教师必须为幼儿的终身发展打下良好的素质基础，培养"完整的幼儿"是对教育发展历史的总结，是现代幼儿教育的新观念，是时代对教师的呼唤。在教育活动中，要把幼儿作为完整的人看待，首先要能够包容、温暖每一位幼儿，要欣赏每一位幼儿，让幼儿快乐成长。在教育活动中，必须反对割裂幼儿人格发展完整性的做法，要搭设平台，让幼儿能够展示自我，还给幼儿一个属于他们的生活世界，丰富他们的精神生活。同时，应注意给予幼儿全面展现个性、力量的时间和空间。

例如，中班科学课"美丽的彩虹"。

一、导入谈话

师：小朋友们，现在是什么季节？（夏季）

师：夏天常下的是什么雨？（雷阵雨）

师：雷阵雨过后，天空常会出现非常壮丽的景色，你们想看看吗？

二、观察彩虹

师：（出示彩虹的图片）这是什么呀？（孩子们一起说："彩虹！"）

师：小朋友们和彩虹比谁漂亮？（都美丽、漂亮）彩虹身上的什么最漂亮？（色彩、形状）

师：你们说彩虹的颜色很漂亮，彩虹身上都有什么颜色呢？（引领孩子总结：赤、橙、黄、绿、青、蓝、紫）

师：彩虹身上有这么多不同的颜色，可以说是"五颜六色"。你们看彩虹身穿五颜六色的衣服美丽不美丽？

师：（小结说儿歌）赤橙黄绿青蓝紫，五颜六色真美丽。

师：五颜六色的彩虹在什么地方挂着？（天上）天上挂了几道五颜六色的彩虹？（一道）

师：天上悬挂的彩虹是直的还是弯的？（弯的）弯弯的彩虹像生活中见到的什么东西？（拱桥、香蕉、弯月）拱桥架在河的一边还是两边？（两边）那彩虹呢？（天空的两边）

师：（小结说儿歌）一道彩虹天上挂，好似大桥两边架。

师：（总结，带动作完整夸彩虹）一道彩虹天上挂，好似大桥两边架。赤橙黄绿青蓝紫，五颜六色真美丽。

三、观察回答

师：（激发兴趣）小朋友们都夸彩虹美丽，彩虹心里非常高兴，说我们班的小朋友都很聪明，它让老师提几个问题考考你们，你们有没有信心回答彩虹的问题？（有）

师：彩虹是由几种颜色组成的？（七种）都是什么颜色？（赤、橙、黄……）

师：在这七种颜色中，只有三种颜色是彩虹原有的颜色，其他的颜色都是由这三原色变成的。你们看一看，猜一猜哪三种颜色是彩虹原有的颜色。

四、实验探究

师：（出示红、绿、蓝三种颜色的图片）哪三种颜色是彩虹原有的颜色？

师：比较观察彩虹，猜一猜橙色是由哪两种颜色混合后变成的？黄色呢？紫色呢？为什么？（培养孩子细心观察的品质）

师：（发给每小组三原色水和空杯三个）小朋友们猜得非常好，我们一起大胆地探究验证吧！

五、探究交流

教师深入各组，检查指导，及时肯定夸奖实验成功的孩子。

评析：在中班科学课"美丽的彩虹"的案例中，教师没有把孩子当作一个接受知识的容器，单一地给孩子灌输知识，而是把孩子作为完整的人来看待。在活动中，创设贴近生活的情境，搭设让孩子展示自我的平台，给予孩子发展的空间。在观察彩虹的活动中，激发孩子的好奇心和探究欲望，发展其认知能力。在动手操作验证的探究活动中，引导孩子全面展现自己的聪明智慧，展示自己的力量和人格，既满足了孩子的求知需求，又满足了孩子好奇、乐于探究、实现自我等心理需求，使孩子觉得自己是世界上最棒的人。

二、幼儿的独特性

由于人受遗传、环境、家庭、经历等的影响，因而会形成个人独特的心理世界。他们在兴趣、爱好、动机、气质、性格、智能和特长等方面，是各不相同的，独特性是幼儿的本质特征。教师不仅要认识幼儿的独特性，还要尊重幼儿的独特性，把幼儿的独特性视为一种财富去珍惜和开发，使每个幼儿在原有的成长基础上，都得到完全、自由的发展。

大家都知道，世间找不到两片完全一样的树叶，也找不到两个完全一样的人，正因为世间的一切都有差异，都有独特的一面，所以自然和人类才呈现出千姿百态的样子。教师肩负着培育每个幼儿的重任，因此，首先要了解每个幼儿在需求、兴趣、爱好、气质、性格、能力、学习等方面的差异和独特性，才能因人而异地进行教育，才能在教育中收到事半功倍的效果。然而，怎样珍惜并开发幼儿身上独特的财富和资源，使其在原有的发展水平的基础上得到更进一步的发展呢？解决此问题的核心就是尊重幼儿的独特性。

尊重幼儿的独特性就要真诚地关爱幼儿，关爱是尊重的基础，而每位幼儿都有自尊心，都需要教师的关爱。常言道："树怕伤身，人怕伤心。"自尊心、自信心是幼儿成长的精神支柱，是其向善的基石，也是自我发展的内在动力。幼儿的心灵是敏感的，也是脆弱的，然而，在现实生活中，经常可听到"你怎么这么笨！这么胆小！这么淘气！这么不争气……"的责备声，久而久之，幼儿失去了自尊和自信，就难以成才了。因此，幼儿的心灵需要教师用慈母般的心去呵护，在与幼儿交流的诸多活动中，多给幼儿会心的微笑，多说贴心的话，多给善意的抚摸，让幼儿时时处处都能感受到教师母亲般的关爱。只有用心换心，才能让幼儿"亲其师，信其道"。

尊重幼儿的独特性就要理解帮助幼儿。例如，体坛"飞人"刘翔上小学时想上体校，老师理解他，创造条件指导锻炼他，他也因成绩优异被选进市重点体校。但因当时他年龄特别小，性格内向，不爱说话，常被调皮的同学欺负，导致他心情压抑，训练成绩下滑，产生了离开体校的想法。当老师和父亲看出他的心思时，不但不埋怨责怪，还理解并帮助他，把他转入一所普通学校上学。在新的环境里，刘翔的学习和训练成绩不断提高，老师和父亲的理解帮助为刘翔成为世界级的"飞人"奠定了基础。

尊重幼儿的独特性就是要为幼儿提供发展的机会。例如，为了让幼儿从小养成良好的生活习惯，教师就要积极鼓励幼儿做好自己的事；为了帮助好动不守纪的幼儿，可让他担任组长，负责维持班级纪律；为了帮助胆小腼腆、不爱说话的幼儿，就要尽量创造机会让他与其他幼儿接触交流。

　　尊重幼儿的独特性就要赞美赏识幼儿。例如，有位老师发现一个幼儿用吸管喝牛奶时，口不接触吸管，只用双手挤压奶盒就能喝到牛奶。老师及时表扬这名幼儿聪明、会想办法，使幼儿的个性得到张扬。又如，在意愿画活动中，教师如果能赞赏幼儿画出的与众不同的作品，就可进一步点燃幼儿思维创新的火花。赏识是最好的教育。这里要指出的是，赏识教育绝不是简单地说"你真棒"，而是要赏识幼儿创新的想法和行为，赏识幼儿在成长发展中点滴的进步和成长。

　　尊重幼儿的独特性就是要用人文态度去关怀幼儿。例如，有个叫红红的小朋友平时胆子特别小，不论干什么事都非常谨慎。在一次户外活动中，她跑到半米高的独木桥前就停住了脚步，不管后面的小朋友们怎么给她加油，就是不敢走上独木桥。老师走过去微笑着说："老师扶你过。"可红红还是不敢过。这位老师没有责怪她，而是耐心地鼓励她说："红红很勇敢，那我们从旁边这座矮点的小桥上走过去好吗？"红红终于跨出可喜的一步，顺利地过了小桥，露出了微笑。所以，教师要了解幼儿的不同差异和独特的性格特点，并用人文关怀的态度正视幼儿的差异，尊重幼儿的独特性，因材施教，促进每位幼儿不断发展。

　　尊重幼儿的独特性就要理解支持幼儿。例如，一位老师在引导大班幼儿制作不倒翁时，有一个幼儿提出要用钉子给鸡蛋打洞，老师满足了他的要求。这个孩子先用钉子给鸡蛋打了两个洞，然后从洞口用竹棍搅拌，在倒不出蛋清和蛋黄的情况下，用嘴对着一个洞用力吹，结果很容易就把鸡蛋里的蛋清和蛋黄从另一个洞里吹出来了。这位老师看见后，立即表扬了这个孩子。如果没有老师的理解支持，就没有幼儿的创新动力。

　　例如，小班诗歌课"小池塘"。

　　一、谈话导入

　　师：现在是白天还是晚上？（白天）你们想看太阳落山后夜晚天上的景色吗？

二、欣赏弯月

师：（出示弯月当空的图片）晚上天空的景色怎么样？（美丽）夜晚的天空上什么最美丽？（月亮）月亮是直的还是弯的？（弯的）

师：弯弯的月儿像什么？（小船）除了小船还像什么？（镰刀，香蕉……）

师：你们看，弯弯的月亮听了你们的回答心里怎么样？（高兴地笑了）月亮姐姐还问：太阳发出红红的光，我发出的是什么颜色的光？（银白色）我银白色的光都会照在哪里？（山，树……）我最喜欢把自己的光照在哪里？（脸上，地上，山上，池塘里……）

三、欣赏小池塘

师：（出示月亮照在小池塘里，小鱼在水中月亮的周围游动、跳跃的图片）月亮最喜欢照在哪里？（小池塘）为什么？（月亮在照镜子）池塘里有什么？（月亮）为什么池塘里会有月亮？

师：（带领幼儿观察后提问）有句儿歌"小池塘藏月亮"，这句儿歌说得对吗？（说得不对：月亮在天上，月亮影子在池塘里，小池塘藏了月亮就看不见月亮，怎么还能看见。说得对：月亮的影子就藏到了池塘里，月亮和池塘在捉迷藏，小鱼和月亮在池塘里捉迷藏）

师：（小结）小池塘和鱼儿都喜欢月亮，月亮也喜欢小池塘和鱼儿，"小池塘藏月亮"这句儿歌，描写了天上月亮的影子正在池塘里和鱼儿在一起捉迷藏的快乐情景。我们一起将这一句儿歌朗诵两遍。

师：月亮的家在哪里？（天上）夜晚的天是什么颜色的呢？（深蓝）深蓝的天空将清清的池水映照成了什么颜色？（蓝色）小池塘仿佛变成了蓝色的什么？（天空）小池塘里的鱼儿在好似蓝色天空般的水中干什么呢？（唱歌、跳舞、游泳、捉迷藏……）

师：还有句儿歌是这样说的："鱼儿躺在蓝天上。"这句儿歌说得对吗？为什么？（说得不对，因为鱼儿在水里，没有在天上，它们在水里游、跳、玩……）

师：（启发幼儿）鱼儿游、跳、玩，它们累了会在什么地方休息？（池塘里）小池塘好像蓝天一样，你们说鱼儿躺在水里休息就好像躺在什么地

方休息?(鱼儿躺在水里休息就好像躺在天上休息一样)

师:(指导幼儿闭眼想象并朗诵诗歌)小池塘藏月亮,鱼儿躺在蓝天上。

师:小朋友们闭眼朗诵"小池塘藏月亮,鱼儿躺在蓝天上"这两句诗歌时,在脑海里展现的是怎样一种景象?(美丽)这天水合一的美景会被水中生活的谁看见呢?(青蛙,鸭子……)它们看了心里会怎样想,怎样做呢?(让幼儿畅所欲言)

师:(出示有青蛙的池塘全景图)是谁先看见了池塘里天水合一的美景?(小青蛙)小青蛙在什么地方干什么?(坐在荷叶上抬头望着月亮)它的心情怎样?(高兴)高兴得在干什么?(唱歌)为什么高兴得唱歌呢?它会唱什么?

师:(小结朗诵诗歌)小青蛙抬头望,乐得呱呱把歌唱。

师:(采取不同形式指导幼儿完整表演朗诵诗歌《小池塘》)小池塘藏月亮,鱼儿躺在蓝天上。小青蛙抬头望,乐得呱呱把歌唱。

评析:在上面的教学案例中,教师创设出相对真实的生活情境,搭设幼儿畅所欲言的观察、交流平台,并指导鼓励幼儿结合情境对教科书中"小池塘藏月亮""鱼儿躺在蓝天上"这两句诗歌进行个性解读,相互交流,发表不同的见解。教师不但积极引导幼儿,而且尊重了幼儿的不同见解。最后,教师引导幼儿经过讨论统一了意见,达成共识。在这次教育活动中,该教师的态度、行为和引导方法都足以说明在教育教学活动中,教师应如何挖掘幼儿身上独特的个性资源,如何尊重每个幼儿独特的见解,如何培养幼儿的独特性。

尊重幼儿的独特性,就是要以幼儿为中心,深入细致地了解幼儿;采取科学的方法,充分发挥幼儿的自主性、主动性和创造性,积极鼓励幼儿在各类活动中求新求异、不断创新;尊重幼儿独特的做法和独到的见解,充分照顾幼儿的不同需求,因材施教。只有这样才能使幼儿的学习过程成为一个个性化的学习过程,从而培养幼儿创新的精神和能力,使每位幼儿今后都能成为具有独特个性和创新能力的人才。

三、幼儿与成人的差异

因为幼儿的观察、思考、选择和体验都和成人有明显的不同，存在很大的差别，所以，教师应把成人当成人看，把幼儿当幼儿看。

前面我们通过横向比较说明，世间找不到两个完全一样的人，每个个体之间都有差异，都有自己的独特性。我们不妨再从纵向角度加以思考，春天才发芽的叶子能和秋天的叶子一样吗？才步入人生最初阶段的幼儿能和成人一样吗？那么，幼儿同成人之间究竟存在多大差异？下面从几个主要方面举例。

阅读的差异：幼儿主要喜欢阅读直观形象的图画材料，其阅读选择侧重于材料的趣味性和画面的生动性；而成人主要阅读文字材料，其阅读选择侧重于材料的内在逻辑关系和实际意义。

唱歌的差异：幼儿因音带、咽部声道的肌肉、肺功能等尚未发育成熟，所以音域相对较窄，一般适合唱音域小于三度的童谣和儿童歌曲；而成人的音带、咽部声道的肌肉、肺功能发育已成熟，音域宽，音高起伏大，可唱各类歌曲。

运动的差异：1岁前的婴儿处于发育阶段，成人的抱、捶、按、捏是帮助他们进行锻炼的简便、易行、有效的方法。2岁的幼儿可参加走、跑、双脚跳、拍球等活动。3岁的幼儿可参加跳绳、蹦床、过独木桥、舞蹈等活动。3岁以上的幼儿虽然体能不断增强，但运动能力与成人相比有较大差异，只可适度参加助跑跳、投掷、游泳、体操、舞蹈等运动。而成人因身体发育已成熟，可参加各类运动。

游戏是幼儿最喜爱的活动，幼儿游戏和成人游戏的差异又是什么呢？

首先，游戏在生活中的地位不同。成人日常生活中最主要的内容是工作，游戏只是他们娱乐的方式之一。幼儿的日常生活中主要的内容就是游戏，游戏就是他们生活中最核心的内容。

其次，游戏的内容不同。成人玩的多为规则游戏，带有一定的民族传承特点并突出竞技色彩。幼儿玩的一般是反复操作玩具、互相追逐或在假想的情境中扮演角色等规则性不强的游戏。

最后，价值功能不同。对于成人来说，他们的好奇心依然存在，但游戏已不再有探索、求知、发育身心的功能。而对于幼儿各方面的成长来说，游戏具有至关重要的作用，游戏中蕴含的丰富的情感体验、审美趣味，对幼儿具有非常重要的教育意义。

以上对比，足以说明幼儿和成人在各方面都存在巨大的差异。然而，在现实的教育活动中，我们的教师（父母）有时候并没有按照幼儿发展的规律、兴趣爱好等方面的特点来引导他们。我们在教育活动中常可听到这样的斥责声："你整天看图画书，从不看一看下面写的是什么字！""你只知道玩游戏，也不知道写字、画画！""我叫你画一朵红花，你怎么把花瓣涂得五颜六色?!""傍晚落山的是太阳，你怎么说是橘子？""我叫你用积木搭一座小桥，你搭的是什么？"这种按照成人的兴趣、成人的需求、成人的标准来教育幼儿的行为，实质上是对幼儿的摧残，对幼儿个性的扼杀。新课程要求我们教师应把成人当成人看，把幼儿当幼儿看。教师在教育活动中要能换位思考，体会幼儿的所思所想，积极走进幼儿的内心世界。时代呼唤我们的教育要回归自然，提醒教师不做拔苗助长的人，不进行超前教育。教育要根据幼儿的兴趣爱好、发展的标准、认知的特点来进行，按照其身心发展的需求教育他们。在教育活动中要充分关注幼儿的兴趣和生活经验，引导幼儿在各类活动中活泼、主动地在玩中学、在学中玩，为每一个幼儿提供发展的空间，并使其已有水平得到发展。

第二节　幼儿是独立意义上的人

一、让幼儿真正独立

每个幼儿都是独立于教师头脑之外的人，是不以教师的意志为转移的客观存在的人，也就是说，幼儿是具有独立性的人。幼儿不是教师的四肢，可随意支配；也不是泥巴，可由教师任意捏塑，他们是独立的人。教师要想让幼儿接受自己的教导，首先要把幼儿当作不以自己的意志为转移的独立的人来看待，努力使自己的教育和教学适应幼儿的阶段性发展特点，符合幼儿认知的规律和发展的规律。教师不但不能把自己的意志强加给幼儿，也不能强行把知识灌输给幼儿，否则会挫伤幼儿学习的主动性、积极性，扼杀他们的学习兴趣，束缚他们的思维，甚至引起他们的反感或抗拒。

在生活中，常可看到刚满周岁的婴儿蹒跚学步时就想挣脱成人的怀抱自己走；到了两岁左右，尽管跌跌撞撞，但随着自我意识的萌生，什么事都想自己干，有时你挡都挡不住。在生活中，也常看到父母好心为孩子搭了一座漂亮的积木房子，可孩子不喜欢，一下子就推倒了，然后对自己搭出的歪歪斜斜的房子却非常喜欢。又如，孩子上了幼儿园，老师引导他画一棵树，结果孩子却画了一片绿；老师让孩子画美丽的大红花，有的孩子画出的花瓣却是五颜六色的；老师要求孩子坐着从滑梯上滑下来，可好多孩子执意趴着滑下来等。种种事实说明，孩子天生就有独立的意识和愿望，即独立性；也说明孩子虽小，但都是具有独立意义的个体，他们是独立于教师（父母）头脑之外的人，是不会轻易以别人的意志为转移的人。在学习活动中，当他们自己有一种新方法或新认知时，往往会认为自己的想法是最好的，会很自然地抵制不同的方法或观点。

然而，在传统的教育观念中，不管是教师还是父母，一般都认为孩子小，什么都不懂，什么都不会，不论他们干什么事总是不放心，不是要求孩子按教师或父母的要求去做，就是处处包办代替，从而造成孩子的独立意识、独立发展能力不断丧失。当今社会是一个竞争激烈的社会，今天的孩子终将长大成人，走向世界。试想，一个没有独立意识、独立发展能力的人，将来怎样面对瞬息万变的大千世界？怎样应对各种挑战，并依靠自己的力量创造未来的生活？由此可见，独立性的培养对孩子未来的生存与发展是多么重要。

美国教育家罗伯特博士提出现代幼儿教育的十大目标，其中第一条就是独立性的培养。为了改变传统教育的弊端，新课改提出通过教育让每一位孩子学会做人，学会求知，学会劳动，学会生活，学会健体，学会审美。而其中每一个"学会"都离不开教育者对孩子主体独立性的培养。独立性包括独立意识和独立能力，那么在日常的教育教学活动中，应该怎样培养他们的独立性呢？

（一）在日常生活中培养幼儿的独立性

孩子进入幼儿期后，自我意识萌芽，探究客观世界的愿望强烈，喜欢新异刺激的事物，好玩好动，认知活动日趋活跃。根据这一特点，我们可以从生活中的一些小事做起，让他们自己洗手、洗脸，自己吃饭、收拾餐具，自己脱衣睡觉，自己穿衣起床，自己整理书包玩具，自己种花浇水等。这样一来，不但培养了他们良好的生活习惯和自己的事情自己做的意识，还让他们在感受到独立做事的快乐的同时，发展了独立能力。

（二）在教育活动中培养幼儿的独立性

1. 搭设平台鼓励创新，培养幼儿的独立性

例如，在大班"魔棒"户外游戏活动中，老师为小朋友每人准备一根"魔棒"，要求每位小朋友都要表演与众不同的"魔棒"游戏。幼儿对此激情万丈，玩法不断推陈出新。然后，老师在让幼儿创新玩的基础上引导幼儿创编了一套"魔棒操"。又如，在中班"小鸡和小鸭"故事活动中，教师结合挂图，组织幼儿开展想办法帮助小鸡过河的大讨论，不但使幼儿的智力得到了开发，而且增强了他们的创新意识。

2. 开展丰富多彩的游戏比赛活动，培养幼儿的独立性

例如，在培养幼儿的生活自理能力上，可开展穿衣服、扣纽扣、系鞋带等游戏活动；在培养幼儿的音乐才能上，可开展舞蹈表演、唱歌比赛等活动；在丰富幼儿科学知识时，可开展磁铁玩法、数的分解等一系列比赛

活动。通过游戏比赛活动既满足了幼儿好胜的心理需求，又能使他们的情绪情感得到丰富，更重要的是培养了他们的独立性。

3. 开展区域角游戏活动，培养幼儿的独立性

幼儿天生就有独立自主的意识，教师要为幼儿独立意识和能力的发展，提供自主探究学习的物资、时间和空间，加强区域角的建设，在那里为幼儿提供丰富多彩的操作材料，定期定时组织幼儿开展区域角游戏活动，鼓励、引导他们去玩耍，支持幼儿自己选择游戏活动的内容、方式、过程以及他们想扮演的角色。在幼儿的活动中，教师一般不要强行干预，要让幼儿充分感受到选择、探索、行动和表达的自由。当幼儿之间发生矛盾时，教师同样要把解决矛盾的自主权交给幼儿，让幼儿学会自己解决问题。教师可参与区域角游戏活动，但不能干预过程。有效开展区域角游戏活动是培养幼儿独立意识和能力的最好方法。

二、家园合作培养幼儿的独立性

幼儿的独立能力不能只靠幼儿园的教师来培养，如果家长不重视，总是在日常生活中护着、帮着孩子，不去有意锻炼孩子，培养幼儿独立性的教育目标就很难达成。因此我们教师要高度重视家园联系与合作工作，积极向家长宣传"包办代替"对孩子的危害和培养孩子独立性的重要性，还要给予家长有关家庭教育方法的指导。指导要点有如下几个方面。

第一，让孩子做力所能及的家务，如吃饭前擦擦桌子、发发碗筷等。

第二，给孩子购买衣服、玩具等物品时，尽可能地把自主选择权交给孩子，让他自己选择，并尊重他的选择。

第三，在家里尽可能给孩子布置一个单独的房间，各类玩具等物品的摆放、在房间内开展各类活动，都由孩子做主。

以上三点，看上去像是小事，但实际上如果家长做好这些，就能在生活中对孩子进行很好的教育，既能培养孩子良好的习惯，又能为孩子以后的独立生活打下基础。

同时，在幼儿园教育中，我们教师在幼儿有独立意识时，绝不能漠视，更不能否定，而应在尊重幼儿想法的同时积极鼓励幼儿独立思考，并采取科学的方式优化他们的想法，帮幼儿完善头脑中的认知。只有这样，才能体现出新课程所倡导的建立和形成旨在充分调动、发挥幼儿主体性的多样化的学习方式，促使幼儿在教师指导下主动学习、个性化学习。

另外，教师要明白，幼儿是学习的主体。每个幼儿都有自己的躯体、自己的感官、自己的头脑、自己的性格、自己的意愿、自己的知识、自己的思想和自己的行动规律，他们是一个个独立自主的主体。教师不可能代替幼儿去读书、感知、观察、分析、思考，不可能代替幼儿去明白任何一个道理，掌握任何一条规律。因此，教师只能引导幼儿自己去读书，自己去感受事物，自己去观察、分析、思考，从而使他们自己去明白事理，自己去掌握事物发展变化的规律。

例如，小班社会课"爱护环境都夸奖"。

一、激发兴趣

师：今天老师在来幼儿园的路上，看见有两位小朋友在马路上一前一后地走着吃东西，老师看见其中一个小朋友时非常高兴，但看到另外一个小朋友时非常生气，你们想知道为什么吗？

二、对比导学

师：（出示图片）这里有两位小朋友，穿蓝衣服的男孩叫小明，穿红衣服的女孩叫小红。

师：小明走在马路上干什么？（一边走一边吃香蕉）香蕉的味道怎么样？（又甜又香）他吃后的心情是怎样的？（非常开心）你是从哪里看出来的？（小明眉开眼笑）小明在吃香蕉时还做了什么事？（把香蕉皮扔在马路旁）这样做对吗？（不对）为什么？（污染了环境，影响了行人）

师：小红在马路上干什么？（一边走一边喝牛奶）牛奶的味道怎样？（又浓又香）喝牛奶后的心情怎样？（很高兴）你是从哪儿看出来的？（小红笑眯眯的）小红是不是和小明一样把奶袋扔在了马路旁？（扔到了垃圾箱里）小红为什么要跑到马路边把奶袋扔进垃圾箱？这说明了什么？（小

红讲卫生，爱护环境）看了两个小朋友的所作所为，你们喜欢谁？为什么？（小红。她爱护环境，不乱丢垃圾）好！我们一起夸夸小红好不好？（棒棒棒！你真棒！）

师：（小结说儿歌）小明走在马路上，吃的香蕉甜又香，果皮扔在马路旁，污染环境不应当。小红走在马路上，喝的牛奶浓又香，奶袋扔进垃圾箱，爱护环境都夸奖。

三、迁移讨论

师：在生活中，除了香蕉皮、奶袋，还有什么生活垃圾？小朋友们平时是怎样处理生活垃圾的？应怎样处理？（组织讨论，提高幼儿的环保意识）

四、结束活动（略）

评析：在这个案例中，教师以幼儿为主体，没有一句空泛说教的话，而是为幼儿创设真实的生活情境，指导幼儿通过观察、比较、分析、讨论等方法认识到爱护环境的重要性，从而提高了爱护环境、保护环境的意识。"你可把马牵到河边，但不能强迫马去喝水"，这句俗语就阐明了尊重主体性的道理。因此，在教学过程中，教师要承认和尊重幼儿的主体地位，培养幼儿的主体性，即自主性、能动性和创造性，并创造条件积极引导幼儿参与到教学活动中，让他们通过自己观察、自己分析、自己思考，在掌握知识技能的同时学会学习、学会做人、学会生活、学会创造，增强主体意识，使自己得到全面发展。

综上，教学中应注意以下几点。

第一，教学要符合幼儿身心发展的规律要求，促进其健康发展。

第二，要注意调动幼儿内在的积极性、主动性、能动性。

第三，教学要适应幼儿个性的发展，应将学习的主动权交给幼儿，使他们能根据自己的需求、兴趣、爱好、特点等选择适合自己的学习内容和学习方法。

第四，创设宽松的学习环境，教师不要"一言堂"，要允许幼儿发表自己的意见并给予幼儿发表意见的机会。

第五，鼓励幼儿进行创造性学习，不要使幼儿对教师产生盲从心理。

三、幼儿是责权主体

从法律上看，幼儿在社会和学校中，都应享有法律权利，是一个法律上的责权主体。说幼儿是权利主体，就是说学校和教师有义务保护幼儿的权利；说幼儿是责任主体，就是说学校和教师有责任引导幼儿学会对学习、对生活、对自己、对他人负责，学会承担责任。

时代要求教师要确立幼儿是责权主体的观念，师生间应建立起民主、道德、合法的教育关系。时代要求教师要树立崇高的职业道德观念，努力奉献于人民的教育事业，甘做人梯；要求教师发扬蜡烛的精神，用光和热温暖每位幼儿。同时，也要求教师用高度的责任心呵护每位幼儿，用自己的专业才能打开每位幼儿心智的大门，用自己健全的人格品质感染并塑造每位幼儿美好的心灵。幼儿的身心处于发育阶段，教师要科学地按照幼儿身心发展的规律，依照幼儿身心发展的阶段性、差异性、可变性等特点，把握教育对象的共同特征和个性特征，做到因材施教，长善救失，使每位幼儿都能全面发展、健康成长，最终成为时代发展需要的人才。

以幼儿为中心，一切为了每一位幼儿的发展是对新课程核心理念的科学解读。教师要同情、理解"边缘生"（所谓的"差生"），消除以"优等生"为中心的偏见，关注每一位幼儿的发展。

那么，应如何关注每位幼儿，并促进每位幼儿的发展呢？

（一）将每位幼儿都纳入关注范围

蒙台梭利认为，教育者应成为儿童发展的观察者、引导者、援助者。关注每位幼儿就是要在教育活动和幼儿园日常生活中，全方位观察了解幼儿，并根据幼儿的情趣、爱好、气质、特长等特点，实行有针对性、个性化的教育。最重要的是善于发现幼儿身上的闪光点及其独特的价值，让每位幼儿都发现自己的长处并体验获得成功的快乐，增强其自尊心、自信心和独立性，使每位幼儿真正感受到母爱般的温暖，并得到全面而个性的发展。

（二）关注每位幼儿的情绪、情感体验

教师必须用心施教，使教学过程成为幼儿的一种愉快的情绪体验和积极的情感体验的过程。

拥有积极的情绪、情感是一个人心理健康的重要标志。陶冶幼儿的情操对幼儿的发展至关重要，教师应该怎样用心施教，使教学过程成为幼儿情绪、情感体验的过程呢？

首先，要以积极的态度、热情洋溢的情感投入到教学活动中去，用真情实感感染幼儿。

其次，要关注幼儿在活动中产生的各种情感。例如，希望得到关注、认可、赞扬；渴望表达想法或展示才华；害怕失败、遭到冷落等。因此创设气氛宽松的环境很重要，教师在活动中对幼儿及时关注，及时表扬。不要小看看一眼、笑一笑、点一点头、抚摸幼儿一下这样的行为，这些对幼儿很重要，能增强幼儿的自信心。

最后，要创设真实的生活情境，让幼儿身临其境，切身体验，真情投入，丰富其内心感受。

案例：大班音乐活动课《国旗红红的哩》

一、激趣谈话

师：小朋友们好，今天老师给你们带来了我们鲜艳夺目的国旗，你们想看吗？

二、欣赏国旗

师：（多媒体出示国旗图）你们感觉国旗怎么样？（美丽）

师：这面鲜艳夺目的国旗是什么颜色？（红红的）一起说：国旗国旗红红的哩。

师：国旗是不是全部都是红色的？还有什么颜色？（黄色）黄颜色的是什么？（星星）这些黄颜色的星星还有一个非常好听的名字，你们想知道吗？（金星）我们一起数一数，国旗上有几颗金星？（五颗）五颗金星是什么颜色？（黄色的）一起说：五颗金星黄黄的哩。

师：（夸国旗说儿歌）国旗国旗红红的哩，五颗金星黄黄的哩。

师：红红的、有金星的国旗升在什么地方？（空中）升得高还是低？（高）你从哪儿看出国旗是升得高高的？（和白云一样高，比楼房还高，在蓝天中，比鸟飞得还高）

师：（小结说儿歌）升在空中高高的哩。

师：是谁将鲜艳夺目的国旗升在高高的空中？（小朋友，老师，解放军）到底是谁将鲜艳夺目的国旗升在了天空，想知道吗？（多媒体出示小朋友升国旗全景图）

师：是谁将国旗高高地升在天空呢？（小朋友）为什么要将国旗高高地升在天空呢？（提示：国旗象征着伟大的祖国，只有升在高高的空中，才能显示出祖国高大雄伟的形象，才能表达人民对祖国的敬仰之情）

师：当小朋友们庄严地把国旗升到高高的天空中时，观看升旗仪式的所有的小朋友心情怎么样？（兴奋）你们喜欢祖国的国旗吗？你们看了高高升起的国旗心情怎么样？（高兴）心里高兴得就像吃了什么一样？（蜜糖）

师：（小结说儿歌）我们心中甜甜的哩。

师生：（按节奏读歌词）国旗国旗红红的哩，五颗金星黄黄的哩，升在空中高高的哩，我们心中甜甜的哩。

三、欣赏歌曲

师：小朋友们升起国旗后在干什么？（在唱歌，站着队，望着国旗）你们想欣赏升国旗的小朋友们唱的名叫《国旗红红的哩》的歌曲吗？

（多媒体播放小朋友们升起国旗时激情演唱歌曲《国旗红红的哩》的视频）

歌词：国旗国旗红红的哩，五颗金星黄黄的哩，升在空中高高的哩，我们心中甜甜的哩。哩哩哩啦，啦啦啦哩，我们心中甜甜的哩。

四、教唱歌曲

师：你们欣赏了《国旗红红的哩》这首歌，升旗的小朋友唱歌时心情会是怎么样的？你从哪里可以看出来？从歌声中你能感受到它表达的是怎样的感情吗？（快乐，自豪，幸福）

师：你们想学唱这首歌吗？该用怎样的情感去唱？（略）

评析：在这个教学案例中，教师教学的侧重点不是单纯地让幼儿学唱歌曲，而是为了丰富其情感的体验，培养其能力。在活动中，教师通过现代多媒体教学设备，创设真实的升旗情境。在观察国旗时，教师动情地引导幼儿观看鲜艳、美丽的国旗，体验浓浓的爱国情感和学习的快乐。在范唱歌曲时，利用视频画面中小朋友唱歌的真实情境，感染幼儿，熏陶幼儿，使音乐课堂成为幼儿体验愉快情感的新课堂。通过音乐活动丰富了幼儿的情感世界，通过对国旗的认识增进了幼儿对祖国的情感，使祖国的国旗在幼儿的心中高高升起，让他们从升国旗的情境中感受到祖国的伟大和富强，感受到作为一名中国人的自豪和幸福。

（三）关注每位幼儿道德品质和优秀人格的养成

这就要求教师在教学活动中，不仅要充分把握和有意凸显教学中的各种道德因素，还要关注和引导幼儿在教学活动中的各种道德表现，促进其道德发展，从而使教学过程成为培养幼儿高尚的道德并使其获得丰富人生体验的过程。

例如，中班音乐课《大红花儿送给谁》。

一、组织入座

组织唱歌，做行进律动，进教室。

二、谈话激趣

师：我们班的小朋友歌声悦耳，动作优美，表现得非常棒，老师给每人都带来一份奖品，想要吗？

三、理解歌词

师：（出示红花）你们看，老师带来的奖品是什么？（红花）是大红花还是小红花？（大红花）每人一朵摸一摸、看一看、闻一闻，体验一下，你会有什么感觉？

师：大红花和大家是好朋友，大红花让老师问小朋友们，你手中的那朵长得怎么样？（好看，红艳艳，美丽，漂亮……）我们用"真美丽"代替"好看""漂亮"等词行吗？我们一起说：大红花真美丽。

师：大红花这么美丽，她希望小朋友们把她送给你最喜欢的人。听仔细了，问题是你准备把大红花儿送给谁？（让幼儿一起把问题说一遍）

师：小朋友们想把大红花送给谁？（爸爸，妈妈，爷爷，奶奶，老师……）举例说明为什么要把大红花送给他们呢？

师：小朋友们都很有爱心，想把美丽的大红花送给自己最喜欢的亲人。在亲人中，因为奶奶的年纪最大，我们先把大红花送给奶奶好吗？为什么要把大红花送给奶奶呢？（奶奶爱我，奶奶年纪大，奶奶很辛苦，奶奶心疼我……）你们爱不爱自己的奶奶？（爱）所以把大红花送给谁？（奶奶）

师：（小结领读）奶奶爱我，我也爱奶奶，大红花儿送给她。

四、总结朗诵

歌词：大红花呀真美丽！大红花儿送给谁？奶奶爱我，我也爱奶奶，大红花儿送给她。

五、欣赏、教唱歌曲《大红花儿送给谁》

六、音乐游戏

小朋友们围成一大圈，老师先扮成奶奶，让小朋友们一起唱歌并玩"给奶奶送大红花"的游戏，然后指定一名幼儿，拿一朵大红花，把歌词中的"奶奶"一词改为要送其花的幼儿的名字。送花幼儿边唱边跳，跳到受花的幼儿面前，歌声停，相互问好，前者送上大红花。老师向送花幼儿提问：为什么把大红花送给他？送花幼儿回答后，接受花的幼儿拿着大红花继续做游戏。

评析：在该案例中，教师紧紧抓住"送花"这一主题，组织幼儿热议"为什么要把大红花送给他"这一问题，而受花人在现实生活中的所作所为，此时也都被幼儿回忆起来，这样就润物细无声地教育了幼儿，把音乐课堂变成赞美亲人和朋友优良品德的课堂，使幼儿的学习过程成为不断养成优良的道德品质和形成人格的过程，让幼儿不断促进自己成为一个完整、健全的人。

为什么新课程要求我们教师淡化对幼儿学习知识和技能的关注，而强调要关注幼儿的情感态度、道德品质以及人格的养成？原因是教师如果将关注点放在幼儿学习知识技能方面，就容易忽略幼儿内心世界正能量的积淀。如果幼儿仅仅学到不少的知识和技能，但其内心世界不那么明亮而美好，就有可能在之后人生发展的道路上走得不顺畅，也有可能成为一个精神空虚、道德素质不高甚至危害社会的人。

（四）关注每位幼儿学习的结果

教师对幼儿学习结果的关注，不仅是对幼儿所学知识和技能的关注，更是指要关注幼儿的持续发展，特别要关注幼儿学习的兴趣、意愿、能力以及他们情感、态度、价值观等方面的健全发展。也就是说，学习绝不能以牺牲幼儿全面而健全的发展为代价，而是要在发展的基础上让幼儿获得知识和技能。

例如，中班数学课"1的认识"。

一、开始部分

师：小朋友们，春天来了，天空的颜色非常美丽，你们想看看吗？

二、基本部分

师：（多媒体出示天空景色图）天空中的哪些景物非常美丽？美丽的天空是什么颜色的？（蓝蓝的）有几个美丽的太阳？（1个）太阳是什么颜色，什么形状的？（红红的，圆圆的）美丽的白云有几朵？（1朵）1朵白云像什么？（棉花团）

师：（巩固启发）天空中有1轮太阳，白云也这么美丽，谁会飞到天空欣赏着美丽的太阳并和白云做游戏呢？

师：（出示飞机、小鸟在天空中的图片）看！谁飞到了天空？（飞机和小鸟）有几架飞机？（1架）1架飞机在哪里飞？（蓝天）几只小鸟？（1只）1只小鸟跟在谁的后面飞？（飞机）

师：（小结说儿歌）美丽的天空蓝又蓝，1轮红日圆又圆，1朵白云像棉团，1架飞机飞蓝天，1只小鸟跟后面，小朋友看了都喜欢。

师：（提问启发）1轮红日能不能表示1朵白云？能不能表示1架飞机，1只小鸟？有一个数字宝宝既能表示1轮红日，又能表示1朵白云、1

架飞机、1只小鸟,你们想认识这个神奇的数字宝宝吗?

师:(范写"1",领读同时用手空写)这是1轮红日的"1",1朵白云的"1",1架飞机的"1"。

师:小朋友,数字宝宝"1"的本领真大,能表示天上这么多东西,我们再看看数字宝宝"1"还能表示地面上的哪些东西好吗?

师:(多媒体出示地面景物图)地面上哪些东西只有1个,可用数字宝宝"1"来表示?(旗杆,电杆,大树,烟囱)1根电杆的"1",1棵大树的"1"……

师:旗杆能干什么?(挂旗)电杆呢?(架电线)树身上的树冠像什么?(绿伞)烟囱上冒的是什么?(白烟)

师:(小结带动作说儿歌)"1"像旗杆能挂旗,"1"像电杆能架线,"1"像树身撑绿伞,"1"像烟囱冒白烟。

师:小朋友,数字宝宝"1"的本领真大,它还能表示生活中的哪些东西?

师:(总结巩固带动作说儿歌)美丽的天空蓝又蓝,1轮红日圆又圆,1朵白云像棉团,1架飞机飞蓝天,1只小鸟跟后面。"1"像旗杆能挂旗,"1"像电杆能架线,"1"像树身撑绿伞,"1"像烟囱冒白烟,小朋友看了都喜欢。"1"字宝宝本领大,表示的东西说不完。

评析:该案例中,教师在设计的教学活动中彻底地改变了"满堂灌"、机械训练、死记硬背的教学模式,有效地利用所创设的教学情境,不断激发幼儿参与活动的兴趣,充分调动幼儿学习的主动性和积极性,指导幼儿在观察、思考、想象、表达中,时时处处能展示自己的聪明才智。本课的教学重点是培养幼儿的注意力、观察力、思维力、想象力及语言表达能力,让幼儿切身体验参与活动的快乐,而不仅是对"1"的认识。该案例充分体现了新课程注重知识发生过程、注重幼儿持续发展的新理念。

总之,对幼儿学习结果关注的重点,并不体现在教师教的知识多、幼儿学的知识多上,而要看教学是否有利于幼儿精神世界的丰富,是否有利于幼儿高尚道德品质和健康人格的养成,是否有利于幼儿心智的开发和其全面持续的发展。

第五章

幼儿的情商、性格培养与幼儿教育活动目标

无论制订哪一层次的教育目标，一般都要立足于幼儿的全面发展，应关注幼儿体、智、德、美的发展，关注幼儿情感、态度、知识、能力的发展，关注幼儿智力因素与非智力因素的发展。

第一节　幼儿的情商培养

20世纪初，美国心理学家特尔曼和他的助手们在25万名儿童中通过测定选拔了1528名高智商的孩子，然后对他们进行长期观察和跟踪研究。从20世纪50年代公布的跟踪调查报告看，这1528名被跟踪的对象中，虽然多数人成为专家、教授、学者、企业家或者有专长的成功者，但也有不少人成为罪犯、流浪汉、穷困潦倒者，人生可以算是失败的。

据跟踪的资料分析，大多数成功者都具有积极进取、乐观自信、正直诚实、勤劳朴实、勇于承担、坚韧不拔等优良品质。成功的主要原因是他们非智力商数高，即情商高，也就是说，是良好的心理素质助他们走向成功的。而失败者几乎都存在无情无义、意志薄弱、高傲孤僻、自私贪婪、易怒易冲动、固执残忍等不良品质。失败的主要原因可归结为这些人非智力商数太低，即情商太低。

很多研究也表明，人生成功的决定因素，不仅有智商，还有情商。情商对于人的成功比智商更加重要。那什么是人的情商呢？

（一）情商是什么

情商是指一个人对自己和他人情绪的认知和调控能力，主要指人们在情绪、情感、意志等方面的品质，就是人们经常说的心理素质，其全称是情绪智力商数，主要包括情绪控制能力、自我认知能力、自我激励能力、认知他人能力和人际交往能力。

（二）幼儿情商发展的一般规律

幼儿天生就非常希望被他人注意、重视、关爱，希望与他人交往。而他人的情绪、态度等也直接影响着幼儿的情绪。成人对幼儿的关爱、表扬、奖励等行为可以使幼儿欢欣鼓舞、信心百倍、活泼灿烂，反之则可能使他们焦虑不安。因此在幼儿园，老师以及同伴对幼儿的态度，是幼儿情绪、情感发展的最重要的影响因素。

新生儿只有愉快、恐惧等简单的情绪。随着年龄的增长，幼儿相继出现伤心、内疚、尊敬、蔑视、怜悯、公正、同情、羡慕、羞愧、妒忌、骄傲等较高级的情绪、情感。

幼儿由于年龄小，心理并不成熟，当他不顺心、生气时，就容易激动，往往就不能控制自己的情绪，有时会产生一些过激行为，也不会考虑这种行为带来的后果。但随着年龄的增长，他们对情绪的调控能力，即情感的稳定性逐渐提高。

（三）幼儿情商的培养

1. 榜样的作用

不论教师还是父母，他们的一举一动都会潜移默化地影响幼儿的情绪发展。因此教师及父母要积极调整自己的心态，用积极的情感、情绪与幼儿交流互动。教师和父母在幼儿情绪发展中的重要性无人能比。

2. 针对性引导

教师及父母在日常生活中要注意观察、了解孩子的情绪特征，以利于和他们更好地沟通，并适时干预引导。例如，对于表现比较乖巧、情绪比较平和的幼儿，更需细心关注，体察其情绪的变化，引导他们积极表达自己的情绪；对于爱冲动、耍脾气、爱闹腾、情绪反应激烈的幼儿，要及时查清其情绪波动的原因，然后进行有针对性的干预引导。

3. 给幼儿情绪"贴标签"

幼儿的情绪感受和表达是非常复杂的，他们一般没有能力说出自己的情绪感受。作为老师、父母，在幼儿不管用什么方式表达自己的情绪时，都要耐心认真地让他表达完，然后采取宜疏不宜堵的策略，待他冷静后，用各种表现情绪的词汇描绘他当时的情绪感受和与他相关的人的情绪感受，给情绪贴上"标签"。这样既丰富了幼儿对情绪的概念的认识，也帮助幼儿了解了自己和他人的情绪，从而促进幼儿对情感、情绪的调控与表达能力的发展。

4. 培养幼儿的忍耐力和自制力

现在很多孩子做事都虎头蛇尾，缺乏意志力和耐性。这样的孩子长大以后，在竞争激烈的现实生活中，怎能取得成功呢？那么该怎样培养孩子的忍耐力和自制力呢？心理学家做过一个这样的实验：给一个班的幼儿每人发一块糖，并告诉他们："现在吃的话就只给这一块，如果谁能忍耐一个小时后再吃，可以再奖励谁一块。"结果显示，忍耐一个小时后吃糖的孩子的数量大大超过了不能忍耐的孩子。这在心理学上叫"延时效应"。这个实验就告诉我们该怎样培养孩子的忍耐力和自制力。例如，当孩子在学习或生活中遇到了困难、遭受了挫折时，老师或家长应帮助孩子树立乐观积极的态度，但不能马上给予他们帮助，而是要鼓励他们勇敢地面对挫折或失败，要知难而进、勇往直前，要靠自己的顽强意志和聪明才智，战胜一切困难。当通过自己的努力取得成功后，孩子不论在思想认识方面还是耐力方面，都会提高到一个新的高度。只有这样一次又一次地锤炼孩子，才能百炼成钢，使其更好地成长。

5. 培养幼儿的感恩之心

爱心、孝心、感恩之心是情商教育的核心。教育活动中，教师要充分利用一切资源和时机对幼儿进行这方面的培养教育。例如，在诗歌《奶奶过生日》的教学活动中，教师可以紧紧抓住"为什么全家人要为奶奶过生日"这一主题组织孩子进行讨论，这样的讨论能润物细无声地把爱心、孝心、感恩之心浇灌在孩子的心田里。还可利用母亲节、父亲节、教师节、同学过生日的机会引导幼儿亲手制作贺卡等礼物，送给相关的人，并说一些祝福的话。当同学取得优异成绩时要表示祝贺；当同伴情绪低落或生病时应送去安慰和问候；对于帮助过自己的人要公开答谢；对于大自然要爱护，因为大自然为我们人类提供了生存和发展的物质和空间。当孩子拥有了爱心、孝心、感恩之心后，长大后就能成为一个为人类的发展做出应有贡献的人。

6. 培养幼儿的合作精神

今天的幼儿是新世纪的主人，将来要面对的是一个竞争非常激烈的社会。让幼儿从小学会与不同的人平等交流、和平相处，培养幼儿在合作中学会竞争、在竞争中学会合作的能力，培养幼儿的合作精神，是我们最重要的责任。

（1）家园共育，培养幼儿的合作精神。一是教师与家长要树立通力合作的榜样；二是教师与家长要真正密切合作；三是要营造民主、平等、合作、共享的合作氛围。

（2）在游戏中培养幼儿的合作精神。在幼儿园里，幼儿们一起游戏的机会很多，如一起拼图、搭积木、过家家等。对于在游戏中出现的问题和矛盾，应引导他们自己去解决。

（3）在小组合作学习中培养幼儿的合作精神。小组合作学习，是现代幼儿自主学习的重要方式，在平时的教育活动中，我们要高度重视、积极开展这种形式的学习活动。例如，在中班认识磁铁的活动中，可让幼儿根据自己准备的材料，自由选择另外三个小朋友一起讨论、尝试、探索，这样有助于幼儿合作意识和合作精神的提高。

7. 保护幼儿的自尊心

幼儿同成人一样希望得到他人的赞美、表扬和认可，渴望得到他人的尊重和理解。保护幼儿的自尊，首先，要从心灵上读懂他们，了解他们的行为动机，从他们的角度思考问题，然后选择适当（注意语言和方法的适当）的方式教育他们。其次，教师和家长要有一颗包容的心，包容幼儿的缺点，允许幼儿犯错误，并给他们改正错误的时间，千万不能打骂、惩罚他们，这样会伤了孩子的心。最后，应把幼儿当朋友看待，要常和他们谈心。只有通过谈心才能了解他们的内心想法，才能了解他们的喜悦和烦恼，才能选择有效的方法引导他们，进而帮助他们树立自尊心。最重要的一点是孩子做对了事，有了点滴的进步，应适时地表扬鼓励他，这样会更有效地保护孩子的自尊心，激励他，使他奋发向上。

8. 培养幼儿的好奇心

好奇心是人生来就有的。它是促进个体观察、探索新的事物从而获得经验的一种内在的原始动力，是人类最宝贵的品质，是幼儿情绪、情感发展的重要标志。培养幼儿的好奇心，对于幼儿求知欲和创造力的发展，至关重要。那么，如何培养幼儿的好奇心呢？

（1）正确对待幼儿提出的问题。幼儿生活经验欠缺，知识面狭窄，对外界的事物充满好奇，常会提一些例如"晚上月亮为什么不睡觉""爸爸妈妈为什么不上幼儿园"等幼稚的问题。对此老师、家长不应该感到厌烦，而应为此感到高兴，并表扬他们。对于简单的问题，启发幼儿通过思考找出答案；对于难度较大的问题，可解释回答；对于你也不懂的问题，应如实相告，这样不但能取得他们的信任，而且对他们的好奇心和求知欲也是一种鼓励。

（2）正确对待幼儿因好奇而产生的破坏行为。幼儿的好奇心一方面表现为好问，另一方面表现为好动。由于幼儿年幼无知、好动，往往导致其破坏行为的发生。例如，玩火、拆玩具、把花草拔起来等。面对这些破坏行为，老师及家长切不可训斥，要正确对待，并因势利导，趁机引导教育，发展幼儿的求知欲和探索精神。爱迪生小时候好奇心比较强，并且非常淘气，6 岁时点火烧了父亲的仓库，母亲不但没有责怪厌弃他，还鼓励他保持自己的好奇心并指引他走上了发明创造的科学大道，使他成为世界闻名的"发明大王"。

（3）善于激发幼儿的好奇心。对于幼儿的好奇心，不但要爱护，更要去培养。在教育活动中，教师应结合实际的教育内容，善于提出适合其心理发展水平、能激发其好奇心的问题。例如，喝水时，可提出"水为什么能烧开，又为什么会变凉"的思考性问题。再如，在认识磁铁、水的浮力等科学实验活动中，教师应引导幼儿操作、观察，同时多提几个"为什么"。这些都有利于对幼儿好奇心的培养。

培养幼儿的好奇心，对开阔幼儿眼界、丰富幼儿想象力、开发幼儿智力和提高幼儿情商都大有好处，教师及家长要高度重视，并在行动中体现出来。

例如，小班音乐活动课"小动物走路"。

一、活动目标

1. 在创设的生活情境中指导幼儿体验学习的乐趣，理解歌词内容，体会其中的感情。

2. 让幼儿通过聆听、学唱歌曲，感受音乐中不同小动物在生活中的快乐、无奈、专注、镇定等不同情绪，丰富幼儿的情感体验。

3. 让幼儿尝试用动作表现可爱动物的形象，并教他们演唱歌曲，提高幼儿的表现力。

二、活动准备

1. 多媒体画面：（1）小兔子在草地上兴高采烈地跳来跳去采蘑菇、拔萝卜；（2）小鸭子快乐地摇摆着身子去池塘捉小鱼；（3）小乌龟与小鸡赛跑，无奈地落在了后面；（4）小猫伏着身子轻轻地迈着小步去捉老鼠。

2. 四种动物形状的头饰若干，音乐唱片一张。

三、活动过程

（一）谈话激趣

师：小朋友们好，今天有四只可爱的小动物要为我们表演游戏，想看吗？

（二）理解歌词，体会感情

师：（出示小兔子图片）你们看第一只为我们表演的小动物是谁？小兔子是怎样走路的？（蹦蹦跳跳）

师：（小结朗读第一句歌词）小兔走路蹦蹦跳跳。

师：小兔子的心情怎样？（高兴）为什么高兴？（发现萝卜、蘑菇）小兔子高兴地蹦跳着要去干什么？（拔萝卜、采蘑菇）

师：谁能模仿小兔子的动作，用快乐的心情表演小兔子去拔萝卜、采蘑菇时，走路蹦蹦跳跳高兴的样子？

师：小兔子高兴地为我们表演蹦跳着去拔萝卜，另一只可爱的动物也要为大家表演，想看吗？（出示小鸭子捉鱼图）它是谁呀？（小鸭子）小鸭子是不是和小兔子一样，一蹦一跳地走路呢？（不是）那它走路是什样子？（一摇一摇的）

师：小鸭子游戏时的心情是怎样的？（高兴）为什么高兴地向前走？（看见池塘、小鱼）它要去干什么？（捉鱼）谁能用快乐的心情边说歌词"小鸭走路摇呀摇呀摇"边表演小鸭子一摇一摇走路的样子？

师：小鸭子刚为我们表演了怎样去捉小鱼，（出示小乌龟和小鸡赛跑图）谁要为我们表演赛跑的情景？（小乌龟）小乌龟和谁赛跑？（小鸡）谁跑在了前面？（小鸡）小乌龟为什么会落在后面？（慢）它的心情怎样？（很不高兴）。谁能边说歌词边模仿慢腾腾的小乌龟走路的样子？

师：小乌龟为我们表演了赛跑的游戏，下面这位可爱的小动物要为大家表演抓老鼠的游戏，猜猜它是谁？（出示小花猫捉老鼠图）它是谁呀？（小花猫）小花猫发现老鼠时的心情怎样？（高兴）小花猫捉老鼠时走路能不能发出声音？（不能）为什么？（怕被发现）没有声音应该怎么形容？（悄悄地、偷偷地、轻轻地……）谁能边说歌词边模仿小花猫静悄悄走路的样子？

（三）教师引导幼儿按歌曲节奏边拍手边说歌词

（四）教师教幼儿唱歌曲

1. 范唱歌曲（要求幼儿用心感受音乐的美）。

2. 整体教唱法，教唱歌曲。

3. 指导幼儿用简单的舞蹈动作表现歌曲内容。

4. 音乐游戏——组织幼儿绕圈带动作、表情演唱歌曲。

评析：该案例的最大亮点是，教师能根据歌词的内容，结合幼儿的经验，充分利用现代多媒体技术，将四只可爱的小动物的生活情境生动地呈现在幼儿面前，极大地调动了幼儿学习的兴趣。在幼儿观察时，教师适时引导，巧妙启发幼儿积极参与、细心观察、认真思考、踊跃发言，充分展示自己的聪明才智，体验小动物们成功的快乐或失败的痛苦，使幼儿真正成为课堂的主人。同时，教师指导幼儿不但理解了歌词，还深刻地体会了四只可爱的小动物在特定的情境中走路时的不同心情，丰富了幼儿的内心世界，端正了他们学习的态度。在学唱歌曲活动中，教师引导幼儿在感知音乐之美的同时，用自己的动作表现歌曲，发展了幼儿创造美、表现美的能力。这节课改变了传统音乐教学中单纯教幼儿唱歌曲的教学模式，呈现的是现代音乐教育的新模式，教育的核心不仅是知识的传授，还培养了幼儿的能力，丰富了幼儿的情感体验，促进了幼儿的全面发展。

第二节　幼儿的性格培养

一、人的性格

"性格决定人的命运。"这句话说明人的性格培养对人一生的命运至关重要，因此时代要求我们如重视开发幼儿的情商和智商一样，高度重视幼儿良好性格的培养。

(一) 性格的定义

性格是影响一个人发展的非智力因素，是一个人对待现实生活（包括对人、对事、对自我）所表现出的稳定的情感态度和行为方式，是一个人区别于另一个人的独特的心理特征。例如，某人不论对张三、李四或者对任何事都很冷淡，过去如此，现在也是如此。这种冷淡态度会习惯性地伴随于他的一切行动中，这个人的性格特征就是冷漠。

(二) 性格的特征

1. 理智特征

(1) 认真仔细，精细无误——粗枝大叶，丢三落四

（2）喜欢思考，善于研究提问，看问题客观——思想懒惰，不善研究分析，看问题视野狭窄

（3）热爱阅读，勇于创新，异想天开——不爱读书学习，做事无创意，墨守成规

2. 情绪特征

（1）感情稳定，善于自制——感情冲动，情绪无常，急躁易怒

（2）心境愉快，热情开朗，心中不搁事——多愁善感，郁郁寡欢，没事爱操心

3. 意志特征

（1）集思广益，善于纳谏——固执己见，刚愎自用

（2）遇事有主见，独立决断，敢于负责，能独当一面——遇事无主见，依赖性强，不敢承担

（3）做事周密，能排除万难，坚韧不拔，勇于承担责任——做事马虎，畏难懦弱，虎头蛇尾，怨天尤人

4. 其他特征

（1）正直诚实，热情待人，富有同情心——虚假做作，冷酷无情，残忍

（2）勤劳朴素，勤俭节约——懒惰奢侈，铺张浪费

（3）自尊自信，朝气蓬勃——自暴自弃，悲观消沉

（4）不卑不亢，坦然大方——胆小腼腆，见人脸红

（5）勇敢——懦弱；积极——消沉；豁达——狭隘；大方——吝啬

以上罗列的特征，说明人的性格是复杂多样的，外在表现程度也不同。同时还说明好的性格都是那些在人的发展过程中起重要作用的因素，而不良性格正是令人厌恶、在人的发展过程中起阻碍作用的因素。

二、良好的性格与人生的关系

（一）良好的性格是人的理想、信念、道德的基础

一个不热爱生活、不热爱大自然、不关心父母、不关心亲朋好友的

人，根本不可能爱祖国、爱人民、爱人类、爱家庭，更谈不上树立远大理想、报效祖国、报效人民、回报父母了。无数事实证明，良好的性格是人的理想、信念、道德的基础。

（二）良好的性格是人事业成功的保证

世间没有一帆风顺的事业，也没有唾手可得的成就，在人生的征途中，即使一点小小的收获，也要付出艰辛的努力。因此，在开创事业时，只有那些坚强、乐观、自信、刻苦，能一往无前、勇于创新的人，才能到达理想的彼岸。

例如，诺贝尔最先发明了液体炸药，但液体炸药极易在运输过程中爆炸，造成一些安全事故。为了避免这样的爆炸事故，他在与"死神"搏斗中做了无数实验。在实验中，助手被炸死、弟弟被炸死、父亲被炸残，自己每次也都是死里逃生，但他毫不动摇地坚持实验。邻居为了安全把他从居住区赶走，瑞典政府勒令他停止实验，诺贝尔只好将实验室搬到船上。终于有一天，一声爆炸之后，诺贝尔血肉模糊地从实验室爬出来，狂喊道："我成功了！我成功了！"他因掌握了爆炸控制技术而激动得忘记了伤痛。后来他研发的固体炸药为人类的建设和发展做出了巨大的贡献。他在临终前用自己一生创造的财富设立了举世闻名的"诺贝尔奖"，用来奖励在物理学、化学、生理学或医学、文学、和平、经济学等六个领域有突出贡献的人。事实证明，诺贝尔的科学成就是他知难而进、奋斗不息、无私奉献的性格品质换来的。

从古至今，大多对人类做出重大贡献的仁人志士，无不是从小就养成了良好的性格，才取得了巨大的成功。

（三）良好的性格是人生幸福的重要条件

谁不希望孩子能够获得人生的幸福，那什么是人生的幸福呢？有许多人认为"物质富有就是幸福"，但《红楼梦》中的林黛玉住的是大观园，吃的是人参燕窝，穿的是绫罗绸缎，还能接触琴棋书画，然而她却常常以泪洗面。林黛玉的生活幸福吗？应该是不幸福的。这是为什么呢？这是因为林黛玉长期寄人篱下，精神受到压抑，形成了忧郁、多愁善感、猜疑、嫉妒、孤僻等性格。事实证明，人没有好的性格，物质生活再好，也没有幸福可言。那么人生幸福的根本是什么？

人生幸福的根本是拥有好的性格，只有那些积极上进、乐观开朗、善于交际、珍惜友谊、与人为善的人，才能拥有长久的幸福。

若希望给孩子幸福，就要从小培养孩子良好的性格，使他们勇敢地走向社会，适应环境，获得幸福。

（四）良好的性格是智力发展的强大动力

不论青少年还是幼儿，学习活动中最有价值的行为就是发挥主体的主动性和积极性，如此才能启动其学习的内驱力。任何人都不能代替他人的学习和发展，不能代替他人的思考和记忆。

幼儿智力发展的内驱力还谈不上以崇高的理想、坚强的意志、高尚的情操等为基础，他们的内驱力主要来自好奇心、求趣心、好胜心、自信心等。如果幼儿的精神生活需求没有被满足，那么他就会成为一个任性、孤僻、胆小或爱吵闹、爱折腾、不听话的孩子。此类孩子在学习活动中注意力就不易集中，记忆会很模糊，思维不易启动起来。同时，此类孩子想象力也不够丰富，语言表达也会不清楚。对于这样的孩子，怎能开发好他的智力呢？专家学者通过追踪调查发现，不能成才却走上犯罪道路的孩子，大多都是从小就养成了不良性格的孩子。因此，培养幼儿良好的性格是促其智力发展的重要前提。

通过以上论述，可以清楚地看出，人的性格对其成才与人生的幸福，以及人生的发展都十分重要。正如赫拉克利特所说的："一个人的性格就是他的命运。"

三、时代要求培养幼儿哪些良好性格

性格是一个人非智力因素的核心，幼儿六岁左右性格已具雏形，所以从小培养幼儿良好的性格，对幼儿终身的发展至关重要。时代要求我们幼儿教育工作者，应重点培养幼儿的哪些良好性格呢？

良好的性格品质有很多，如自信、进取、诚实、正直、认真、踏实、坚强、勇敢、严谨、求实、热心、合作、乐观、奉献、批判、创新等。

常言道"冰冻三尺，非一日之寒"，培养幼儿良好的性格品质也并非一朝一夕之事。时代要求我们在培育幼儿时不但要有爱心、责任心、耐心和细心，更重要的是不论在开发其智力、培养其情商、挖掘其潜能、教会其知识的教育活动中，还是在日常的生活中，都必须有一颗对事业持之以恒的心，从点滴小事做起，用"匠人精神"将每一位幼儿都培养成为时代的栋梁之材。

时代要求我们在培养幼儿能力、帮助幼儿获取知识的同时，还应把丰富幼儿的情感、端正幼儿的态度贯穿到教学的全过程中，使教学过程成为幼儿获得愉悦心情、积极情绪、丰富情感体验的过程，使原来死气沉沉的课堂变成让幼儿热情洋溢、个性张扬的新课堂，只有这样，才能使幼儿的情商得到有效开发，才能使幼儿良好的性格品质得以养成；只有这样，才能更加有效地激活幼儿的思维、开发幼儿的智能、挖掘幼儿的潜力，使每一位幼儿日后都能成为创新型的人才。

第三节　幼儿教育活动的目标

幼儿园教育是一种有计划、有目的的社会实践活动。它的目的性反映在幼儿园是根据社会的期望和要求去培养和塑造人的。这种期望和要求就是教育活动目标。不同的环境和教育决定着人的不同发展方向，幼儿园究竟该给幼儿提供什么样的环境和教育，引导幼儿向什么方向发展，都是幼儿教育活动目标应回答的问题。幼儿教育活动目标不但指明了幼儿全面发展的方向，而且指导着幼儿教育的全过程，也是评价教育工作的重要依据。

无论制订哪一层次的教育目标，都要关注幼儿的全面发展。然而在实际工作中，幼儿教育往往会倾向于重视对幼儿知识的传授而忽略对其情感的激发、能力的培养，重视对幼儿技能的培养而轻视对其创造性的培养，重视活动的结果而忽略学习的过程等，导致幼儿发展的失衡。因此，教育活动目标要全面、均衡。

教育活动目标一般包含以下三个方面，即三个维度：情感态度目标、能力培养目标、知识技能目标。

情感态度目标主要是指活动过程中幼儿的情绪、情感的体验，或形成某种积极的态度。其表述的常用词是体验、感受、乐意、愿意、兴趣、喜欢、激发、热爱、支持、遵守等。

能力培养目标主要是指活动中某种能力的形成。其表述的常用词是提高、发展、培养、形成等。

知识技能目标主要是指活动中要完成的具体任务或要达到的水平。其表述的常用词是认识、了解、知道、理解、领会、记住、说出、区别、比较、表现、制作、创编、运用、掌握、学会、判断等。

然而三维目标只不过是一个笼统的概念，在教育活动中，教师要依据教育活动的实际内容确定具体的目标。

下面以小班音乐课《我上幼儿园》的教学为例，分析该案例中制订的三维目标是什么。

例如，小班音乐课《我上幼儿园》。

一、谈话激趣

师：小朋友们好！有几只可爱的小动物，今天要和小朋友们一块儿玩，我们一起把它们请出来好吗？

二、观察小鸟

师：（出示小鸟和鸟妈妈的飞翔图）你们看是谁来啦？

生：鸟。

师：有几只鸟？它们一样大吗？它们是什么关系？（回答略）

师：你是怎么知道大鸟是妈妈的？

生：头系红头巾。

师：小鸟跟妈妈在什么地方干什么？

生：在天上飞。

师：小鸟是不是让妈妈抱着自己飞呢？

生：不是，是自己飞的。

师：小鸟为什么不让妈妈抱而自己飞呢？

生：长大了，自己的事情自己做。

师：妈妈领着小鸟要去干什么？

生：玩，找吃的，上幼儿园。

师：你们说这是一只怎样的小鸟？

生：能干，爱上学。

师：你们看，小鸟听了小朋友们的表扬飞得更快了。

三、观察小兔

师：小朋友们，另一只可爱的小动物听到大家在夸奖小鸟，也高兴地来到了我们的教室，你们想不想见？（小朋友都答"想见"）

师：这只可爱的小动物说啦，它要给小朋友们出一个谜语，你们猜对了它才能和你们玩。你们愿意猜谜语吗？（小朋友齐答"愿意"）

师：（说谜语）耳朵长长尾巴短，爱吃萝卜穿白衫，后腿长长前腿短，跑起路来一溜烟。

师：（出示小白兔图片）这是谁呀？它在干什么？

生：小白兔，在跳。

师：小白兔是不是让它的妈妈陪它跳呢？

生：没有，小白兔自己跳。

师：小白兔为什么不让妈妈陪它跳呢？

生：它长大了，能自己玩了。

师：小白兔一个人跳着要干什么？（小朋友答"上幼儿园、找朋友玩……"）

师：小白兔一个人跳着去上幼儿园、找朋友玩，说明它是一只怎样的小白兔？（小朋友答"勇敢、能干、自信……"）

四、启发幼儿

师：小鸟不要妈妈抱，自己飞着去幼儿园；小白兔不让妈妈陪，自己跳着去幼儿园。你们说小鸟和小白兔棒不棒？（小朋友答"棒"）好！我们一起夸夸它们好不好？

生：小鸟自己飞，小白兔自己跳，小鸟小白兔棒！棒！棒！

师：你们每天是不是让爸爸妈妈抱着上幼儿园？到了幼儿园门口，是不是还要爸爸妈妈陪着进幼儿园？

生：我上幼儿园，不让妈妈抱，不让爸爸抱。

师：我们班的小朋友真棒！我们幼儿园有个小朋友叫小花，现在已经到了幼儿园门口，你们想不想看一看小花是不是让爸爸妈妈抱着来的？（出示小花上幼儿园图）

师：小花是怎样上幼儿园的？幼儿园门口站的是谁？

生：老师和妈妈。

师：妈妈看小花的表情是怎样的？

生：高兴。

师：妈妈是怎么做的？

生：伸手去抱小花。

师：小花是怎么做的？

生：摆手不让抱。

师：如果你是小花，你会怎么说？

生：我上幼儿园，不让妈妈抱。

师：像这样的孩子，爸爸妈妈看了都会怎么做？

生：夸奖。

五、范唱歌曲

师：小花不但做得好，说得好，她还为我们唱了一首儿歌，歌名叫《我上幼儿园》，你们想不想听？

（教师范唱：小鸟自己飞，小兔自己跳，我上幼儿园，不让妈妈抱，不让爸爸抱，都夸我是好宝宝。）

六、教唱（略）

评析：歌曲《我上幼儿园》教学的情感目标是通过教学活动让幼儿参与并体验音乐活动的快乐，激发幼儿对幼儿园的喜爱之情，增强上幼儿园的自豪感；能力目标是提高幼儿对音乐的感受能力、表现能力，在理解歌词内容的活动中培养幼儿的观察、思维、想象等能力；知识目标是让幼儿理解歌词内容，学会并表演歌曲。

第六章

新课改目标及幼儿学习方式

国家颁布的新课标，特别确立了基础教育新课改的目标。作为基础教育的重要组成部分，幼儿教育也应遵从此次新课改的要求，调整其教学目标。

第一节　在教学活动中实现新课改目标

为了改变原有的教育状况，真正遵循现代教育的宗旨，国家颁布了新课标，并特别确立了基础教育新课改的目标。作为基础教育的重要组成部分，幼儿教育也应遵从此次新课改的要求，调整其教学目标。下面以大班科学课"小蝌蚪和青蛙"的教学案例，来说明课改新目标如何在教学活动中实现。

例如，大班科学活动课"小蝌蚪和青蛙"。

一、歌曲导入

师：小朋友们好！今天上科学课，首先我们一起唱学过的歌曲《小蝌蚪》好不好？

（师生共唱：小小蝌蚪，游呀游，圆脑袋，长尾巴，游来游去真快乐）

师：小朋友们唱得非常动听，歌名叫什么？

生：《小蝌蚪》。

师：今天漂亮的小蝌蚪也来到我们教室，想见见它吗？（出示小蝌蚪图）

二、观察小蝌蚪

师：水里游来几只可爱的小蝌蚪？（学生答略）小蝌蚪长什么样？（学生描述略）

师：你们喜欢小蝌蚪吗？（喜欢）小蝌蚪也非常喜欢小朋友们。今天，它要去找妈妈，小朋友们愿意陪着小蝌蚪一起顺着小河去找妈妈吗？（愿意）

师：不过老师有个小小的要求，每到一个地方都要提问小朋友，小蝌蚪见到了谁？会说什么话？小蝌蚪会有什么变化？我们来看看吧！

师：好！我们唱着《小蝌蚪》的歌曲同小蝌蚪一起出发吧。

师：（出示小蝌蚪见到小鱼的图片，歌声停）小蝌蚪见到了谁？（小

鱼）说了什么话？（问小鱼是不是它的妈妈）小蝌蚪有什么变化？（长大了）见到妈妈了吗？（没有）

师：我们唱着歌同小蝌蚪再出发吧。

师：（出示小蝌蚪见到小鸭子并长出两条后腿的图片，歌声停）小蝌蚪见到了谁？（小鸭子）说了什么话？（问小鸭子是不是它的妈妈）小蝌蚪有什么变化？（长了两条后腿）两条后腿对小蝌蚪游泳有什么帮助？（游得更快）长了两条后腿的小蝌蚪心情怎样？（高兴）小蝌蚪找到妈妈了吗？（没有）我们继续出发吧。

师：（将歌曲第一句词改为"两脚的蝌蚪"，组织幼儿继续唱歌）我们同小蝌蚪一起去找妈妈。（出示小蝌蚪见到螃蟹并长出两只"小手"的图片，歌声停）小蝌蚪见到了谁？（螃蟹）说了什么话？（问螃蟹是不是它的妈妈）又有什么变化？（长出两只"小手"）小蝌蚪又长出了两只"小手"，这对它游泳有什么帮助？（游得更快）它的心情怎样？（高兴）

（出示小蝌蚪褪去尾巴变成小青蛙并见到小乌龟的图片，启发幼儿思考问题，一直到小蝌蚪找到妈妈。方法同上。）

三、观察大青蛙

师：小朋友们真棒，终于帮小蝌蚪找到了妈妈，青蛙妈妈看到自己的宝宝回来了，心情怎样？它会说些什么呢？

（师生互动）

师：青蛙妈妈非常感谢小朋友们，它想请大家到它的"家乡"去看一看，你们想去吗？不过青蛙妈妈想考一考小朋友们，你们有没有信心回答青蛙妈妈的问题？

（过程略）

四、学习儿歌《大青蛙》

唱的歌是呱呱呱，圆圆的眼睛宽嘴巴，椭圆身子穿绿褂，专吃害虫保庄稼，地上跳来水里划，专吃害虫保庄稼。

五、课堂小结

诵读儿歌《大青蛙》，参观青蛙的"家乡"，讨论怎样保护小青蛙，然后小结活动内容。

评析：该教学案例的特点之一是改变了以传授知识为核心的教学倾向，通过教学活动，让幼儿感受到发现的快乐，丰富了幼儿的情感体验。只有这样才能激起幼儿学习的热情，进而让他们形成积极主动的学习态度，使幼儿越学越想学，越学越爱学，越学越会学。特点之二是通过教学活动培养了幼儿观察、比较、思考等探究知识的能力，进而使幼儿学会了学习并形成了正确的价值观。具体来说，它的成功之处有如下几点。

1. 改变了以往课堂过于注重知识传授的倾向，强调让幼儿形成积极主动的学习态度，这是让幼儿获得基础知识与基本技能的过程，同时也是让幼儿学会学习和形成正确价值观的过程。

本课属于科学观察活动课，设计的教学活动能打破学科界限，将音乐教学中的歌曲，数学教学中的数数，语言教学中的猜谜语、说儿歌，社会教学中的环境保护等内容，有选择性地整合到一起，加强了学科间的相互渗透，使教学活动的主题更突出，内容更充实，内涵更丰富，形式更多样，教育效果非常好。

2. 改变了过于强调学科本位、缺乏学科间的整合的情况，使课程结构具有均衡性、综合性和选择性。

本案例改变了以往教学偏重课本的倾向，在课程的实施过程中，利用现代多媒体技术，呈现给幼儿的不是课本上呆板的图画，而是更有吸引力的、鲜活的小蝌蚪生活的图片。教师关注的重点是幼儿学习的兴趣（小蝌蚪是怎样变成青蛙的），培养的是幼儿终身发展必备的能力（观察、比较、分析、概括、联想等能力）。

3. 改变了课程内容"繁难偏旧"和只偏重书本知识的现状，加强了课程内容与幼儿生活以及现代社会科技发展的联系，关注了幼儿的学习兴趣和生活经验，教授其终身学习必备的基础知识和技能。

在本案例中，幼儿观察小蝌蚪是怎样变成青蛙的，并学习了儿歌《大青蛙》。这些知识是不是教师直接讲授给幼儿的呢？不是的，是幼儿主动参与到认识活动中去并自己发现的，所学知识也是在课堂上自然生成的。

所以，这次活动培养的是幼儿获取知识的能力。在巩固所学知识时，教师采取的是不是死记硬背的机械训练方法？不是的，是采用了直观形象的提示、唱歌、猜谜语、带动作说儿歌等类型丰富而有效的方式，引导幼儿进行记忆，改变了以往教学中让幼儿死记硬背、接受机械训练的情况。

4. 改变了课程实施中过于强调幼儿接受学习、死记硬背、机械训练的状况，让幼儿主动参与、乐于探究、勤于动手，培养了幼儿搜集、处理信息的能力和获取新知识的能力，并锻炼了幼儿分析和解决问题的能力以及交流与合作的能力。

第二节 通过改变幼儿学习方式实现新课改目标

一、传统的幼儿学习方式——被动接受式学习

什么是被动接受式学习？被动接受式学习是指在学习活动中，教师将学习的内容以定论的形式直接呈现给幼儿，幼儿是通过被动接受、死记硬背的方法进行学习的。

传统课堂的教学模式是教师教，幼儿学；教师讲，幼儿听；教师写，幼儿抄；教师读，幼儿背，幼儿的学习是被动接受式学习。从现代教育理论视角审视被动接受学习，可以发现其最大的缺点是束缚了幼儿想象能力的发展，减弱了幼儿的学习兴趣和热情。被动接受式学习不但不能促进幼儿的全面发展，反而会成为幼儿发展的阻力。

二、现代的幼儿学习方式——主动发现式学习

现代教育倡导要变幼儿被动接受式学习为主动发现式学习。

什么是主动发现式学习？主动发现式学习是指幼儿在教师的引导下，积极主动地通过各种动手动脑的实践活动，自己发现知识、掌握技能、提高各方面能力的学习。也可以说，它是幼儿在探索活动中，能充分利用已有的知识和经验，经过自身的努力，去探索、再发现，从而使自我得以发展的学习方式。在这里，它有两层含义：一是再一次发现，二是新的发现。主动发现式学习是以教材为内容，以培养幼儿的探索能力和创新能力为目标，以培养幼儿的自学能力为核心的学习方式。

例如，大班语言课——看图讲述《可爱的小老鼠》。

一、歌曲导入

师：（唱《小老鼠上灯台》歌曲）歌曲中唱的是谁？（小老鼠）你们喜欢小老鼠吗？（不喜欢）为什么？（生答略）

师：小朋友们都不喜欢小老鼠，可老师非常喜欢一只小老鼠。你们想知道为什么吗？

二、看图讲述

师：（出示图一：小老鼠上山）你们看老师喜欢的小老鼠在哪里？（在树林里，在大山下）在干什么？（跑步锻炼，去山上）眼睛在看哪里？（看山上）表情怎样？（笑眯眯的）猜一猜小老鼠为什么一边向山上跑一边笑呢？它发现了什么？（好吃的，好玩的，有伙伴……）

（指导幼儿完整讲述小老鼠为什么这么高兴）

师：（出示图二：山上的田地）你们看，小老鼠为什么高兴地向山上跑呢？

（从明显到隐蔽引导幼儿观察：山上的地里玉米长得又粗又长；山坡上种的萝卜又红又大；山坡上的果树上结满了红红的果子；山坡上的果园里结了许多又圆又大的西瓜……）

师：山上的田地里有这么多好吃的，如果你是小老鼠，准备采摘些什么带回家呢？

（让幼儿广泛交流，老师指导幼儿完整讲述小老鼠采摘些什么带回家）

师：（出示图三：运回西瓜）西瓜是怎样被运回的？猜一猜小老鼠运

回西瓜干什么？

（幼儿自由讨论）

师：（出示图四：小老鼠建造房子）小老鼠究竟在干什么？（建房子）你是怎么知道的？（它安了一个门）小老鼠现在在干什么？（思考）原来小老鼠想请小朋友们帮助它设计更漂亮的西瓜房，谁能帮帮它？

（幼儿自由讨论）

师：（出示图五：建成的西瓜房）小老鼠建成了怎样的西瓜房？准备干什么？

（幼儿自由讨论）

师：（出示图六：客住西瓜房）小老鼠让谁住进了新建的西瓜房里？它为什么要这样做？

（幼儿自由讨论）

三、讨论

这是一只怎样的小老鼠？

评析：传统的课堂讲述活动都是老师先讲述，然后让幼儿模仿讲述，这样不仅省略了幼儿观察、思维和探索的过程，还削弱了幼儿语言表达的兴趣。在该案例中，教师彻底改变了传统的教学模式，引导幼儿通过再发现的学习方式来学习。教师采取多处设疑制造悬念的策略，激发幼儿主动参与活动的强烈兴趣，并积极引导幼儿在活动中联系生活经验，认真观察，不断发现，积极思考，分析推理，踊跃表达自己的想法，让幼儿体验到发现和交流的乐趣，在培养幼儿观察、想象、创新以及语言表达等能力的同时，还让幼儿开阔了视野，学到了更多的知识。

由此，我们可以总结出主动发现式学习方式的如下特点。

第一，在学习过程中，幼儿是主动的参与者、热情的合作者、积极的探究者，幼儿能充分发挥其主体作用。

第二，能充分地利用幼儿的知识经验，发挥他们形象直觉思维的作用。

第三，有利于激发幼儿的好奇心、探究事物的兴趣和求知欲。

第四，能把幼儿在学习过程中的主动发现、探究、创新等能力凸显出来，把幼儿学习的过程变成其主体性、能动性、独立性不断提升的过程，使学习的过程更多地成为幼儿发现问题、提出问题、分析问题和解决问题的过程。

主动发现式学习是培养幼儿创新意识与实践能力的学习方式，具体分为三类：自主学习、合作学习、探究学习。

(一) 自主学习

下面以小班幼儿语言课《夜晚静悄悄》为例，阐明怎样实现让幼儿自主学习。

例如，小班语言课《夜晚静悄悄》。

一、谈话引出天上的月亮

师：小朋友们，白天我们的教室里为什么这么明亮？（天上有太阳）每天傍晚太阳落山了，天上什么出来了？（月亮、星星）天上的月亮和星星都出来了，还能叫白天吗？（叫夜晚）

师：小朋友们，你们现在想不想看一看夜晚天空出来的月亮呢？（多媒体出示月亮画面）

二、观察天上的月亮

师：你们看今晚出来的月亮是圆月还是弯月？（弯月）弯弯的月亮像什么？（幼儿给出不同的答案）

师：弯弯的月亮发出什么颜色的光芒？（银白色）

师：夜晚月亮出来了，银白色的光会照到哪里呢？（幼儿给出不同的答案）

三、观察地面的景物

师：（多媒体出示月光下的地面景物图）夜晚月亮出来了，银白色月光照耀下的地面，景物都怎么样了？（变得更美了）都有哪些美丽的景物？（房子，高山，树木，草地……）

师：月亮出来了，树上的小鸟在干什么？（小鸟睡着了）你是怎么知道的？（它的眼睛闭着，在树上一动不动，嘴巴也合上了）小树呢？（睡着了）还有谁也睡着了？（小猫，小狗……）

师：这漂亮的房子是谁的？（幼儿给出不同答案）如果说这漂亮的房子是一个小朋友的，这时小朋友在干什么？（看电视，睡觉）小朋友到底在干什么？我们轻轻地打开窗帘看一看就知道了。

师：（多媒体出示窗帘打开的图）小朋友在干什么？（睡着了）为什么说他睡着了？（躺在床上盖着被子，闭着眼……）

四、看图小结，编儿歌

师：到了傍晚，天上谁出来了？（月亮出来了）月亮出来了，谁睡着了？（小鸟睡着了，小朋友睡着了……）月亮出来了，大家都睡着了，还有没有人在说话？（没有）还有没有声音？（没有）夜晚没有一点儿声音，应该怎样说？（夜晚静悄悄）

师：（朗诵儿歌）月亮出来了，小鸟睡着了，小树睡着了，小狗睡着了，小朋友睡着了，夜晚静悄悄。

评析：儿童教育家陈鹤琴认为，幼儿本性中潜藏着强烈的表现欲和创造欲。只要我们在教育中注意引导，并放手让幼儿实践和探索，就会培养出幼儿的创造力，使幼儿最终成为出类拔萃的符合时代要求的人才。在这个案例中，教师为幼儿提供了自由宽松的学习氛围和学习环境，遵照实施新课程的最基本的原则来关注幼儿的需求，选择幼儿熟悉的内容，提出明确的学习目标，引导幼儿根据学习任务和要求，联系自己的生活经验，积极主动地投入到观察、思考、表达、交流等学习活动中去，共同创编了短小但朗朗上口的儿歌《夜晚静悄悄》。

在该案例中，教师通过引导幼儿自己学习，既激发了幼儿参与活动的兴趣，又加深了幼儿对黑夜的认识，提高了幼儿的创新精神和想象能力，更重要的是使幼儿潜藏的表现欲和创造欲得到张扬，增强了他们的自信心和对学习的兴趣，实现了教学目标。

自主学习是与传统的接受学习相对的一种现代化学习方式，是幼儿能根据学习任务和要求，积极主动地调整自己，并通过独立分析、探索、实践、质疑、创造等方法实现学习目标的学习方式。

自主学习的特征可以概括为以下几个方面。

第一，幼儿参与讨论并确定对自己有意义的学习目标，在活动中，自己制订学习进度。

第二，在解决问题中，幼儿能积极发展思维能力。

第三，在学习过程中，幼儿有感情的投入，有内在动力的支持，能从学习中获得积极的情感体验。

第四，在学习过程中，幼儿对认知活动能够进行自我监控，并做出相应的调整。

自主学习的意义是什么呢？心理学家皮亚杰的认知发展理论指出，幼儿是通过在环境中与人和事物相互作用来获得知识和形成概念的，幼儿是活动的主体，只有在自主学习活动中才能学得积极主动，才能体验到自身的存在和价值。在自主学习的过程中，幼儿能体验到成功的快乐，获得自信。自主学习有助于幼儿确定对自己有意义的学习目标，有利于其形成思考、学习的策略，提高其分析、解决问题的能力及自我监控和自我调适能力。

（二）合作学习

下面我们以大班幼儿合作学习课——绘制连环画《小蝌蚪找妈妈》为例，来介绍如何让幼儿合作学习。

例如，大班绘画课——绘制连环画《小蝌蚪找妈妈》。

《小蝌蚪找妈妈》的故事中共有小蝌蚪分别与小金鱼、小鸭子、小螃蟹、小乌龟、青蛙妈妈对话的五个画面。

在活动中授课教师要求幼儿自主结合，五人一组，每组自选组长，组长组织成员协商、分派每个人应承担的绘画任务。小组成员各负其责，相互协作完成绘制《小蝌蚪找妈妈》连环画的任务。在活动期间，有的小组因选组长而出现争议；有的小组因五个画面难易程度不一、个人能力有限，而对个人承担的任务有异议。另外，有的幼儿擅长构图，有的幼儿擅长涂色，他们也会对绘画的分工产生分歧。各组幼儿需在老师和组长的引导下，经过协商，解决所有出现的问题，然后相互协作完成各自承担的绘画任务，最后装订成画册。

评析：在本教学案例里，幼儿在合作绘制《小蝌蚪找妈妈》连环画的活动中，因意见不同而产生矛盾，并为此争吵，这都是正常的。在教师的引导下，经过协商，各组最终统一了思想，解决了分歧，做了明确的分工。在具体活动中，幼儿能各负其责，并能相互帮助、相互协作，最终共同完成学习任务。每个小组的连环画作品都体现着集体的智慧。所以本案例中幼儿的学习属于合作学习。

由案例可见，合作学习是指幼儿在小组或团队中为了完成共同的任务，有明确分工的互助性学习。

合作学习有以下几个方面的特点。

第一，在学习中，幼儿面对面展开活动，可以相互促进，相互支持，相互配合。

第二，每名幼儿都能积极承担并完成需要个人承担的任务。

第三，在活动中，幼儿之间能进行有效的沟通，建立并维护小组成员之间的相互信任关系，有效解决小组内的冲突。

第四，先做好需个人完成的任务，再整合起来进行小组加工。

第五，对共同活动的成效进行评估，寻求提高效率的有效途径。

合作学习的意义在于：研究表明，合作学习可以促进幼儿社会行为的发展，提高他们的交往能力，有利于培养幼儿的责任感，发展其组织能力和协作能力。合作学习将个人之间的竞争转化为小组之间的竞争，有助于培养幼儿的合作精神和竞争意识。心理学研究认为，儿童早期与人合作的经验将影响他将来的人际关系，只有具备较强合作能力的人，才能立足于科学与经济高速发展、竞争异常激烈的当今社会。因此，新课程特别指出，要加强对幼儿合作学习这一关系到他们社会性能力发展的学习方式的引导，让幼儿在感受合作成功的愉悦中，体验到集体的力量比个人的力量大，从而激发其寻求进一步合作的内在动机。

（三）探究学习

我们以大班科学课"让鸡蛋站起来和动起来"为例，来介绍如何让幼儿进行探究学习。

例如，大班科学课"让鸡蛋站起来和动起来"。

一、谈话引出大母鸡

师：小朋友们，有一只可爱的小动物，现在来到我们的教室外面，它想请小朋友们帮个忙，你们愿意帮忙吗？

师：（模仿大母鸡的叫声）你们听这只可爱的小动物是谁啊？（出示大母鸡图片）我们请它进来吧。

二、观察大母鸡和鸡蛋

师：大母鸡是怎么来到教室的？（跑）表情怎样？（高兴）嘴巴呢？（张开，喊叫，说话……）大母鸡一边跑一边高兴地对我们说什么呢？看谁猜得对。

（幼儿自由讨论）

师：你们想知道大母鸡在说什么吗？（出示大母鸡身后不远处有个鸡蛋的图片）谁能告诉大家，大母鸡高兴地告诉我们什么？（下了一个大鸡蛋）大鸡蛋是什么形状的？（椭圆）

（教师小结：大母鸡跑得欢，下了一个大鸡蛋，大鸡蛋像椭圆）

师：小朋友们说得真好，大鸡蛋像椭圆，椭圆的鸡蛋在鸡窝里干什么呢？（睡觉）鸡蛋会不会像小朋友一样高兴地站起来？（不会）其实今天大母鸡到教室，是想告诉小朋友们它下了一篮子鸡蛋，可是所有的蛋都是只会睡觉不会站，它希望小朋友们帮忙想想办法，让所有的鸡蛋都能站起来，你们有没有信心？（有）

三、让鸡蛋站起来

1. 给每位幼儿发一个鸡蛋，在科学活动区域角提供相关材料，让幼儿通过实验大胆探究。

2. 提问并让幼儿演示如何让鸡蛋站起来。（给幼儿及时的表扬或奖励）

四、制作鸡蛋玩具

1. 教师演示鸡蛋不倒翁，激发幼儿动手做鸡蛋不倒翁的兴趣。

2. 引导幼儿观察不倒翁玩具。

3. 指导幼儿动手制作不倒翁。

评析：《纲要》中明确指出，教师要充分利用生活中的各种资源，为幼儿创设探究学习的环境和条件，积极鼓励并支持幼儿进行富有个性和创造性的学习探索活动。本案例的最大亮点是，教师从幼儿喜爱动物的特点入手，充分利用生活中常见的鸡蛋，创设出真实的生活情境，并提出了如何让鸡蛋站起来的问题，一石激起千层浪后，鼓励幼儿积极动手、大胆实践、勇于创新、广泛交流，去完成实验，解决疑问。这一教学方式，体现了新课程提出的教师要开展具有个性化、开放性、探索性的学习活动这一要求。在探索中，教师让幼儿自己解决问题，构建知识，掌握方法，并获得理性思维的发展和深层次的情感体验。通过探索活动，也使幼儿的探索精神和创新能力得到了发展。

所谓探究学习，即教师从学科领域或现实生活中确定探究主题，在教学中，为幼儿创设探究的情境，使幼儿通过独立自主的操作、实验、调查、搜集与处理信息、表达与交流，或独立地发现问题、分析问题、解决问题等探索活动，在知识、技能、情感与态度等方面得到发展。在这种学习中，幼儿的探索精神和创新能力尤其能得到发展。

探究学习有以下五个特征。

第一，探究学习以提出问题为基础，以探究解决问题为活动中心，通过教学可使幼儿形成问题意识。

第二，探究学习具有主动性特征。在探究学习活动中，幼儿可以按照自己的步调学习，充分展示自己的才华，体现个人的价值。因此幼儿一般很喜欢这种学习方式，能积极主动参与其中。

第三，探究学习具有开放性特征。幼儿在探究学习活动中，不受老师预设条件的限制，不受书本内容的限制，采取的方法是自主的，探索的空间是开放的，有利于其个性的发展。

第四，探究学习具有生成性特征。在探究学习活动中，幼儿获得的知识不是老师通过说教灌输的，而是幼儿亲身实践后，自主建构、自主创造的，即在课堂中自然生成的。

第五，探究学习具有创造性特征。由于探究学习更具问题性、主动性、开放性、生成性，因此能极大地激发幼儿探究的热情，能更有效地唤起幼儿身上沉睡的潜能，开启其幽闭的心智，使幼儿在活动中有所发现、有所创造，提高自身的创新能力。

探究学习的意义在于：心理学研究表明，每个大脑健全的人都有无限的潜能，每个有潜能的人，都能闪现出诸多的灵感，有灵感就会有创造。探究学习有利于开发幼儿的潜能，有利于培养幼儿的创新意识和创新能力，有利于发展幼儿的主体性，有利于培养幼儿健康的情感，有利于发展幼儿的自主学习能力和良好个性，有利于培养幼儿可持续发展的能力。

第三节　新课改提倡的幼儿学习方式的特征

学习方式的转变是新课改的核心，它要求改变幼儿学习的被动状态，要把学习过程变成发挥人的主体性、能动性、独立性的过程，变成人全面发展的过程。转变学习方式的实质是对教育的各种观念以及培养模式的一次彻底变革。现代幼儿学习方式的基本特征如下。

一、主动性

主动性是现代幼儿学习方式的主要特征，它是相对于传统学习方式的被动性而言的，二者在具体学习活动中表现为"我要学"和"要我学"。"我要学"是幼儿学习的内在需求，一方面表现为学习兴趣，兴趣分直接兴趣和间接兴趣，直接兴趣指向活动过程，间接兴趣指向活动结果。如果幼儿有了学习兴趣，特别是直接兴趣，学习活动对他来说就不是负担，而是一种享受，是一种愉快的体验，幼儿就会越学越想学、越爱学，学习效果事半功倍；相反，没有兴趣的学习是"强扭的瓜不甜"，学习效果事倍功半。另一方面表现为学习的责任感，也就是说幼儿能把学习与自己的生活、生命成长、个人发展联系起来，这才是一种真正有意义的学习。

二、独立性

独立性是现代幼儿学习方式的核心特征，它是相对于传统学习方式中的幼儿学习的依赖性而言的，表现为"我能学"。每位幼儿都有独立的要求，都有一种独立学习的愿望。而传统教学往往低估、忽视、压制了幼儿的独立需求，从而导致培养幼儿独立性的机会不断丧失。

新课改强调，教师要相信每位幼儿身上都隐藏着巨大的潜力，都具有很强的潜在学习能力，教师的责任就是要把这种潜在的能力激发出来。从这个意义上来说，尊重幼儿学习的独立性，鼓励幼儿独立学习，并创造机会让幼儿独立学习，逐步培养幼儿的独立学习能力，是教师的重要任务。

三、独特性

每位幼儿都有自己认识世界的方式、态度，有着不同于他人的内心世界和精神感受，有着不同于他人的观察、思考和解决问题的方式。也就是说，幼儿在学习方式上存在着个性差异，有其独特性。实际上，有效的学习一般都是个性化的学习。

对于幼儿的学习不能"一刀切，一锅煮"，教师要承认并尊重幼儿之间的差异，尊重每位幼儿的个性化学习方式，把它视为亟待开发利用的一种客观存在的、很有价值的教育资源，并根据幼儿的差异因材施教，努力实现指导的针对性，为使每位幼儿有个性地发展创造空间。

四、体验性

体验是指幼儿在参与认知活动的过程中，通过切身体会而产生的情感和意识。体验性是现代幼儿学习方式的突出特征，在学习活动中它表现为以下几点。

第一，强调身体参与。学习要看、要听、要动手、要动脑、要动嘴，即用自己的身体去亲自经历，用自己的心灵去感悟。

第二，重视直接经验。新课改要求把幼儿的知识经验、直接经验、生活经验看成课程资源的一部分。从教学的角度讲，就是要鼓励幼儿对教科书做自我解读、自我理解，教师要尊重幼儿的个人感受和独特见解。从学习的角度讲，就是要把对幼儿直接经验的改造、发展作为教学的重要目的，要把幼儿的间接经验转化为他们的直接经验。

学习的过程同时也是一个人身心发展和人格形成的过程。为此，新课改所提倡的新的教育方式注重让幼儿参与，强调让幼儿去感知、操作、实践、思考，以使幼儿获得最直接的个人经验；并通过交流、合作来互相启发、互相促进，达到共同发展的目的。

五、问题性

问题是科学研究的出发点，是开启任何一门学科的钥匙。没有问题就不会有解释问题、解决问题的方法和知识，所以说问题是产生新思想、新方法、新知识的种子和原始力量。新课改倡导的幼儿学习方式特别强调问题在学习活动中的重要性，一方面强调让幼儿围绕问题来进行学习，把问题看作学习的动力、起点，看作贯穿学习过程的主线；另一方面强调让幼儿通过提出问题，把学习过程看成发现问题、提出问题、分析问题和解决问题的过程。

人类的进步与发展是从解决一个又一个问题开始的，而提出一个有价值的问题，比解决一个问题更重要。问题是能"生长出"新思想、新方法、新知识的"种子"。人通过感知只能获得直接经验，而在直接经验基础上提出的问题才是促使幼儿探究、学习的根本原因。没有问题就不能真正激发幼儿的求知热情，幼儿也就不会深入地进行学习。在教学设计中，教师要抓住"问题"这一线索，多提几个"为什么"，帮助幼儿建立问题意识，同时要设计环环相扣的问题，引导幼儿进行积极思考、探究，让问题成为幼儿学习的线索和动力。

以上五个特征从不同的侧面阐释了现代幼儿学习方式的内涵，它们之间是相互联系的，构成了一个不可分割的整体。教师要对此予以把握，领会其精神实质，从而修正自己不科学的教学方式，达到改变幼儿学习方式的目的。

第七章

幼儿教师角色与
行为方式的转变

　　古人云"授人以鱼，不如授人以渔"，因此，教师要从单一传授知识这一角色中解放出来，不仅传授知识，还要成为幼儿各种能力和个性的培养者。

第一节　幼儿教师角色的转变

新课程改革不仅要求教师的观念要更新，而且要求其角色也要转变。

一、教师应是幼儿学习的促进者

（一）教师促进幼儿学习的方法

现代科学技术发展很快，每个人需要掌握的知识量、信息量非常巨大，教师要想在有限的时间内，把所的知识全部传授给幼儿是不可能的，这就意味着教师作为知识传授者的传统地位动摇了。

古人云"授人以鱼，不如授人以渔"，因此，教师要从单一传授知识这一角色中解放出来，不仅传授知识，还要成为幼儿各种能力和个性的培养者。这就要求教师要利用书本以及现实生活中的一切教育资源，引导幼儿在获取知识的同时丰富自己的情感，培养幼儿生存、发展的能力，让幼儿掌握获取知识的方法，把教学的中心放在如何促进幼儿会自己学上，从而真正实现"教就是为了不教"的教育终极目标。

教师促进幼儿学习的方法有感官参与法、游戏学习法、学用结合法、寻找规律法、练习法、工具使用法、模仿范例法、谈话导入法、观察编儿歌法等。特举两例如下：

一、谈话导入法

师：大家都喜欢爱劳动的孩子，昨天老师看见了几个不爱劳动的孩子，并给他们拍了照片，你们想看吗？

……

二、观察编儿歌法

1. 师生对话。

师：（出示图一）图上有谁？（妈妈和小朋友）在干什么？（妈妈拉小朋友起床）起床是这位小朋友的事还是妈妈的事？（小朋友）这位小朋友让妈妈拉他起床，这样好吗？如果你是这位小朋友，起床时怎样做？（坐起来，爬起来）

师：（出示图二）这位小朋友自己起床后让爸爸干什么？（穿衣服）这件衣服是谁的？（小朋友的）这位小朋友让爸爸帮他穿衣服的做法对不对？你会怎么做？（自己的衣服自己穿）

师：（出示图三）在上学路上这位小朋友在干什么？（玩耍）爷爷背的书包是谁的？（小朋友的）这位小朋友上学让爷爷背书包对不对？你会怎样做？（自己的书包自己背）

师：（总结）我们班的小朋友都是好孩子，自己的事都是自己来做，自己起床坐起来，自己的衣服自己穿，自己的书包自己背。其实你们共同编了一首儿歌叫《自己来》。

师：（总结并朗读儿歌）自己来自己来，自己起床坐起来，自己的衣服自己穿，自己的书包自己背。

师：小朋友们诵读了我们共同编的儿歌，感觉怎么样？你们还愿意编写更多的儿歌吗？（想）小朋友们想一想，在生活中还有哪些是需要自己做的事？你是怎样做的？用"自己的××，自己×"的句式说出来。

2. 教师指点。

在幼儿仿编儿歌过程中，对编得不押韵、不顺口的，教师要及时引导帮助，最后启发幼儿再加上两句——自己的事情自己做，都夸我是好宝宝。

3. 教师动作提示。

指导幼儿说自己编的儿歌。（如以戴帽子、梳头发、洗脸、刷牙为题材）

4. 课堂延伸。

让幼儿回家后边做动作边给亲人说自己编的儿歌。

（二）教师是幼儿成长的引路人

教师在培养幼儿能力的同时，还要引导幼儿沿着正确的方向发展，要不断地在他们成长的道路上设置不同的路标，引导他们向更高的目标前进。教师要成为幼儿心理健康发展、品德个性健康发展的引路人。

二、教师应是教育教学的研究者

在传统教学中，教师的任务是教学，研究是专家的事，这种教学和研究脱节的做法对教师的发展和教学的发展带来了不利影响，新课改要求教师由"教书匠"转变为"教育教学专家"。也就是说，教师在教学过程中要以研究者的心态置身于教学情境之中，以研究者的眼光审视和分析教学理论与教学实践中的各种问题，对自身的行为进行反思，对出现的问题进行探究，对积累的经验进行总结，使之形成规律性的认识。这是教师获得持续进步的基础，是提高教学水平的关键，是实施新课程改革的保证，是对时代呼唤的积极响应。

例一：观摩大班科学示范课"水的认识"后的收获

在以往引导幼儿认知"水是无色的"的教学活动中，我常常采取让幼儿直接观察的方法，可许多幼儿坚持认为水是白色的。在引导幼儿认知"水是无味的"时，我常采取品尝法，可许多幼儿品尝水后都说水是甜的。我百思不得其解，问题到底出在哪里了？今天我听了某教师有关"水的认识"的示范课，深受启发。该教师在引导幼儿认知"水是无色的"的特性时，采取让幼儿先观察牛奶的颜色，再观察橘子汁的颜色，最后再引导幼儿观察水的颜色，其结果是幼儿异口同声地回答"水是无色的"。在引导幼儿认知"水是无味的"的特性时，先让幼儿品尝果汁的味道，再让他们品尝牛奶的味道，最后请幼儿品尝水的味道，其结果是幼儿异口同声地肯定回答"水是无味的"。

该教师采取的比较观察法、比较品尝法，是引导幼儿认知水的特性的最佳策略。

例二：教学反思"老师，他是照我的说的"

在一次集体教学活动中，我组织幼儿讨论"什么像皮球一样会滚动"这个有趣的问题，小朋友们发言都很积极。我发现不爱发言的小明手举得很高，就马上请他回答。他站起来小声说："小刺猬把身子卷起来像皮球一样滚。"这个答案很有想象力，我当即表扬了他，没想到小杰突然站起来抗议说："老师，他是照我说的回答的。"我生气地瞪了他一眼，大声说："坐下。"从那以后，小杰上课老低着头不发言，碰到我的目光总是躲着。我想到了瞪他的事，就找他谈心说："你那天为什么说小明是照你说的回答的?"小杰委屈地说："我心里想的就是小刺猬像皮球，可你没叫我。"我当即表扬了小杰和小明一样聪明。从此小杰恢复了往日的活力。

案例中小杰抗议的事，说明这孩子率真有争胜心，敢于把自己真实的想法说出来，这就是大胆有个性的表现。作为教师，在工作中要多观察、多理解孩子，少指责孩子，特别是在公共场合更不能批评孩子，否则会伤了孩子的自尊，产生不良的影响。教师的宽容以及责任心是对幼儿最好的教育，教育批评幼儿时一定要注意场合和方法方式。

三、教师应是课程的建设者和开发者

在传统的教学中，教学内容、教学进度是由国家规定的，教师的任务只是教学，按照教科书、教学参考资料去教学。在这种情况下，教师丧失了对课程进行开发的意识。新课改倡导民主、开放、科学的课程理念，要求教师不能只成为课程的实施者，更应成为课程的建设者和开发者。

（一）挖掘课程内涵，丰富教育资源

我们以小班童话故事课"小树叶去旅行"的教学过程为例，介绍如何挖掘课程内涵，丰富教育资源。

例如，小班童话故事课"小树叶去旅行"。

一、谈话导入

师：小朋友们，现在是什么季节？（秋季）秋天来了，天气凉了，大树

妈妈看见小朋友们都穿上新衣裳，自己也换上了新装，你们想看吗？（想）

二、观察树妈妈的新装

师：（出示秋天的大树图）你们看，秋天来了，大树妈妈的新装怎么样呀？（漂亮，美丽）大树妈妈的漂亮衣服是用什么材料做成的？（树叶）树叶是大树妈妈的什么人？（宝宝）秋天里大树妈妈身上的叶宝宝的颜色一样吗？（不一样）都有什么颜色？（有红的、黄的、黄绿的、红绿的）

师：（小结并组织幼儿朗诵）秋天来了，天气凉了，大树妈妈身上的叶宝宝，有的变成了红色，有的变成了黄色，有的绿中透红，有的黄中带绿，美丽极了。

三、推理学习童话故事

师：秋天来了，天气凉了，大树妈妈身上的叶宝宝都变得非常美丽，如果秋风吹来，叶宝宝会干什么？（摆动，唱歌，跳舞……）你们想看叶宝宝在秋风中跳舞吗？（想）

师：（取一片红叶，模拟树叶摇摆着舞动到空中的样子）一缕秋风拂来，小红叶扭扭屁股离开了谁？（树妈妈）飘到了哪里？（空中）小红叶会随着秋风飘落到哪里？（地上、河里、山上……）

师：（出示红叶落在小河里的图画）红叶宝宝落到了哪里？（小河里）小河是谁的家？（小鱼的家）小河里的小鱼看到红叶宝宝会怎么说？怎么做？（幼儿给出不同答案）

（教师小结朗诵第一段故事）

一缕秋风吹过，大树妈妈身上的红叶宝宝，扭扭屁股，离开了树妈妈，飘呀飘呀，飘到了小河里面。一条小鱼看见了游过来说："小红叶你好！我们比赛游泳吧？"红叶宝宝爽快地答应说："好吧！"它们两个高高兴兴地顺着小河游向远方。

（教师用同样的方法引导幼儿推理讲述第二、三段故事）

一阵秋风吹过，大树妈妈身上的黄叶宝宝扭扭腰，也离开了树妈妈，飘呀飘呀，飘到了大山上，一只鸟妈妈看见了，飞起来说："小黄叶你好！你能给我的宝宝当棉被吗？"小黄叶高兴地回答："好的！"鸟妈妈轻轻地衔着小黄叶飞向了远方。

一阵阵秋风吹过，树妈妈身上的叶宝宝纷纷离开了妈妈，飘向远方去旅行，望着远去的树叶宝宝，大树妈妈哭了。

四、看图复述故事（略）

五、音乐游戏——小树叶找朋友去玩耍

1. 指定部分幼儿头戴树叶头饰，排成一列。

2. 音乐起，幼儿唱着表演：秋风吹来啦，秋风吹来啦，小树叶离开了妈妈，飘呀飘呀飘呀找朋友，找朋友去玩耍。

3. 音乐停，幼儿停止表演，老师依次拿出小鱼、小鸟、小兔、小象等动物头饰，引导小朋友们模仿故事中的人物对话开展游戏活动。

评析：该案例中，教师能结合创设的情境并结合故事开头"秋天来了，天气凉了"这句话，引导幼儿加以想象地理解了第一段故事的内容。在幼儿熟悉故事内容后，教师又根据故事的情节，创编出音乐游戏"小树叶找朋友去玩耍"，既丰富了课堂内容，又巩固了幼儿所学的知识，而且游戏设计贴近幼儿的生活，能受到幼儿的喜爱。

（二）开发乡土、园本课程

新课程实施越来越需要教师有开发乡土化、校本化课程的能力。那么在开发乡土、园本教育资源上，教师应该怎么做呢？在开发乡土、园本课程上，教师又该在哪些方面提高认识呢？

1. 农村幼儿园可利用自然资源

农村幼儿园可利用树林、庄稼、果园、青山绿水等自然资源，带幼儿到这些地方春游、秋游等，使幼儿在与大自然对话的同时学到更鲜活的知识。

例如，秋天带幼儿观察树林后，引导他们编写儿歌《秋叶》。

秋叶

秋风吹，秋风凉，吹得树叶变了样。

绿的绿，黄的黄，红红绿绿更漂亮。

小树叶，心欢畅，随风起舞把歌唱。

左扭扭，右晃晃，飘到空中离开娘。

东飘飘，西荡荡，飘来荡去落地上。

大树妈妈直流泪，秋天的树叶喜洋洋。

2. 重视挖掘社区的教育资源

（1）教师不仅仅是幼儿园的一员，也是社区的一员，是社区教育、科学、文化事业的共建者。教师在这方面可以动手去做的事情有很多，如举办幼儿教育专业知识讲座、筹办文艺会演等。

（2）教师应特别重视利用社区资源来丰富学校教育。例如，利用社区的花园、休闲娱乐设施，教育幼儿爱护花草或公物，并请家长参与到幼儿教育活动中来等。

3. 开发乡土、园本课程的意义

挖掘与优化富有地方特色的幼儿园课程资源的目的，不仅有利于幼儿园课程的乡土化、个性化、多样化，也有利于扩展幼儿的生活、学习空间，使课程进一步贴近社会现实、贴近生活、贴近大自然，符合幼儿的心性，使幼儿在接受美的情感熏陶的同时，增强对社会与自然的感知、了解程度，并能融入其中。更重要的是通过开发乡土、园本课程能更好地发挥每个幼儿园的自身优势，将本园的优秀传统发扬光大，避免"千人一面"的办园模式，打造出一所所具有地方特色的幼儿园。

第二节　幼儿教师行为方式的转变

新课改要求幼儿教师提高素质、更新观念、转变角色，同时也要求教师的教学行为产生相应的变化。

一、在对待幼儿的态度上，强调尊重和赞赏

为了每一位幼儿的全面发展是新课改的核心理念。因此，教师必须尊

重每一位幼儿作为人的尊严和价值。

教师尊重幼儿兴趣的例子：

一次在歌曲《小猫》的音乐教学活动中，老师带领幼儿一起模仿小猫的叫声（喵呜喵呜）做游戏，可有一个幼儿不愿意参与。老师问她为什么？她回答说："小猫的叫声如果是'啊呜'不是'喵呜'，会更有意思。"老师觉得她很有想法，就建议全体幼儿用"啊呜"来表演小猫的叫声，没想到幼儿们兴致大增，学习得兴高采烈。尊重幼儿的意见可以给幼儿们带来你想象不到的欢乐。

教师不尊重幼儿的例子：

有个叫冬冬的孩子，1998 年在合肥市一所幼儿园上学。冬冬属于攻击性较强的孩子，爱打人，爱抓人，而且上课坐不住，常在教室乱跑。老师多次采取恐吓、打骂、关黑房子等方式惩罚冬冬，使冬冬的身心受到极大的伤害。父母将幼儿园告上法庭，法庭认为老师不尊重未成年人的人格，触犯了《中华人民共和国未成年人保护法》，需赔偿受害人一万七千多元人民币。

尊重幼儿，尤其要特别尊重以下六种幼儿。

第一，智力发育迟缓的幼儿。

第二，学业成绩不良的幼儿。

第三，被孤立和拒绝的幼儿。

第四，有过错的幼儿。

第五，有严重缺陷和缺点的幼儿。尊重有缺陷的幼儿是对幼儿心灵和尊严的保护；尊重有严重缺点的幼儿并不是不能对其进行批评教育，更不是要求教师对其迁就或纵容，而是要注意批评教育的方法。曾国藩说过："扬善于公堂，规过于私室。"这就告诉我们表扬应在公众场合进行，才能起到彰显作用，而批评教育应在不公开的场合进行，给犯错误的幼儿留足面子，为打开他们的心扉、教育好他们做好铺垫。要让他们知道有严重缺陷的幼儿也同正常人一样，将来可以有所作为，比如张海迪。

第六，尊重和自己意见不一致的幼儿。比如，一位教师在讲解"鱼儿躺在蓝天上"这句诗歌时，有个孩子指出："老师你说错了，鱼儿不是躺在天上，而是在水里玩呢。"此时老师不要强硬地说诗歌可以这样写，而应对幼儿的说法表示认可，必须尊重有自己的见解的幼儿。

尊重幼儿的核心是不能伤害他们的自尊心，教师应努力做到不训斥、不冷落、不羞辱、不嘲笑、不体罚、不辱骂、不随意当众批评他们，用慈母般的爱温暖每一位幼儿。

同时，为了每一位幼儿的发展，教师要学会赞赏每一位幼儿。具体该从哪些方面去做呢？

第一，赞赏每一位幼儿的独特性、兴趣、爱好、专长。

第二，赞赏每一位幼儿所取得的哪怕是极其微小的成绩。

第三，赞赏每一位幼儿所付出的努力和所表现出来的善意。

第四，赞赏每一位幼儿对教科书的质疑和对教师的超越。

法国著名雕塑家罗丹曾说过："生活中不是缺少美，而是缺少发现美的眼睛。"赏识教育就是用智慧的头脑、发展的眼光，发现孩子身上的闪光点，使孩子在受教育的过程中，感受到他人对自身价值的肯定，从而以良好的心态去面对学习，走好今后的成长道路。

有心理学家说过："人性最深切的渴望就是获得他人的赞赏。"这句话尤其适用于幼儿，因为他们正处于心理发育的关键时期，更需要教师的关注和赞赏。教育是教师和幼儿之间心灵上的一种微妙的相互接触。在平日的教育活动中，教师的一次不经意的爱抚、一个随意的暗示或一句轻描淡写的鼓励，都会给幼儿留下深刻的印象。"亲其师，信其道"，教师自身的高尚师德是对幼儿进行成功教育的重要因素。学会赞赏、乐于赞赏是时代对幼儿教师的呼唤和要求。

二、在教学关系上，强调帮助和引导

教怎样促进学呢？其关键在于教师对幼儿的帮助和引导。

第一，帮助并引导幼儿检视和反思自我，使幼儿明白想要学习什么、获得什么，确立能够达成的目标。

第二，帮助并引导幼儿搜集信息和利用学习资源。

第三，帮助并引导幼儿设计恰当的学习活动和形成有效的学习方式。

第四，帮助并引导幼儿发现他们所学知识的意义和价值。

第五，帮助并引导幼儿营造和维持学习过程中积极的心理氛围。

第六，帮助并引导幼儿对学习过程和结果进行评价，并促进评价的内在化。

第七，帮助并引导幼儿发现自己的潜能。

在幼儿教育中，教的本质在于对幼儿的帮助和引导。这种帮助引导的特点是含而不露，指而不明，开而不达，引而不发；帮助引导的内容不仅包括做事方法和思维方式，还包括认识事物的价值和如何做人。这种帮助引导可以表现为在幼儿遭遇困难时对他的一种启迪，比如，当幼儿迷路的时候，教师不是直接告诉他方向，而是帮助引导他怎样去辨明方向；帮助引导还可以表现为一种激励，当幼儿前行有困难的时候，教师不是拖着他走，而是唤起他内在的精神动力，驱使他不断向前进。通过帮助和引导使幼儿学会生活、学会学习、学会合作、学会生存、学会发展与创新，实现"教就是为了不教"的教育目标。

三、在对待自我上，强调反思

反思是教师以自己的职业活动为思考对象，对自己在职业中所做出的行为以及由此所产生的结果进行审视和分析的过程。教学反思被认为是教师专业发展和自我成长的核心因素。

"思之不缜，行而失当""行有不得，反求诸己""吾日三省吾身"等至理名言都告诉我们：反思应成为人自觉的行动。新课改尤其强调教师对教学的反思，要求教师在新的教育教学理论的指导下，不断地对自己的教学进行思考与研究，对教学中存在的问题不断回顾，通过发现问题、分析问题、解决问题，追求教学过程的科学合理性、卓越性，从而使自己成为专家型教师。

新课改非常强调教师的教学反思，按教学的进程，教学反思分为教学前反思、教学中反思、教学后反思三个阶段。

(一) 在教学前进行反思

课前反思具有前瞻性。著名认知心理学家奥苏贝尔说过："如果我不得不把所有的教育心理学还原成一条原理的话，我将会说，影响学习最重要的因素是学习者已经知道了什么。"这说明在上课前了解幼儿已有认知水平，有的放矢地组织教学尤其重要，因此，教师在教学前必须充分了解幼儿已有的知识经验，对教学设计的思路和备写的教案进行反思审视。这样做不仅能起到查漏补缺、吸收内化的作用，更能起到优化教学活动的作用，同时体现了关注幼儿、以幼儿为本的新理念。

(二) 在教学中进行反思

课中反思具有监控作用。教学是一个复杂的动态的过程，课堂情况千变万化，往往会出现意想不到的具有挑战性的问题。这就需要教师时刻关注幼儿学习的过程，随时判断自己的教学方法和手段是否合适，及时发现问题并善于捕捉教学中的灵感，及时反思调整自己的教学思路，调整教学的方法策略，以顺应幼儿的发展要求，达到最佳的教学效果。因此，新课改要求教师在教学中要学会倾听幼儿的意见，及时了解幼儿的困惑，善于抓住教育契机，形成生动活泼、幼儿主动参与和富有教师个性的新课堂。

(三) 在教学后进行反思

"教然后知困"就是说教师一定要在课后进行反思，找出不足之处。因此新课改要求教师课后要趁记忆犹新，在回顾、分析、反思教学的同时，写下自己执教的切身体会或疏漏失误，记下幼儿学习中的闪光点或困惑，这样不但能进一步提高教师以后备课的质量，使教学内容更全面，教学设计更合理，而且有助于提高教师的教学总结能力和评价能力，有利于教师积累教学经验，提高教学水平，使教学经验理论化。

总之，教学反思会促使教师形成自我反思的意识和自我监控的能力。

四、在对待家长与其他教育者的关系上，强调合作

（一）加强与家长的联系与合作，共同促进幼儿的健康成长

首先，要尊重幼儿家长，虚心倾听幼儿家长的意见；其次，要与幼儿家长保持经常的、密切的联系；再次，要在教育目的与方法上与家长保持一致。

（二）加强与不同班级教师之间的合作

教师之间要相互尊重，相互学习，取长补短，相互配合，齐心协力培养幼儿。

新课改要改变的不仅是传统的教学理论，还有教师的教学观念。当前新课改对幼儿园教师的知识结构、教学方式都提出了极大的挑战。新课改下的教材具有适度的挑战性和开放性，教与学的空间更开阔、时间更充裕、资源更丰富，而幼儿园教师的工作基本是"包班制"，平日教师都埋头于本班的教学工作，教师之间缺少交流沟通。这种单兵作战为主的工作方式已不能适应新课改的要求，因此幼儿园教师之间的合作已成为一种工作的必需。

新课程已打破了原先分科教学的壁垒，实现了课程内容的相互渗透、有机结合。作为新课程的实施者——教师不能只着眼于自己所负责的学科，对于学期课程方案的规划、教学活动的设计，都要和其他老师共同交流、探讨。同时新课程实施需要教师不断更新自己的知识结构，而教师个人获得的教学信息和教学资源是有限的，只有与其他教师合作互动，才能突破自身在学科知识和实践能力上的局限，从而有效推进新课程的实施。

另外，新课程要求教师在教学实施的过程中灵活运用各种教学资源，课程实施的途径要从课堂延伸到课外，特别是一些综合性的主题活动，单靠某位教师的一己之力是无法完满成功的。

综上所述，新课程的开发需要教师间的合作，新课程的实施更需要教师间的合作。

第八章

幼儿教育活动设计的原则

幼儿园教育活动设计是教师在尊重幼儿身心发展的规律和学习特点，在了解和掌握幼儿的现有水平和发展需求的基础上，对教育活动的目标、内容、实施步骤所做的策划准备工作。

第一节　趣味直观性原则

趣味直观性原则是指设计、组织教育活动时，要充分利用幼儿的各种感官和已有的知识经验，根据幼儿思维具体形象性的特点，充分运用各种直观教学工具或以游戏的方式调动幼儿学习的主动性、积极性，培养幼儿学习的兴趣，吸引幼儿的注意力，营造愉快的学习氛围。

例如，大班泥工课"小企鹅"。

一、活动导入

师：（激趣谈话）我们班的小朋友都非常聪明能干，能唱歌，会跳舞，生活在南极的企鹅宝宝知道了，非常高兴，不远万里来到了我们教室，它想和小朋友们做朋友，还想为大家表演节目，你们想看吗？（想看）

师：（出示坐在纸板上带磁铁的企鹅，并让小企鹅表演跳舞，引导幼儿观察企鹅）小企鹅的舞姿怎么样？（好）仔细观察小企鹅，它为什么会表演节目？（因为它身上带有磁铁）这只小企鹅是用什么材料做成的？（泡泡泥）怎样将泡泡泥做的企鹅和磁铁组合成玩具呢？

二、激发制作兴趣，观察企鹅的特点

师：小朋友们，你们想玩让小企鹅表演节目的游戏吗？我们班有三十多个小朋友，可这里只有一只企鹅，怎么办呢？（启发幼儿动手制作）

师：要制作小企鹅，先观察一下这只小企鹅，它长得怎么样？（好看，美丽，漂亮……）

师：小企鹅哪儿长得漂亮？（身子，头……）

师：它的身子是什么颜色？（黑色）身体的形状像什么？（鸡蛋）

师：它有几只眼睛？（两只）长在哪里？（头上）什么颜色的？（黑色）什么形状？（圆）

师：小企鹅的嘴巴是什么颜色的？（黄色）什么形状？（扁扁的）长在哪里？（头上）

师：小企鹅的身子是不是都是黑色的？（不是，它的肚皮是白色的）白肚皮是什么形状的？（小朋友有答圆形的，有答椭圆的）

师：小企鹅身体两侧长的是什么？（手，胳膊，翅膀）应该叫翅膀，翅膀长在什么位置？（身体两侧）是什么颜色、什么形状的？（黑色，水滴形）

师：小企鹅的两只脚是什么颜色的？（黄色）长在什么位置？（肚子下面）什么形状？（爪子形状，小脚丫形状）

三、教师小结并朗诵儿歌《小企鹅》

小企鹅

企鹅宝宝真好看，胖胖的身子像鸡蛋。

两只黑眼亮闪闪，扁扁的嘴巴黄灿灿。

白白的肚皮圆又圆，水滴形的翅膀在两边。

金黄的脚丫在下边，小朋友们见了都喜欢。

四、启发制作小企鹅的顺序

1. 教师提示：我们已经观察了小企鹅的特点，要用彩泥制作小企鹅，应该先做什么？再做什么？后做什么？

2. 小结：应先做身子，再做肚皮（从大到小），然后做眼睛和嘴巴，接下来做翅膀，最后做脚。（从上到下，从正面到侧面）

五、指导幼儿制作企鹅

1. 取一块乒乓球大小的黑色彩泥，先揉圆，再轻轻地揉成鸡蛋形，小企鹅的身子就做好了。

2. 取一块蚕豆大小的白色彩泥，先揉圆，再压成扁圆形，贴在身子的下方，小企鹅的肚皮就贴好了。

3. 取两块米粒大小的黑色彩泥，分别揉圆，再分别对称地压贴在小企鹅头中上部的两侧，然后取两块更小的白色的彩泥，分别揉圆，再分别压贴在小企鹅的眼中间，小企鹅的眼睛就做好了。

4. 取一块豌豆大小的黄色彩泥，先揉圆压扁，再做成嘴巴状，然后粘贴在两眼的正下方，小企鹅的嘴巴就做好了。

5. 取两块比蚕豆大点儿的黑色彩泥，揉圆压扁，搓成水滴形再压成翅膀状，粘贴在小企鹅身子两侧上方。

6. 取两块像蚕豆一样大的黄色彩泥，揉圆压扁，搓成水滴形，再用刻刀刻成脚丫状，企鹅的两只小脚就做好了。

7. 取出磁铁，先把企鹅两只小脚呈八字形放在磁铁上，再把企鹅的身子放在上面，然后粘接在一起，会表演节目的小企鹅就做好了。

评析：在泥工课"小企鹅"案例中，教师能根据幼儿喜欢具体形象的特点，首先利用具有直观形象的磁铁玩具，调动幼儿学习的主动性和积极性；再通过观察磁铁玩具，使幼儿全面了解了磁铁玩具的结构和特点；然后通过多媒体工具和教师直观演示等有趣的游戏手段，指导幼儿开心地完成了玩具制作。该案例告诉我们常用的趣味、直观的教学手段有实物教具、玩具、图片、多媒体、动作示范等；还告诉我们运用直观教学手段时，应根据教育活动的具体内容和幼儿的实际经验，配合生动有趣的语言，才能吸引幼儿注意力，引导幼儿观察、思考，从而提高课堂的趣味性和实效性，才能使教育过程更生动、形象、活泼和充满情趣。

第二节　启发探索性原则

启发探索性原则指在教育教学活动中，教师必须善于启发诱导幼儿，充分调动其学习的主动性、积极性，不断激发幼儿的探索欲望，在引导幼儿主动探究、积极思考、获取知识的同时，培养幼儿的探索精神，提高幼儿主动获取知识和运用知识的能力。

例如，大班科学活动课"好吃的苹果"。

一、活动目标

1. 运用感官，充分感知苹果的形状、颜色、味道等特征，发展幼儿感知能力。

2. 让幼儿了解苹果的内部结构，懂得吃苹果时的卫生常识，感受分享的快乐。

3. 丰富词汇：又酸又甜，清香可口。

二、活动准备

1. 要求幼儿每人带一个苹果（要求有的带大的，有的带小的，有的带黄色的，有的带红色的，有的带绿色的，做好记号）

2. 教师准备一个香味十足的大苹果装在袋子里，把自己装扮成"秋姑娘"。

3. 制作苹果树相关内容的动画课件。

三、活动过程

1. 猜苹果。

师：我是秋姑娘，今天送给小朋友们一个好东西，在这个袋子里，你们先猜猜它会是什么？

师：你们用手在袋子外面摸一摸，猜猜袋子里装的是什么？

师：袋子里装的到底是什么东西，想知道吗？（出示大苹果）

2. 看苹果。

师：小朋友们今天都带来了什么？拿出来让大家看一看，并说明带来了什么样的苹果。（要求幼儿说出苹果的形状、颜色）

师：苹果的颜色一样吗？（不一样）都有什么颜色的苹果？苹果可按颜色分成几类？（红、黄、绿）

师：不同颜色的苹果形状是不是一样？（是，都是圆圆的）小朋友们喜欢吃苹果吗？为什么？（甜、香）

师：（引导幼儿说儿歌）大苹果圆又圆，红黄绿色都好看，小朋友个个都喜欢。

3. 摸、闻苹果。

师：你们用小手捏一捏、摸一摸苹果，有什么感觉？（硬、光滑）

师：你们闻一闻，它有什么气味？（有点香甜）

师：（领着大家说儿歌）硬苹果光又圆，闻一闻香又甜，小朋友个个都喜欢。

4. 切苹果。

师：小朋友们想不想吃苹果？（想吃）吃苹果以前要做些什么？（洗、削皮）

师：（念儿歌）我是一个大苹果，小朋友们爱吃我，吃前必须洗干净，要是手脏别碰我。（洗手、洗苹果）

师：苹果和小手都洗干净了，小朋友们想怎样来吃这个苹果？（教师启发幼儿要切着吃）怎样来切这个苹果呢？（教师提示要切成数等份）

师：小朋友们都把自己的苹果切好了，看一看苹果的表面和果肉一样吗？（不一样）果核里面有什么？（籽）果籽是什么样子的？（很小一颗，黑色……）

师：苹果表面有一层皮，皮下有厚厚的白色或黄色的果肉，最里面的是果核，果核有三四个"小房子"，每个"小房子"里面都住着几个圆圆的黑籽。

师：（领着大家说儿歌）大苹果光又圆，厚厚的果肉叫人馋，肚里盖房三四间，小小的黑籽住里面。

5. 吃苹果。

师：小朋友们，切好的苹果是自己吃还是分给其他小朋友吃？（分）

师：我们一起来品尝不同颜色的苹果，它们味道有何不同？吃完感觉怎么样？（又酸又甜，清香可口）

师：（带领大家说儿歌）大苹果圆又圆，味道鲜美酸又甜，清香可口都喜欢。

6. 做游戏。

（1）我是苹果树长高了：幼儿站立，双手举起。

（2）我是小苹果长大了：幼儿两手心向内，两臂张开。

（3）我是苹果落下来了：幼儿双手从上向下抖动。

（4）我是苹果在地上打滚了：幼儿蹲下，原地打转。

（5）我们一起捡苹果了：幼儿弯腰，做捡苹果放进篮子里的动作。

7. 看配音动画片《苹果树笑了》。

师：小朋友们最喜欢看什么电视节目？（动画片）今天老师把自己制作的动画片《苹果树笑了》带来了，你们想看吗？（想）

（观看动画《苹果树笑了》）

故事原文：秋天的苹果树是美丽的，结满了又大又红的苹果，多么令人喜欢啊！一只小花鹿走到树下，摘了个大苹果，咬了一口，连声说："真好吃，真好吃。"一只小松鼠爬到枝头上，摘了个大苹果吃了一口，连声说："味道好极了。"一只小杜鹃飞落在枝丫上，啄了一口大苹果，连声说："太美味了。"苹果树下的一棵小草看见了着急地喊："苹果姐姐，你的果实都被他们吃了。"苹果树笑了，她说："我结这些果实不是为了好看，更不是为了自己，而是为了把果实送给大家，给大家带来快乐。"听了苹果树的话，小花鹿在草地上跑得更快了，小松鼠在树上跳得更欢了，小杜鹃在森林里的歌声更嘹亮了，小草在微风中的身子摇得更优美了，因为他们都要为大家带来快乐。

评析：本次教学活动主要采取了提问、比较、观察、游戏、创设问题情境和联想等启发探索的导学手段，在不断激发幼儿参与活动兴趣的同时，引导幼儿通过闻一闻、摸一摸、看一看、尝一尝、想一想、说一说、做一做的探索活动，获取知识，提高技能，使幼儿感受到参与的快乐，发展了感知能力和探索能力。

该案例告诉我们，在启发幼儿开展探索活动时，要善于围绕主题，运用通俗、准确、简练、有趣的语言提出具体化、条理化、多元化的启发性的问题，以激励幼儿认真观察、主动探索、积极思考，使幼儿在理解知识的基础上，运用知识，做到举一反三。

第三节　全面渗透性原则

全面渗透性原则要求教师在设计教学活动时，善于利用各种有教育价值的资源对幼儿进行教育。其内涵如下。

一是将各项教育任务和内容渗透到幼儿每日的活动之中，使幼儿事事、时时、处处皆能接受生动而规范的教育。例如，对幼儿的语言教育要在时间上打破语言教学只能在课堂上进行的局限，在全天的各种活动中给幼儿提供语言学习的机会；在空间上打破只在活动室进行教育的局限，而将教育延伸至整个幼儿园、每个幼儿所在的家庭和社区；在途径上打破传统讲授式教学的局限，利用游戏、生活对话、环境熏陶、媒体影响等多种途径对幼儿进行教育。

二是在各领域的教育活动中，要打破学科之间的界线，加强学科间的渗透与交融，使幼儿接受形式更加丰富多样、内容更加丰富多彩、活动更加生动有趣的教育。

例如，中班音乐课"门前虹桥下"

一、激趣导入

师：（激发兴趣）小朋友们好！我园李小明同学说他家新盖了一幢房子，非常漂亮，我们一起去瞧一瞧好吗？

二、观察房子

师：（出示新房子的图片）你们看小明家的房子怎么样？（漂亮）房顶是什么颜色？（蓝色）墙壁呢？（橙色）房门是什么颜色、什么形状的？（红色、方形）

师：（小结说儿歌）小明家的房子真漂亮，蓝色的房顶橙色的墙，方形的红门在中央，两边的窗子很亮堂。

师：（启发）小明同学说啦，大家都说他家的房子漂亮，但房前的景物更漂亮，你们想看吗？（想）

三、观察景物学儿歌

师：（出示房前景物图）房前有哪些景物？（桥、水、山……）最漂亮的是什么？（桥）为什么？（彩色的）彩色的桥是直的还是弯的？（弯的）弯弯的桥像生活中的什么东西？（师出示香蕉、船、镰刀、彩虹、弯月亮图，让幼儿进行对比）这座桥最像什么？（彩虹）

师：小明家房前的桥像天上的彩虹，你们能不能给桥起一个好听的名字呢？（彩虹桥）我们叫它虹桥吧！

师：小明家房前的虹桥下有什么？（清清的小河）小河是谁的家？（鱼、虾、鸭子……）有几只在水里生活的小动物听到小朋友们回答问题很棒，现在游来了，你们想见见吗？

师：（多媒体出示鸭子图）谁游过来啦？（鸭子）是一只吗？（许多只、好多只……）

师：（小结）许多只鸭、好多只鸭也叫一群鸭。（说儿歌）门前虹桥下，游来一群鸭。

师：我们一起数一数，这一群鸭子共有几只好不好？（5只）

（小结说儿歌：门前虹桥下，游来一群鸭，我们一起数一数，1，2，3，4，5）

师：这5只鸭子一样大吗？（不一样）几只大的？（1只）他们是什么关系？（母子）鸭妈妈在干什么？（捉小鱼）小鸭子看到妈妈捉了一条小鱼时有什么表现？（高兴地叫、拍翅膀）

（小结说儿歌：鸭子妈妈捉小鱼，小鸭叫嘎嘎）

四、创设情境，范唱儿歌

师：小朋友们，你们觉得小明家门前的景物怎么样？（漂亮）小明听了非常高兴，他也来到小河边。（多媒体出示小明来到河边的情景）你们看小明在高兴地干什么？（说话、唱歌）你们想欣赏他唱的歌曲吗？（想）

师：（范唱歌曲）门前虹桥下，游来一群鸭。我们一起数一数，1，2，3，4，5。门前虹桥下，游来一群鸭。鸭子妈妈捉小鱼，小鸭叫嘎嘎。嘎嘎嘎嘎嘎，嘎嘎嘎嘎嘎，鸭子妈妈捉小鱼，小鸭叫嘎嘎。

五、采取整体与分句教唱的方法教唱歌曲

评析：该案例的设计能将语言领域和科学领域的内容自然地融合在音乐教学活动中，使教育活动更加生动有趣，内容更加丰富多彩。值得一提的是，教师能真正把幼儿作为活动的主体，创设出真实的生活情境，启发幼儿自己感知、理解歌词，体会歌曲情感。此外，教师能发挥多媒体的作用，创设贴近幼儿生活的学习情境，引导幼儿在观察欣赏景物的同时，切身体会到学习与生活紧密相连，学习就是游戏，学习是快乐、轻松的事，从而不断激发幼儿想学、爱学、会学、能学的内在动力，丰富他们的内心世界，激起他们学习的热情。

第四节　艺术创造性原则

艺术创造性原则是指教师在设计好教育活动步骤的前提下，能够艺术性地、创造性地运用各种方法、手段、形式组织各类教育活动的原则。

例如，小班美术活动课"小鱼吐泡泡"。

一、导入活动

师：小朋友们好！我们一起唱着《小鱼游》的歌曲做个游戏，好不好？

（师生共唱：谁会游？鱼会游。鱼儿鱼儿怎样游？摇摇尾巴点点头）

师：小朋友们的歌声非常甜美，小鱼都听见了，高兴地游到我们的教室来了，你们想见它吗？

二、导学活动

1. 观察小鱼。

师：（播放小鱼在水中游的动画）小朋友们看谁游来了？（小鱼）小鱼

在水里游时，心情是怎样的？（高兴、欢喜、愉快……）你们喜欢小鱼吗？

师：小鱼在水里一边欢快地游，一边在干什么？（吐泡泡）泡泡是从哪里吐出的？（嘴里）嘴里吐出的是一个泡泡吗？（在幼儿回答时，适时教他们丰富词汇：许多、好多、一串串）

师：（小结）小鱼宝宝都喜欢，吐出的泡泡一串串。小鱼吐出一串串的泡泡是什么形状的？（圆圆的）一样大吗？（有的大，有的小）都有什么颜色？（红、黄、蓝，五颜六色……）小鱼吐出的泡泡像我们生活中见到的什么东西？（乒乓球、汤圆）

师：（小结）吐出的泡泡圆又圆，五颜六色真好看。

2. 总结夸奖小鱼。

小鱼宝宝都喜欢，吐出的泡泡一串串。吐出的泡泡圆又圆，五颜六色真好看。

3. 激发兴趣。

师：小朋友们关于小鱼吐泡泡的儿歌说得非常好！小鱼夸你们很聪明。小鱼说它有个好朋友不会吐泡泡，想请我们帮这个朋友吐出圆泡泡，大家愿意吗？

4. 示范演示贴泡泡。

师：小朋友们想把这些圆形的泡泡贴在小鱼的哪里？（嘴边）

师：（边演示边说）先用食指蘸上糨糊，从泡泡的中间开始抹开去，记住每一个地方都要抹到，然后用抹布将手擦干净，再把泡泡粘贴在鱼嘴的上方。

（当贴第二个泡泡时，应提问："应靠第一个泡泡近点，还是离远点？"让幼儿获得审美体验）

5. 幼儿学习贴泡泡。

师：我们帮助小鱼吐出了又圆又漂亮的泡泡，小鱼夸小朋友们真能干！小鱼说今天还有许多不会吐泡泡的小鱼宝宝也来到教室，想请小朋友们帮忙吐泡泡，你们愿意吗？（发给幼儿画有小鱼的画纸）

师：今天我们学习用糨糊粘贴泡泡（介绍糨糊、抹布），你们会用糨糊粘贴泡泡吗?

(请个别幼儿上来演示如何用糨糊粘贴泡泡。提醒幼儿选择颜色、大小不同的圆片来粘贴,并把多余的圆片放回原处)

6. 集体评价并欣赏作品,鼓励幼儿对别人的作品发表看法。

三、结束活动

1. 组织幼儿把作品贴在展示栏上。

2. 说《小鱼吐泡泡》儿歌:"小鱼宝宝都喜欢,吐出的泡泡一串串。吐出的泡泡圆又圆,五颜六色真好看。"

评析:小班幼儿处于具体形象思维的初级阶段,在本案例中,教师根据幼儿的思维特点,紧密围绕主题活动,采取了歌曲导入、多媒体动态画面展示等教学手段,引导幼儿有序观察,并示范如何粘贴泡泡,指导幼儿创作,集体评价并展示欣赏幼儿作品,通过如上方式,呈现给幼儿的是环环相扣、科学与艺术知识相互融合的生动精彩的课堂。

教育是一门艺术,幼儿园教师要面对千差万别的幼儿,这使他们的教育工作更具有挑战性和创造性。因此,教师不能一味依靠既有的经验、办法和规矩行事,而要勇于开拓创新,要大胆探索尝试,不断提高自己的教学艺术和创造能力,促进幼儿的全面发展。同时,教师对幼儿的态度及所采取的一切教学办法、手段和措施都要有利于保护和发展幼儿的创造性,将对幼儿创造力的培养渗透到各类教育活动中去。

第五节　整体协同性原则

整体协同性原则是指教师在设计教学时要全面考虑教学任务、教学目标、教学内容、教学组织形式、教学方法、学习方式方法等多方面的因素,使多种因素能够协调一致,相互适应,为共同的目标形成合力。

例如,美术欣赏课"美丽动人的蒙娜丽莎"。

一、活动目标

1. 通过欣赏活动，体验发现美、表现美的乐趣。

2. 通过观察活动，培养幼儿的观察能力，发展幼儿的想象力。

3. 丰富幼儿语言，提高幼儿的语言表达能力。

二、活动准备

1. 多媒体设备。

2. 用电脑组合动态的蒙娜丽莎画像和背景图。

3. 美术室里简单地布置一些小朋友们的美术作品。

三、活动过程

（一）引出活动主题

组织幼儿唱着《我是小画家》的歌曲走进美术室。

师：（播放优美的萨克斯轻音乐）今天我们幼儿园举行画展，主要展品是一位世界著名的画家的作品，大家想看吗？（多媒体呈现《蒙娜丽莎》画）

（二）背景欣赏

师：小朋友们看，这是一幅什么画？（风景画）画面的景色怎么样？（美）

师：仔细看看，小声地交流交流，画面上都有什么？（太阳、白云、山、树林、小河、小桥）

师：画中的景色的确很美，我们一起用心感受一下，来说说这美丽的景色吧。（教师描述画中的风景）

师：（伴乐朗诵）今天的天气真好，和暖的阳光普照着大地，雪白的云朵在蓝色的天空中慢慢地飘动。在起伏的山坡上，一棵棵绿树枝繁叶茂。山下树林边有一条小河，清清的河水从小桥下缓缓地流过，河岸上到处都是争奇斗艳的山花，山间的景色非常美丽。

（三）人物欣赏

师：山间的景色非常美丽，（多媒体呈现出美丽的蒙娜丽莎画像）你们看，是谁来到了这美丽的地方？（人、阿姨、姑娘）你们觉得这位阿姨怎么样？（漂亮、温柔）想知道这位既温柔又漂亮的阿姨的名字吗？她的名字叫蒙娜丽莎。

师：（引导幼儿进行细节欣赏）蒙娜丽莎哪儿最漂亮？（脸、眼）为什么？（脸白、脸形好看；眼大、眼明亮……）她的心情怎样？（愉快、高兴……）你是从哪儿看出来的？（笑容、眼神很亲切）你们觉得蒙娜丽莎会是怎样的一个人？（善良、温柔、幸福）大家猜猜她在想什么？（自己是世界上最幸福的人；这么多小朋友都来看她，她很开心；自己最美丽；可能快要当新娘子了……）蒙娜丽莎应该是美丽、善良、幸福的人，我们也来学习她，心里想着美好的事情，脸上绽放着快乐幸福的微笑，好吗？（幼儿学蒙娜丽莎幸福微笑的样子，体验姿态美）人们都说蒙娜丽莎的手是世界上最美的手，你们觉得怎么样？（是很美）你们是怎样看出来的？（手胖乎乎的，很柔软的样子；手很白、美；手放在胸前很自然、很舒服）我们一起学她手放在胸前的样子，好吗？（幼儿学姿态美）小朋友们都模仿得很优美，你喜欢美丽优雅的蒙娜丽莎吗？有位叫达·芬奇的画家也非常喜欢美丽的蒙娜丽莎，就用画笔画出了这幅世界著名的画作——《蒙娜丽莎》。

（四）美的体验

师：小朋友们欣赏并模仿了美丽的蒙娜丽莎，还有什么想法吗？（想知道她唱歌、跳舞的样子）

师：大家想象一下，蒙娜丽莎安静地坐着时，姿势是什么样的？散步走路时的姿势是什么样的？跳舞时呢？哪位小朋友能表演一下？（引导幼儿创造性地表演不同姿态下优美的动作）

师：下面我们一起听着音乐朗诵一段话，学学蒙娜丽莎美的姿态、美的动作、美的表情、美的内心、美的舞姿，都做一个更美丽的蒙娜丽莎，好吗？

师：（配乐朗诵）有一位名字叫蒙娜丽莎的女人，她比天上的仙女还要美丽。她迈着轻盈的脚步向山林边的小河走去，走路的样子像一朵彩云在山林里飘动，美丽极了。咦！她怎么停住了脚步？原来她被小桥边山林的景色迷住了。她把手放在胸前，全神贯注地欣赏山林的景色，就像荷塘里亭亭玉立的荷花，好看极了。咦！蒙娜丽莎怎么坐在一块大石头上？她一只手托着腮，一边休息，一边想着美好的事情，白皙的脸上绽放着灿烂的笑容。咦！蒙娜丽莎怎么站起来了？原来她要把她看到的美，想到的美，用最优美的舞姿表现出来。小朋友们，让我们跟着蒙娜丽莎，唱起《我们的祖国是花园》的歌，起来跳舞吧！（幼儿根据动画和朗诵内容中的情景自由发挥表演）

（幼儿尽情跳舞，教师用录像机全部录下，供幼儿课后欣赏，并自然结束活动）

评析：该案例在贯彻整体协同性设计原则中呈现出以下特点。

首先，在教学目标的确定和教学内容的选择上既有知识技能、情感态度、能力培养方面的考虑，又有过程、方法、价值导向的涉及，实现了教学任务与教学目标的协同。

其次，教学组织的方式方法有趣、科学，有利于灵活地完成教学内容。通过欣赏活动，训练幼儿能力，培养幼儿品行，实现了教学组织方式和教学内容相容并进、同步互补，实现了教学内容与教学组织方式的有效统一。

再次，教师在完成预定教学任务的同时，对课堂中生成的问题积极应对，使课堂中生成的问题成为丰富幼儿知识、提高幼儿能力的支撑点，体现了新课程实施与开发的全面渗透性原则。

最后，教师在设计教学问题、选择教学方式等方面，既关注幼儿的兴趣喜好，又考虑到幼儿已有的知识经验与认知特点；既满足了幼儿动口、动手的需求，又能让幼儿的思维活跃起来，实现了教师教学方式和幼儿学习方法的和谐统一，这样就充分调动了幼儿学习的积极性、主动性、能动性。

第六节　主体活动性原则

主体活动性是现代教学的本质特征，它体现在幼儿学习的自主性、主动性和创造性中。自主性是幼儿对自我认知和自我实现水平的不断完善，集中表现为自尊、自立、自觉、自强等。有自主性的人在自我认识中有符合实际的自我评价、积极的自我体验和主动的自我调控能力。主动性体现在应对现实的选择、对外界的适应能力中，集中表现为幼儿具有较高的求成动机、强烈的竞争意识、浓厚的学习兴趣、主动的参与态度以及强大的社会适应能力。创造性是对现实发展的超越，是主体性发展的最高层次，集中表现为幼儿具有创新意识、创新思维能力和实践操作能力。

主体活动性原则是指在设计教学时，教师要实现指导思想的转变，把幼儿当作学习的主体，一切教学内容和活动设计都要为幼儿全面发展和个性发展服务。也就是说，设计的教学活动必须有利于幼儿在教师的指导启发下，通过自身的实践活动、探索活动来主动学习，并主动构建自己的知识体系。

例如，大班科学活动课"水的认识"。

一、谈话导课

师：小朋友们口渴时最想干什么？

生：喝水、吃西瓜、喝饮料……

师：小朋友们口渴时，有的想喝水，有的想吃西瓜，有的想喝果汁……老师提几个问题：西瓜里有没有水？果汁呢？在小朋友们生活的环境中哪里还有水呢？

生：河里、天上、地下、身体内……（或回答动物、植物、大自然界……）

师：小朋友们说得都很好，水在我们生活的环境里无处不在。这节课我们就来一起进一步认识水，好吗？

二、水的用途

师：水是大家熟悉的物质，小朋友们想了解水的哪些知识呢？

生：水是从哪里来的？能干什么？水为什么会流动？

师：小朋友们想知道的问题很多，首先我们一起来讨论水的用途。大家知道水可以解渴，在生活中，人们还有哪些地方需要水？

生：洗衣、做饭……

师：人和水有什么关系？

生：人离了水就没办法生存。

师：水是人的生命之本，世界上难道只有我们人类离不开水吗？

（幼儿分组讨论动物、植物、工业、农业都离不开水）

师：在世界上，动物、植物离不开水，工业、农业生产也离不开水，水的用途真大呀！

三、水的性质

1. 水的溶解性。

师：小朋友们都知道水的用途很多，下面大家看老师给你们带来了什么。

（出示并下发给每个小组奶粉、橘粉和三瓶水）

师：这些物品能制作什么饮料？

生：牛奶、橘子汁。

师：请各组小朋友们先观察奶粉和橘粉的形状、颜色各是什么样的。

（学生回答奶粉是粉状、白色，橘粉是粒状、橘黄色）

师：请各组小朋友们将奶粉和橘粉分别放入准备好的透明的玻璃瓶里并搅动，看哪组小朋友观察后能有新的发现。

生：奶粉、橘粉溶化了，水的颜色变了。

师：小朋友们发现奶粉、橘粉在水中溶化了，这一现象说明水具有可溶性。在日常生活中还有哪些东西可被水溶解呢？

（学生答糖、碱、盐等）

2.水是无色的。

师：小朋友们回答得都很好，刚才有的小朋友在实验中发现水的颜色变了，那水到底是什么颜色的？请小朋友们按牛奶、橘汁、水的顺序观察，讨论后回答，它们各是什么颜色？

生：白色、橘黄色、无色（或白色）。

师：有的说水是白色的，请小朋友们把纯净水同牛奶比一比，究竟谁是白色的？水到底是什么颜色？（幼儿确定其是无色的）

3.水是透明的。

师：小朋友们现在知道了水是无色的，那你想不想尝一尝你亲手做的果汁和牛奶，尝一尝杯中的水呢？如果手、口都不能直接接触杯子，怎样才能喝到杯中的饮料？

生：用管子吸，用勺子盛。

师：办法找到了，下面老师给每组发三根彩色塑料管，分别插入桌上的三个瓶子里，先从杯子的侧面观察一下杯中插入的塑料管有什么不同，它说明了什么？

生：牛奶中的管子我们看不见，橘汁中的管子能看见但不清楚，水中的管子看得最清楚。

师：这说明水的另一个性质——透明。

4.水是无味的。

师：小朋友们，杯中的塑料管已插好了，如果嘴不能接触塑料管，怎样才能利用塑料管喝到杯中的东西？

（幼儿回答不出时可提示：用食指按住插在杯中的塑料管管口，提起塑料管放在嘴上方，然后松开食指）

师：办法找到了，下面按橘汁、牛奶、水的顺序尝一尝，把尝到的味道依次说出来。

生：橘汁酸甜，牛奶是甜的，水无味。

师：小朋友们品尝后都说水没有味道，说明大家又发现了一个有关水的秘密——水是无味的。

四、小结

师：小朋友们，通过实验观察和切身体验，我们已发现了水无色、透明、无味的特性，下面我们一起做有关水的游戏。（略）

评析：该案例中教师遵循教育家杜威"做中学"的理论，以制作、品尝饮料为线索，以幼儿的探究活动为载体，以合作、操作、观察、分析、探索、综合、交流等为基本方法，把幼儿学习的过程设计成不断提出问题、不断分析问题、不断解决问题的过程，设计成指导幼儿主动向问题挑战、向自己的智慧挑战、展示自己的聪明才能、体验学习是一种快乐的过程。幼儿在操作观察中获得知识，在自身的探索实践活动中获得知识、提高能力，真正成为课堂的主人。该案例告诉我们，在贯彻主体活动性原则时要注意以下几点。

第一，在课程内容上，要选择与幼儿生活密切相关的内容，搭建课本内容与现实生活的桥梁。只有这样，才能打通书本知识和幼儿生活世界的界限，调动幼儿的主动性、创造性，才能利用或开发幼儿生活经验和学习经验中的教育资源，使幼儿的认知更上一层楼。

第二，在教学方式方法上，要改变传统"注入式""填鸭式"教学为启发式、发现式教学，采取引导幼儿主动发现的教学方式，在教学中创造条件，让幼儿主动去探索、去观察、去发现、去思考、去交流，充分调动幼儿学习的自主性、主动性。

第三，在教学组织形式上，要打破传统的单一的班集体的教学组织形式，采取集体组织学习、小组合作学习、个人体验学习的组织形式，即多向互动的教学组织形式，充分发挥幼儿学习的积极性和主动性，使教学活动充满生命的活力。

第四，在教师角色上，要改教师是传授知识的权威者为幼儿平等的合作者，改教师是知识的传递者为幼儿学习的促进者、引导者和组织者。

第五，在教学关注点上，要由重知识传授转向重能力发展，由重教师教转向重学生学，真正实现幼儿在教学活动中的主体地位，教学的关注点应是幼儿能力的培养和提高，应是幼儿终身的发展。

第七节　科学发展性原则

科学发展性原则，一是指向幼儿传授的知识、观点、技能等应该是正确的、准确的；二是指设计的教育活动要符合幼儿的认识规律，使幼儿从现有的水平向"最近发展区"发展，能够促进幼儿个性的全面发展，为幼儿的终身发展奠定坚实的基础。

新课改的根本理念是一切为了幼儿的发展，幼儿的发展包括知识、技能、情感、价值观等方面的发展以及幼儿个性的充分发展。教学是认知、情感交流的过程，更是学生生命成长、发展的过程。因此，教师要用科学发展的眼光设计教学活动，不论是教育活动目标的确立、活动内容的选择、活动形式的设计、活动方法的运用、活动结构的安排，还是活动环境的创设等，都要注重引导幼儿积极主动地学习，注重挖掘教学内容中知识的、情感的、智力的、价值观的等有利于幼儿科学发展的因素，让幼儿参与到教学中来，与教师共研讨、共探索、共提高、共发展。在设计教学时，教师要注意以下几个问题。

一、教师要"目中有人""心中有人"

教师要关注每一个幼儿的健康成长，发现每一个幼儿的个性特长，并不失时机地给予幼儿关照和引导，使每个幼儿都学有所得、学有所长。

例如，在教唱歌曲《大红花儿送给谁》的活动中，可向不善于表达、胆小的幼儿提问"老师带来了什么""你想把大红花儿送给谁"；可让善于思考、善于表达的幼儿回答"为什么要把大红花送给爸爸妈妈"；可让普通话标准、语言流利、语气亲切的幼儿给全体幼儿朗诵或领读歌词；可让有歌唱天赋的幼儿清唱儿歌；可让有表演才能的幼儿表演歌曲内容。总之，要关照每一个幼儿，使其学有所得、学有所长。

二、挖掘并合理利用资源实施教学

挖掘课程中和课程实施中的智力资源，使之成为促进幼儿发展的物质文化和精神文化，就是要充分利用一切可利用的教育资源，培养幼儿的注意力、观察力、思维力、想象力、记忆力、语言表达能力和创造能力等。

例如，在《聪明小猴子》的教学中，教师这样启发幼儿：你们看四只小猴子搬运的是什么东西？（桌子）来到什么地方？（树林旁）这时天气有什么变化？（下雨）雨这么大，四只小猴子该怎么办？（躲在桌下、躲到树下、跑回家……）

这样启发引导幼儿，不但培养了幼儿的注意力、观察力，更重要的是培养了他们思维的敏锐性和发散性。

再例如，在艺术教育活动中，可组织幼儿从剪好的正方形、三角形、圆形、半圆形等图形中，选出合适的图形，拼贴组合成想象中的新形象。通过这样的活动，不但可以提高幼儿的动手能力，而且还能发展幼儿的想象力和创造力。

挖掘课程中和课程实施中的非智力资源，就是要充分利用课程中的一切可利用的资源，不断激发幼儿对生活、对学习的兴趣，丰富幼儿的情感，端正幼儿的态度，提高幼儿的自信心，锻炼幼儿的坚强意志，培养幼儿的良好性格品质。例如，教师可利用周围的环境和课程资源引导幼儿接触生活、观察生活、参加各类活动，并体验由此产生的愉快情绪，从而激发幼儿对周围世界的兴趣；可利用教育活动中的文学作品、艺术作品等资源，陶冶幼儿的道德情操，增强其理智感和美感，不断促进幼儿身心的健康发展。在日常生活、学习、锻炼活动中，教师要根据实际，有意识地培养幼儿坚强的意志，高度的责任感，吃苦耐劳、勇于奉献的精神，勤奋努力、虚心好学的品质等。在各类活动中，教师要尊重幼儿提出的合理要求，对幼儿取得的点滴进步及时给予表扬鼓励，这将有助于幼儿自信心的培养。自信心是一个人对自身的认识和估计，培养幼儿的自信心对幼儿一生的发展非常重要，作为教师，要对此高度重视。

三、精心创设教学情境

（一）将静态的知识转化为动态的问题

例如，将静态的儿歌《白天真热闹》设计成有序的动态问题和有序的动态图片相结合的教学活动，案例如下。

师：（出示月亮图）你们看西边的天空挂着什么？（月亮）月亮落山了，东方的天空谁出来了？（太阳）

师：（出示太阳图）太阳出来了，灿烂的阳光会照耀在地面上哪些动植物身上？

师：（出示地面动植物图）你们看，阳光都照在谁的身上？（动物、植物）它们还在睡觉吗？（没有）在干什么？（幼儿给出各种答案）白天是不是同夜晚一样静悄悄？（不是，夜晚静悄悄，白天吵闹、热闹）

师：（小结说儿歌）太阳出来了，花木随风摇。小鸟喳喳叫，蝴蝶把舞跳。小朋友，上学校，白天真热闹。

（二）将完整的问题转变成有缺陷的问题

例如，在"认识空气"的教学中，教师可将"人每时每刻都离不开空气"的问题，设计成"人每时每刻都能离开空气"，然后让幼儿讨论这句话对不对。又如，在美术课"小鱼吐泡泡"的教学活动中可提问"小鱼怎么从尾巴里吐出了许多泡泡"，设计这样有缺陷的问题，更有利于幼儿思考观察。

（三）将顺利的条件变成有困难的条件

例如，在"水的认识"的教学中，将直接能喝到杯中水的条件，改变为"嘴巴不接触杯子，怎样才能喝到杯中的水""瓶中已插上吸管，但口不能接触吸管，怎样才能利用吸管喝到杯中的水"。

通过创设一些对提升智慧和锻炼意志有挑战性的教学情境，激发幼儿热烈讨论、积极探索和大胆实践创新的激情，使教学活动充满生命的活力。

四、充分考虑幼儿的接受能力

在教学活动设计中，教师应注意设计要符合幼儿的认识规律，要注意由浅入深、由易到难、循序渐进地进行教学活动。

例如，引导幼儿理解"一个个碧绿的黄瓜"这句话，"一个个"和"碧绿"是幼儿不太好理解的词语。教师可这样设计活动：小朋友们，看地里有什么？（黄瓜）地里是一个黄瓜吗？（好多、许多、一个个……）黄瓜是什么颜色的？它的叶子呢？（绿色）黄瓜同叶子相比，谁的绿色浓？谁的绿色淡？（黄瓜的颜色浓）

之后教师讲解：像黄瓜一样比较浓的绿色叫"碧绿"，所以我们说黄瓜是"碧绿的黄瓜"。最后教师领读语句。

五、传授的观念、知识、技能应准确

虽然传授给幼儿的知识是初步的、浅显的，但教师对知识的介绍、说明、讲解、分析、举例等必须准确且通俗易懂，以利于幼儿形成科学的概念。

六、合理安排活动时间

由于幼儿神经系统易兴奋也易疲劳，因此，在设计活动时要科学合理地安排幼儿的活动时间、活动强度，不仅在每日活动中要注意动静交替，在同一个活动中也要注意采用多种方式有动有静地开展，避免幼儿过于疲劳，影响其身心健康。

第八节　注重过程性原则

淡化结论，注重知识发生、发展的过程，是现代教学论的基本主张，也是现代教育活动设计的原则之一。

例如，科学语言综合活动课"大白鹅"。

一、激发兴趣

师：小朋友们好！今天，有一只可爱的小动物想和大家一起玩游戏，你们想和它一起玩吗？

二、观察夸奖大白鹅

师：（多媒体出示大白鹅游泳的情景图）这是谁呀？（大白鹅）你们喜欢吗？（喜欢）大白鹅要和大家玩猜谜语的游戏，要考考小朋友们，你们有信心回答白鹅提的问题吗？

师：大白鹅问大家，它和鸭子比较，谁长得漂亮？（大白鹅漂亮）它哪儿长得漂亮？（身子）胖胖的身子像什么？（船）身上穿什么颜色的衣服？（白色）白得像什么？（雪）脑袋是什么形状的？（圆的）眼睛呢？（圆的）嘴巴呢？（扁的）头上的帽子是什么颜色的？（红色）帽子红得像什么？（火焰）长长的脖子像什么？（水管）

师：（小结夸白鹅）大白鹅，都喜欢，雪白的袍子真好看，胖胖的身子像小船，长长的脖子像水管，小小的脑袋圆又圆，圆圆的眼睛亮闪闪，头上的帽子红艳艳，红红的嘴巴扁又扁。

师：大白鹅最爱什么活动？（游泳）游泳时用什么来划水？（小脚）两只小脚是什么颜色的？（红色）谁能学学白鹅走路的样子？（幼儿学）大白鹅最爱吃什么？（青草，鱼虾）会唱什么歌？（鹅鹅鹅）在地面走路是什么样子的？（一摇一摆的）大白鹅能帮主人干什么？（看门）

师：（小结夸白鹅）大白鹅，爱游泳，红红的脚掌拨清波，爱吃小鱼和小虾，爱唱的歌是鹅鹅鹅，走起路来摇身子，看家护院最忠诚。

（教师总结并引导幼儿完整说儿歌《大白鹅》）

三、猜谜语

师：小朋友们，大白鹅听了大家夸奖它的儿歌非常高兴，它已来到了我们的教室，想见它吗？（出示充气塑料玩具白鹅）我们一起鼓掌欢迎大白鹅！

师：（佯装询问玩具白鹅）你今天来要和小朋友们玩什么游戏？原来要和大家玩猜谜语游戏。你们愿意吗？

（介绍玩猜谜语游戏的规则，全体幼儿拍手小声说两遍儿歌："大白鹅，欢迎你，我们一起猜谜语。"同时教师拿着充气塑料玩具白鹅按顺序和幼儿玩握手游戏。两遍儿歌说完后停止握手，教师出一则谜语，先让最后握手的幼儿猜谜底，再让其他幼儿猜，并且问为什么这样猜，然后公布谜底，游戏继续进行）

四、谜语提示

1. 身穿白袍子，长个长脖子，头戴红帽子，走路摇身子。

2. 脑袋圆圆的，眼睛亮亮的，全身白白的，嘴巴扁扁的。

3. 羽毛白白雪一般，身子胖胖像小船，脖子长长像水管，帽子红红像火焰。

4. 喜爱吃鱼河中游，喜爱唱歌鹅鹅鹅，喜爱戴帽红似火，喜爱干净穿白袍。

5. 全身白白的，脖子长长的，两脚红红的，游泳快快的。

评析：该教学案例改变了传统灌输式的教学儿歌模式，采取了先谈话激趣引出大白鹅形象，再全面、细致、有序地观察大白鹅，进而小结夸奖大白鹅，最后总结朗读儿歌《大白鹅》这种启发式的教学模式。猜谜语是巩固知识、开发智力的有趣活动，该教学案例同样改变了以前教师先念谜面，再让幼儿猜谜底，然后公布答案、解释谜语的活动模式；采取了在幼儿全面掌握谜底对象鲜明的特征、习性后，再通过游戏的方式组织幼儿开展系列猜谜语活动，取得了幼儿参与兴趣浓、猜谜语成功率高的教学效果。该案例活动设计，注重的是知识发生过程和幼儿认知过程，注重的是幼儿学习兴趣的激发，注重的是幼儿学习能力的培养，实现了教学结论和过程的统一、教学过程和方法的统一，落实了注重过程性的原则。

现代教学区别于传统教学的一个显著特征就是过程重于结论。传统教学的误区就在于重传授结论，轻过程探究，这是一条抹杀幼儿创造性的所谓捷径，它从源头上分离了知识和智力的内在关系，阻碍了幼儿的思考和个性发展，把教学过程庸俗化为学生机械的听讲和记忆。这是对幼儿智慧发展的阻拦。重过程，在于让幼儿会学，重在让幼儿亲自体验知识的发生、发展的过程，掌握学习方法，主动探究知识。让幼儿明白"为什么是这样""这是怎么来的"，让幼儿体验到学习成功的乐趣，增强幼儿学习的内在动机，对幼儿的意志品质培养也是很好的途径。

第九节　课程开放性原则

新课改在课程理念上主张课程是开放的。课程的开放性是指课程内容的开放性、课程目标的开放性、课程实施的开放性。

现代课程建设是以儿童个体的知识、经验和生活世界为背景的，有一定的个体性特点，因此课程的内容会随着不同的教学环境和教学进程的不同阶段而创生，具有生长性。

课程标准规定的课程目标作为一般要求，具有普遍性、基本性特点，但随着课程的实施和过程的开放，课程目标又有它的超越性和不确定性。

现代教学过程的多样性、教学组织形式的多样化以及灵活多变的学习方式、立体交叉的信息传递方式等，都决定了幼儿教育教学活动实施的开放性。

例如，大班音乐课——教唱《小雨沙沙沙》。

一、教唱歌曲《小雨沙沙沙》

1. 春天的雨。

师：小朋友们，现在是什么季节？（春天）你们看今天的天怎么啦？（下雨了）

师：（多媒体出示乌云图）春天的天空布满了什么？（乌云）天要发生什么变化？（下雨）是大雨还是小雨？（小雨）

师：我们一起看一看春天到底下的什么雨。（多媒体出示下雨情景图）下的什么雨？（小雨）你们听，小雨落在地上发出怎样的声音？（沙沙沙）

师：（小结）小雨小雨沙沙沙。

2. 春天的种子。

师：谁最喜欢"沙沙沙"的春雨呢？

（组织幼儿交流讨论）

师：（多媒体出示下小雨时地下种子对话图）是谁最喜欢"沙沙沙"的小雨？（种子）为什么？（要发芽）"沙沙沙"的小雨下个不停，种子的心情怎样？会说些什么话？

师：（小结）哎呀呀，雨水真甜，哎呀呀，我要发芽。

3. 教唱歌曲。

师：（启发欣赏）小朋友们，有一首歌唱春天小雨和种子的歌曲，名叫《小雨沙沙沙》，你们想听吗？

师：（范唱歌曲第一段）小雨小雨沙沙沙，沙沙沙，种子种子，在说话，在说话，哎呀呀，雨水真甜，哎呀呀，我要发芽。

（在教唱歌曲时，有一位幼儿提出："老师，种子发芽后，长大了没有？"一石激起千层浪，好多幼儿相继喊"我家种的向日葵都开花了""我家……"教师随机安排幼儿回家后，请父母帮助了解种子发芽后生命的历程）

二、种子生命的历程和雨水的情感

1. 复习歌曲。

师：（复习歌曲）上节课我们学习了歌曲《小雨沙沙沙》，现在我们用最好听的声音再唱一遍，好吗？

师：（启发提问）谁最喜欢"沙沙沙"的小雨？（种子）为什么？（要发芽）你们谁知道种子发芽后是怎样长大的？（幼儿回答）想看种子发芽初期长什么样子吗？（想）

师：（多媒体出示幼苗图）种子发芽后，长出地面的小苗有几片叶子？（两片）种子发芽后长出地面的小苗叫幼苗。

师：幼苗喜欢"沙沙沙"的小雨吗？（出示下雨时幼苗对话图）下雨时幼苗之间会说什么话？

（幼儿学唱创编的第二段歌曲：小雨小雨沙沙沙，沙沙沙，幼苗幼苗，在说话，在说话，哎呀呀，雨水真甜，哎呀呀，我要长大）

2. 教师用以上方法指导幼儿创编学唱以下几段歌曲。

第三段：小雨小雨沙沙沙，沙沙沙，青苗青苗，在说话，在说话，哎呀呀，雨水真甜，哎呀呀，我要开花。

第四段：小雨小雨沙沙沙，沙沙沙，花儿花儿，在说话，在说话，哎呀呀，雨水真甜，哎呀呀，我要抱娃。

第五段：小雨小雨沙沙沙，沙沙沙，果实果实，在说话，在说话，哎呀呀，雨水真甜，哎呀呀，我要回家。

评析：在大班歌曲《小雨沙沙沙》的教学中，教师通过创设直观、真实的小雨与种子对话的情境，感染了幼儿，激活了幼儿的思维。当幼儿提出"种子发芽后长大了没有"的问题后，该教师敏锐地意识到这是幼儿的兴趣点，更是知识的增长点，及时安排幼儿课后了解种子的生命历程。在第二节课的活动中，该教师继续发挥现代多媒体的作用，直观、形象、生动地展现了幼苗、青苗、花儿、果实和小雨对话的真实情境，营造自由、开放、宽松的学习情境，引导幼儿展开想象的翅膀，续编了四段新歌词，使课程内容更加丰富完美。

该案例说明现代教学实施的基本途径是开放的，因此，教师在设计课堂教学活动时，要充分考虑师生互动、多感官参与、灵活多变的学习方式，以及用立体教学传递信息的多种教学组织形式，营造一个宽松、和谐、师生身心愉悦的气氛，使幼儿的心态和思想不受拘束，保持自由与开放状态，让幼儿自由自主地实现开放性的"意义建构"，让生命展开想象与思考的翅膀，去学习，去探究，实现自身生命的价值。教师还要加强对幼儿开放性思维的训练，培养幼儿敢于质疑、勇于探索、不迷信权威的意识。

第十节　情境体验性原则

情境体验性原则是指教师要善于创设贴近现实生活、直观、生动有趣的教学情境，使其作用于幼儿学习的心理过程，促进幼儿产生积极的内在体验，改善幼儿的一些不好的学习态度与学习行为，为幼儿创造获取成功的条件和机会，让幼儿获得丰富而有益的生命体验。以愉悦的学习促成学习的愉悦是贯彻这一原则的准则。

例如，大班数学活动课"5的加法"的教学片段。

师：小朋友们好！秋天里田野的景色特别美丽，我们一起去秋天的田野里玩一玩，好不好？

（激发情趣，引起注意）

师：（多媒体呈现出秋景图）你们看，秋天的田野景色怎么样？（引导幼儿整体观察）哪些景物很美丽？（果树、白云、高山、小河、花朵……）

师：距我们最近的哪个景物最美丽？（大树）为什么说这棵大树最美丽？（树冠很大，叶子绿，身子粗，结了许多苹果，树上有小鸟……）

师：这棵美丽高大的果树的形状，像生活中见到的什么东西？（伞，蘑菇）

师：像蘑菇一样的果树上结了许多圆圆的苹果，它们的颜色一样吗？（不一样）都有什么颜色？（绿色、红色）绿色苹果有几个？（2个）红色苹果有几个？（3个）树上一共结了多少个苹果？怎样计算出呢？（2+3=5）

（教师引导幼儿进行细节观察、分析推理、列式计算、表达）

师：（领读）2 加 3 等于 5。

师：小朋友们都说大树上的小鸟也很美丽，（引导注意）树上有几只小鸟？（3 只）3 只小鸟在树上干什么？（飞、叫）表情怎样？（高兴地看着天空）为什么高兴地看着天空？

（教师引导幼儿在观察的同时，让他们根据情境，联系生活经验，进行思考、想象、表达）

师：（多媒体呈现飞来的两只小鸟）你们看，为什么树上的 3 只小鸟高兴地看着天空？（生答略）飞来了几只小鸟？（2 只）树上原来有几只小鸟？现在一共有多少只小鸟？怎样计算？

（引导幼儿进行观察分析，推理计算）

师：通过观察美丽的果树，我们学习了两道和等于 5 的加法题。在秋天的田野里除了这棵美丽的果树外，还有什么美丽的景物？（云、山、大白鹅、花儿……）

（教师通过谈话，引导幼儿注意并继续观察、思考、表达）

师：好多小朋友都说大白鹅非常美丽，大白鹅在干什么？（散步、赏花、找伙伴……）

师：有的小朋友说大白鹅在找小伙伴，它的小伙伴在哪里？老师怎么没看到？（小伙伴藏起来了）藏起来的小伙伴都有谁？（大象、老虎、兔子、小熊）你是怎样知道的？（看见了大象的鼻子，老虎的尾巴……）

（教师继续引导幼儿观察、分析、思考、表达）

师：小河边，一只白鹅在寻找小伙伴，有几只动物藏起来了？一共有多少只小动物在玩捉迷藏游戏？（略）

评析：在该案例中，教师运用绘画和多媒体技术将枯燥的"和为 5"的加法运算过程融入秋天的景物之中，将真实的生活情境直观地呈现在幼儿的面前，创设了符合幼儿心理认知特点的学习情境，极大地调动了每一位幼儿的学习兴趣。在教师的指导下，幼儿在生活化的情境中，积极主动地感知数量之间的关系，学习"5 的加法"，同时幼儿的注意、观察、思维、想象、表达、分析、判断等能力也得到发展。

该案例说明，情境体验式的教学活动更能创造出良好的学习情境。因此，为每一个幼儿提供和创造成功的机会，使他们以愉悦的学习促进学习的愉悦，进而改善学习的态度与行为，激发其对学习的兴趣，显得尤为重要。在教学中，教师要精心设计教学情境和体验情境，让幼儿积极参与到教学活动中来，获得成功的体验或经历挫折与失败的考验，为幼儿的终身发展奠定坚实的基础。

总之，科学的幼儿园教育活动设计必须恪守以幼儿为本的活动设计理念，遵循思想性、直观性、趣味性、启发性、渗透性、艺术性、整体性、主体性、发展性、过程性、开放性、体验性的原则。只有这样，幼儿才会在教育活动中，充分发挥主体的主动性、积极性作用，教师也能真正成为幼儿身心和谐发展的促进者。

○ 第九章

幼儿教育活动的
导入法与导学策略

富有艺术感、情趣性、针对性、精彩性的导入活动，就好像磁铁一样，可迅速吸引幼儿的注意力，把幼儿分散的思维聚拢起来，激起他们强烈的学习兴趣和求知欲望。

第一节　幼儿教育活动的导入法

　　导入，是教育活动开始时，教师引导幼儿进入学习探究活动的组织方式。导入是教育活动的第一个环节，对整个教育活动的开展起着非常重要的作用。常言道："良好的开端是成功的一半。"富有艺术感、情趣性、针对性、精彩性的导入活动，就好像磁铁一样，可迅速吸引幼儿的注意力，把幼儿分散的思维聚拢起来，激起他们强烈的学习兴趣和求知欲望，使其情趣盎然，能全身心、主动地投入到活动中去。同时，好的导入设计也能激活幼儿的思维，启发幼儿积极思考。

一、开门见山导入法

　　例如，中班散文欣赏活动课"美丽的秋天田野"的导入设计。

　　1. 师：小朋友们，我们一起去田野欣赏秋天美丽的景色好不好？

　　2. 师：（出示秋景图）你们看，秋天田野的景色怎么样？哪些景物很美丽？

　　活动开始时，教师开宗明义，直截了当地提出活动的具体要求和任务，把幼儿的注意力迅速集中到活动内容中来，这种方法叫开门见山导入法。

二、演示导入法

　　例如，科学教育活动课"摩擦生电"的导入设计。

　　1. 谈话：小朋友们，今天老师给大家表演一个魔术，想看吗？

　　2. 演示：教师用绸布包住尺子，一边用力摩擦一边说："我把尺子与绸布来回用力摩擦一会儿，然后用尺子靠近桌子上的彩色纸屑，会发生什么事情呢?"说着,将尺子摩擦的一端靠近纸屑,彩色的纸屑一下子就被吸附到塑料尺子上去了。"小朋友们,为什么纸屑会跑到尺子上去呢?你们想玩这个魔术吗?"

活动开始时,利用实物或直观教具,向幼儿做示范性的演示(实验),使幼儿通过观察,先获得对活动内容的感性认识,然后自然地过渡到让幼儿自主参与到探究活动中去的方法,就是演示导入法。

三、谜语导入法

例如,健康教育活动课"白白的牙齿"的导入设计。

一、猜谜语引出牙齿概念

1. 谈话:小朋友们,我们一起猜一个与"口"有关的谜语好吗?

2. 谜语:口中的小人硬又白,整整齐齐站两排。人说话时把门看,人吃饭时嚼饭菜。

3. 谜底是什么?为什么?

二、观察牙齿

1. 谈话:小朋友们都有两排牙齿,你们先用小镜子看一看自己的牙齿好吗?

2. 引导观察牙齿。(略)

先组织幼儿猜与主题活动相关的谜语,然后利用谜底导入到主题活动中去的方法,叫谜语导入法。

四、直观导入法

例如,小班科学活动课"小蝌蚪找妈妈"的导入设计。

一、导入活动

1. 谈话:小朋友们,我们一起看动画片好吗?

2. (多媒体播放小蝌蚪游泳的画面)春天来了,温暖的阳光照耀着大地,一群小蝌蚪快乐地顺着清清的小河向前游。

二、导学活动

师：小朋友们，谁在小河里快乐地游来游去？（小蝌蚪）小蝌蚪顺着小河游来游去要去干什么？（找妈妈）

师：小蝌蚪的妈妈是谁？（大青蛙）好，我们一起陪着小蝌蚪帮它们找妈妈，好吗？

师：（多媒体播放小蝌蚪与小金鱼对话的情景）小蝌蚪在找妈妈的路上首先遇到了谁？

在本案例中，教师在教育活动开始时，通过多媒体影像展示了小蝌蚪在水里的直观、真实的生活状态，一下子调动了幼儿观察学习的积极性和主动性，为教育活动的开展做好了铺垫。在活动开始时，通过让幼儿看多媒体影像或观看实物、标本、图片等方式吸引幼儿兴趣，提出问题，创设活动情境的方法，就是直观导入法。

五、游戏导入法

例如，数学复习活动课"5以内的数"的导入设计。

1. 激趣谈话：小朋友们，上节课我们学会了关于5个小手指的游戏，现在我们一起用右手玩一遍游戏好吗？

2. 手指游戏：一个手指点点，两个手指剪剪，三个手指弯弯，四个手指叉叉，五个手指开花。

3. 复习5以内的数。

师：小朋友们，你们的手指游戏玩得非常好，数一数你们右手上共有几个指头？左手上共有几个指头？

师：小朋友们，你们数得非常棒，老师今天带来了许多不同颜色、不同形状的玩具，你们分别帮老师数一数好吗？

通过引导幼儿玩与主题活动相关的游戏，并利用游戏自然地过渡到主题活动中去的方法，就是游戏导入法。

六、物品导入法

例如，故事活动课"小乌龟晒太阳"的导入设计。

1. 谈话：（出示小乌龟玩具）小朋友们，看谁来啦？你们喜欢吗？

2. 谈话：小乌龟也非常喜欢小朋友们，今天他要给我们讲述《小乌龟晒太阳》的故事，想听吗？

利用教学中所需的教具或物品激发幼儿兴趣，并利用教具或物品引导幼儿积极主动地参与到主题活动中去的方法，就是物品导入法。

七、问题导入法

例如，科学活动课"好喝的饮料"的导入设计。

一、问题激趣

1. 谈话：小朋友们，你们口渴时最想喝什么饮料？（汽水、橘汁……）

2. 谈话：你们想喝自己亲手制作的饮料吗？

二、制作饮料

（略）

直接向幼儿提出需要思考回答或解决的有趣问题，并利用幼儿的答案内容把幼儿引入到主题活动中去的方法，就是问题导入法。

八、歌曲导入法

例如，美术活动课"美丽的大公鸡"的导入设计。

1. 激趣谈话：小朋友们都爱唱歌，上课前我们用最好听的声音一起唱《美丽的大公鸡》这首歌曲好吗？

2. 教师教唱《美丽的大公鸡》。

3. 导入：小朋友们唱的是什么歌曲？你们的歌声甜美动听，草地上的大公鸡听了非常高兴，也来到了我们的教室，想见吗？（出示公鸡标本）

4. 观察：这只大公鸡长得怎么样？（美丽）为什么说这只大公鸡非常

美丽呢？（红红的冠子，圆圆的眼睛，油亮的脖子……）

5. 点题：小朋友们已观察了这只美丽的大公鸡，大公鸡希望我们班的小朋友们能画出更漂亮的大公鸡，你们有没有信心画好？（教师指导幼儿画公鸡）

唱与主题相关联的歌曲，并利用歌曲中的歌词内容引导幼儿自然地进入到主题活动中去的方法，就是歌曲导入法。

九、悬念导入法

例如，故事活动课"小鸭子和大狐狸"的导入设计。

一、激趣导入

师：（出示小鸭子和大狐狸玩具）小朋友们，看谁来啦？

师：如果它们俩在小河边相遇会发生什么事？（大狐狸把小鸭子吃掉）

师：其实是小鸭子把大狐狸给消灭了，想知道为什么吗？

二、理解讲述故事

（略）

本案例中，教师先出示大狐狸和小鸭子玩具，利用幼儿已有的生活经验，使其得出大狐狸吃掉小鸭子的推断，然后告诉幼儿故事的真正结果是小鸭子把大狐狸给消灭了，使幼儿处于惊异之中。将幼儿的好奇心调动起来，从而使其产生强烈的求知欲望的方法，就是悬念导入法。

十、经验导入法

例如，科学活动课"好吃的蔬菜"的导入设计。

一、提问导入

师：小朋友，谁能告诉大家你都吃过哪些蔬菜？

师：今天老师带来了许多常见的蔬菜，你们想看吗？

二、认识蔬菜

（略）

　　教师利用幼儿已有的知识经验，在启发幼儿联想的基础上导出活动内容的方法，就是经验导入法。

　　在幼儿园的教育活动中，除了上面所举的导入方法外，还有温故知新导入、说歌谣导入、猜想导入等多种导入方法。由于教学活动是情境性的活动，具有不可重复、不可照搬的特性，因此在实际教学活动中，以上导入方法只能作为参考，教师可结合幼儿的实际情况创造性地运用以上导入方法，也可创造出更符合自己教学风格的新的导入方法。但不论采用什么导入方法都必须遵循以下原则。

　　第一，突出导语的简洁性。

　　第二，服务教学的目的性。

　　第三，追求导入的趣味性。

　　第四，符合内容的科学性。

　　第五，强调运用的灵活性。

　　第六，落实对幼儿的启发性。

第二节　幼儿教育活动的导学策略

　　导学，是指在教学活动中，教师引导学生自主学习。导学策略是指教师组织指导幼儿自主学习的方法。方法是人类跨越知识海洋的渡船，是人类翱翔知识天空的翅膀，而导学策略则是取得最佳教育教学效果的金钥匙和捷径。在教育教学活动中，教师能否实现或超越预期的教学目标，很大程度上取决于教师所采取的导学策略是否有的放矢、切合实际，是否科学而充满智慧。导学得当，可起到四两拨千斤、一石激起千层浪的功效，幼儿参与活动的兴趣会更高，收到的教育教学效果会更好。

　　导学的策略虽然各种各样，并随着时代的发展而日新月异，但也有其规律性和科学性特点。在优化幼儿活动过程、挖掘幼儿潜能、张扬幼儿个性、全面提高教师教育教学质量等方面，各种策略都发挥着不可替代的作用。

一、谈话导学策略

谈话导学策略是指在教学活动中，教师根据教学任务和目标，引导幼儿运用已有的知识和生活经验，有目的、有步骤地提出启发性的问题，指导幼儿在主动探究、独立观察思考、相互交流中获取知识、发展能力的导学方法。

谈话是由问和答两部分组成的，因此谈话导学策略也叫问答导学策略。

例如，大班语言活动课"奶奶过生日"的导学过程。

一、谈话激趣

1. 准备：活动开始前，播放歌曲《祝你生日快乐》。

2. 教师提问：小朋友们刚才听到的是什么歌曲？你们在什么时候唱这首歌？（过生日）你们家里都为谁过过生日？怎样过的？我们幼儿园有位小朋友叫李小花，她的家人今天正在为自己的亲人过生日。小花的家人在为谁过生日，你们想知道吗？

二、谈话点题

1. （教师出示挂图）谈话：哪位是李小花？其他几个人都是李小花的什么人？（爸爸、妈妈、爷爷、奶奶）全家人在为谁过生日？（奶奶）为什么？（奶奶在生日蛋糕前许愿）

2. 点题：有一首儿歌叫《奶奶过生日》，你们想学吗？

三、谈话指导，理解儿歌内容

1. 师：奶奶过生日，家里其他成员是不是和奶奶一样也坐在桌子前吃东西？他们都在干什么？（在忙着做饭、端菜）

（小结儿歌第一句："奶奶过生日，全家都在忙。"）

2. 师：妈妈忙着干什么？（炒菜）炒的什么菜？（鱼片）你是怎么知道的？（炒锅里有鱼头、鱼尾）爸爸忙着干什么？（端菜）端的什么菜？（鸡汤）你是怎么知道端的是鸡汤的？（碗里有鸡腿）这鸡汤会是谁做的呢？为什么有的小朋友说是爸爸做的？（因为爸爸非常爱自己的妈妈，亲自做菜献爱心）

（小结儿歌第二句："妈妈炒鱼片，爸爸烧鸡汤。"）

3. 师：如果你是李小花，看见妈妈、爸爸为了给奶奶过好生日，都亲自动手做菜，这时你会怎么做？（下厨房帮忙做菜）下厨之前应做什么？（洗手）

（小结儿歌第三句："我把手儿洗，也来下厨房。"）

4. 师：从挂图上看，李小花下厨房后，首先看见了谁？（爷爷）爷爷忙着干什么？（拌黄瓜）李小花看见后是怎么做的？（倒醋、放糖）爷爷和小花为什么要亲自给奶奶做菜？（爱）

（小结儿歌第四句："爷爷拌黄瓜，我加醋和糖。"）

5. 师：奶奶前面的桌子上都放着做好的什么菜？（粉丝、绿叶菜……）奶奶首先品尝的是什么菜？（拌黄瓜）你是怎么知道的？为什么首先要品尝拌黄瓜呢？（小孙女和老伴做的）奶奶品尝了拌黄瓜，脸上的表情怎么样？（笑眯眯）说明什么？（心里快乐、高兴）奶奶会说些什么？（味道香、好吃）

（小结儿歌最后两句："奶奶尝一口，脸上笑眯眯，这个拌黄瓜，味道特别香。"）

四、谈话指导练习说儿歌（详细导学过程略）

1. 教师利用图示领读儿歌。

2. 幼儿看图自己练习说儿歌。

五、谈话指导幼儿用动作表达儿歌

1. 师：小朋友们，我们已学会了儿歌《奶奶过生日》，儿歌第一句是什么？（奶奶过生日，全家都在忙）怎样用动作来表达？（左右脚踏步，同时双臂抱胸前，左右摆头各一次，然后双臂打开手向上）

2. 师：第二句歌词是什么？（妈妈炒鱼片，爸爸烧鸡汤）怎样用动作来表达？（左脚不动，右脚踏步，左手前伸，右手分别做炒菜、烧火状）

3. 第三句至第六句。（略）

4. 带动作表演说儿歌。

六、谈话指导幼儿唱儿歌

1. 师：小朋友们真能干，能带着动作说儿歌，老师还能带着动作把这首儿歌唱出来，想欣赏吗？

2. 表演唱儿歌《奶奶过生日》。

奶奶过生日，全家都在忙，妈妈炒鱼片，爸爸烧鸡汤。

我把手儿洗，也来下厨房，爷爷拌黄瓜，我放醋和糖。

奶奶尝一口，脸上眯眯笑，这个拌黄瓜，味道特别香。

七、课堂延伸

让幼儿把所学的儿歌，带着动作，回家唱给家人听。

评析：该教学案例，教师主要采用了谈话导学的策略。从案例中可以看出，谈话导学策略是指导幼儿开展学习活动时使用的最简洁的导学策略。从心理机制讲，谈话导学法属于探究性的方法。使用该策略指导幼儿学习，幼儿所获得的知识不是由教师直接提供的，而是在教师的引导下，幼儿把已有的知识经验与新发现的各种信息资源经过思维加工、重新融合后，在自我认识的基础上获得的。

使用该策略不但能激发幼儿参与活动的兴趣，集中幼儿的注意力，激活幼儿的思维，还有利于教师收集幼儿的反馈信息，找到幼儿思维中的矛盾，及时调整引导方法，提高课堂效率。

谈话导学策略中常用的提问方式有以下几种。

第一，描述性的提问，如"是什么""有什么""有谁""在做什么""是什么表情"等。

第二，判断性提问，如"是什么关系""在哪里""是什么天气""有什么不一样"等。

第三，推想式提问，如"在说什么""在想什么""结果会怎么样"等。

第四，分析性提问，如"是什么原因""你是怎样知道的"等。

第五，换位性提问，如"如果你是小兔子，会想出什么办法战胜大灰狼"。

第六，开放性提问，如"你觉得怎么样""你喜欢干什么"等。

运用谈话导学策略应注意的要点有如下几点。

第一，要在幼儿已有的知识经验基础上进行。

第二，所提的问题必须经过周密思考，要紧扣活动主题，目标明确，富有启发性、逻辑性，既要面向全体幼儿，又要照顾个别幼儿。

第三，教育幼儿注意听清问题，用响亮的声音回答，培养幼儿回答问题的积极性，培养幼儿良好的学习习惯。

第四，幼儿回答问题时教师要注意耐心倾听，并及时肯定、补充并做出明确的结论，在师生互动中鼓励幼儿大胆向教师提出质疑。

二、观察导学策略

观察是一种综合的知觉活动，是通过感觉器官感知事物或现象，主动接收外界信息的过程。观察是获得系统知识的途径，是认识世界的窗户，更是智能发展的源泉。观察导学策略是指在导学活动中，教师有目的、有计划、有步骤地指导幼儿按照观察事物的科学顺序，如由主到次、由表及里、由近到远、由整体到部分、由明显到隐蔽等观察感知客观事物的导学策略。观察导学策略是指导幼儿在观察感知中体验发现的快乐，并获得对客观事物全面深刻的认知、提高观察能力、培养观察习惯的最佳方法。

例如，大班散文欣赏课"绿色的世界"的导学过程。

一、开始部分

师：小朋友们，现在是什么季节？（夏天）你们看夏天的天空是什么颜色的？（蓝）太阳呢？（红）

师：夏天的天空特别蓝，太阳特别红，非常美丽，你们想不想看一看夏天地面上是什么样颜色的？（出示图片）

二、主体部分

1. 阅读第一段散文。

师：夏天外面的世界是什么颜色？（绿色）是不是只有一处是绿色的呢？（组织讨论并帮幼儿理解"到处"的含义）

（教师小结朗读：夏天来了，到处都是一片绿色）

2. 阅读欣赏第二段散文。

师：夏天来了，到处都是一片绿色，具体哪些地方都是绿色的呢？（田野、山上、水里）田野是绿色的，田野里哪些植物是绿色的？（禾苗、蔬菜、黄瓜）

师：地里的禾苗是什么样的绿？是不是只有这一株禾苗是绿色的？（还有许多、很多）

（讲解：许多株、好多株绿色的禾苗，就是一株株绿色的禾苗。朗读：一株株绿色的禾苗）

师：地里的蔬菜是什么样的绿？是不是只有这一棵绿色的蔬菜？

（朗读：一棵棵绿色的蔬菜）

师：地里的黄瓜是什么样的绿？黄瓜的绿色和叶子比较，谁的绿色浓？谁的绿色淡？（黄瓜的绿色浓，叶子的绿色淡）

（讲解：比较浓的绿色叫"碧绿"，所以称绿色的黄瓜为"碧绿的黄瓜"）

师：地里是不是只有一个碧绿的黄瓜？（组织讨论，并帮幼儿理解"一个个"的含义）一个个碧绿的黄瓜是粗的还是细的？（细、长）地里的黄瓜是什么样的？（组织讨论，并帮幼儿理解"又细又长"的含义）

（朗读：一个个又细又长碧绿的黄瓜）

师：小朋友，你们看了田野里一株株绿色的禾苗，一棵棵绿色的蔬菜，一个个又细又长碧绿的黄瓜，心里会怎么想？行动上又会怎样做呢？（不由得想看、闻、摸、尝）

（朗读：让人不由得想看一看、闻一闻、摸一摸）

师：小朋友们真聪明！通过观察，你们已经熟悉了散文的第二段内容，下面我们一起欣赏它。

第二段散文：田野是绿色的。一株株绿色的禾苗，一棵棵绿色的蔬菜，一个个又细又长碧绿的黄瓜，让人不由得想看一看、闻一闻、摸一摸。

（按照上面的指导方法，指导幼儿欣赏阅读第三、四、五段散文）

山上是绿色的，一丛丛爬山的小草，一簇簇低矮的灌木丛，一棵棵从石头缝里长出来的树，把大山的每一处都染上了绿色，仿佛山就是用绿色堆积起来的。

水是绿色的，一片片绿绿的浮萍，一把把绿伞似的荷叶，把一湖的水染成了绿色，一阵风吹来，满湖碧波荡漾，好像绿色的海洋。

夏天真美啊，绿得使人舒心，绿得让人眼馋，绿得使人兴奋，绿得让人难舍。

评析：该案例在指导幼儿欣赏阅读的活动中，科学地采取了由整体到部分、由明显到隐蔽的有序观察的方法，引导幼儿在观察夏天绿色田野的活动中，体验不断发现的快乐。通过观察、表达、交流、朗读等活动，让幼儿在获得知识、提高能力的同时，切身地感受到夏天的世界确实是一个美丽的绿色世界，并留下难以忘却的记忆。该活动在指导幼儿观察时，还能充分利用创设的情境采取设疑的方法，指导幼儿理解"一个个"等词的含义，并利用对比观察的方法，加深幼儿对"碧绿"一词的理解。通过朗读活动，既巩固了欣赏的内容，又培养了幼儿对朗读的兴趣。因此，该案例精细的导学艺术值得借鉴。

运用观察导学策略应注意以下要点。

第一，观察学习前，要创设观察的情境，提供观察的对象，确定观察的内容。

第二，观察学习时，教师要向幼儿提出观察目的，不断引起他们的观察兴趣，引导幼儿自始至终有目的地进行观察。（即知道要观察什么）

第三，观察学习过程中，教师要用语言和手势指导幼儿按顺序观察或用对比的方法观察，同时调动幼儿的多种感官参与观察，并有意识地在观察活动中发展幼儿的语言表达能力。

第四，观察活动中，应尽量让幼儿多看一看、听一听、闻一闻、摸一摸、尝一尝，加强对其感官的训练。

第五，观察结束时，要及时总结观察的结果，让幼儿将观察到的结果进一步条理化。

三、感官参与导学策略

夸美纽斯说过："一切都是从感官开始的，没有感官的参与就没有学习。"感官参与导学策略是指教育教学活动中，教师指导幼儿充分调动脑、眼、耳、口、手等多个感官参与认知活动，进行"全脑学习""全息记忆"的导学策略。

例如，科学活动课"认识草莓"的导学过程。

一、谈话激趣

师：小朋友们好！你们喜欢吃水果吗？（喜欢）喜欢吃什么水果？（幼儿答略）

师：老师也喜欢吃水果，今天我给大家带来了一大盘比较小的水果，（让孩子试拿）你们有什么感觉？（重）看一看是什么水果？

二、观察草莓

1. 引导观察。

师：大家看，这是什么水果？（草莓）草莓的个头怎么样？

师：草莓的"脸"什么颜色？它长得怎么样？（红红的，很好看）它的头长什么样？（比较小）头顶像什么？（小山顶）身子呢？（大又圆）全身像什么？（山包，土丘，地雷……）

师：草莓身上都是红的吗？还有什么特点？（许多小黄点）知道小黄点是什么吗？（指出小黄点就是草莓的种子，种子长在皮上面，这是草莓独一无二的特点）

师：草莓身上还有什么？（有一个小腿，就是绿色的小花把）你们喜欢草莓吗？

2. 小结说儿歌。

草莓头小肚子圆，红红的笑脸很好看。

种子长在皮上面，穿的绿裤像花瓣。

三、感知草莓

1. 引导感知。

师：小朋友们都取一个草莓，用手掂一掂怎么样？（轻）用鼻子闻一闻，草莓是什么味？（香甜）闻到香甜的草莓，心里会怎么想？（想吃）再用小手轻轻地摸一摸草莓的身子，有什么感觉？（不光滑，凹凸不平，是麻子脸……）

师：用小手捏一捏草莓有什么发现？（比较柔软、皮很薄）

（教师指出：成熟的草莓很娇嫩，平时要轻拿轻放）

2. 小结说儿歌。

手摸草莓麻子脸，手捏草莓有点软。

鼻闻草莓香又甜，心想草莓口里馋。

四、刀切草莓

1. 引导观察。

师：小朋友们从外表感知了草莓，你们想不想知道草莓的身子里都藏着什么秘密？

（指导幼儿用小刀横向或纵向分切草莓，幼儿观察并自由交流看到的草莓内部的秘密）

2. 总结知识。

小结：草莓里面都是红黄色的果肉，没有果核。果肉里储藏的都是酸甜的果汁，果肉里面有一条一条的白线，这些白线连接表皮的种子，草莓生长时靠这些白线给种子输送营养。

3. 小结说儿歌。

切开草莓成两半，红黄的果肉叫人馋。

果肉里面有白线，条条白线连外面。

五、品尝草莓

1. 引导谈感受。

师：小朋友们吃过草莓吗？它是什么味道？你们想吃草莓吗？（将剩下的草莓分给幼儿品尝）

师：请小朋友们谈一谈吃草莓的感觉。（果肉软软的，又香又甜，特别可口）

师：草莓果含有丰富的营养，吃草莓有利于健康，但吃时要洗干净，注意卫生。

师：草莓除了食用还可以做什么？（草莓果汁、草莓酸奶……）

2. 小结说儿歌。

草莓果肉酸又甜，做的食品说不完。

营养丰富味道鲜，多吃草莓体康健。

六、夸草莓

用一些好听的词语夸夸草莓。（圆圆的草莓，香甜可口的草莓……）

七、猜谜语

红果果，麻点点，咬一口，酸又甜。

八、延伸

把关于草莓的儿歌说给家人听，让家人猜关于草莓的谜语。

评析：在该案例中，教师能充分调动幼儿的视觉、触觉、嗅觉、味觉等感官参与学习活动，按照先头、再身体、后到腿，由表及里、科学的顺序对草莓进行观察。在观察活动中，幼儿不断有所发现，从草莓身上获得了生命的体验，全面深刻地认知了草莓，留下了难以忘怀的记忆。教师在活动中不但解放了幼儿的双眼，还彻底解放了幼儿的大脑、嘴巴和小手，指导幼儿在观察活动中边看边想，边做边想，让思维贯穿于学习活动中，指导幼儿在观察活动中相互交流、大胆表达，发展了幼儿的语言。特别是指导幼儿用小刀切草莓的环节，对幼儿左右小手的协调能力、眼手的协调能力的培养非常必要。脑科学研究结果证实：引导幼儿多感官参与学习活动，可刺激增强其大脑皮层各神经网点之间的联系，激发其学习的兴趣，加强其对所学内容的理解记忆，有利于培养幼儿的自学能力，促其主动发展。

运用感官参与导学策略需要注意以下要点。

第一，多为幼儿提供色彩鲜明、内容生动的多媒体画面、挂图，多展示内涵丰富的肢体语言、形式新颖的玩教具等，指导幼儿学会观察。

第二，通过提问、讲解、对话、讨论、辩论等形式，指导幼儿学会倾听和表达。

第三，通过提出启发性、新颖的问题，让幼儿的思维贯穿于各种学习活动中，指导幼儿学会思考。

第四，动手操作是理解知识、发展思维的重要手段，教师要提供充足的操作材料，指导幼儿在做一做、比一比、量一量、拼一拼、切一切等活动中学会动手。

四、演示导学策略

俗话说："百闻不如一见。"演示导学策略是指在教学活动中，教师向幼儿出示实物、模型、教具等，并在语言的配合下，直观地向幼儿进行示范性操作演示的一种方法。

例如，科学活动课"扇形玩具制作"的导学过程。

一、谈话激趣

师：小朋友都非常喜欢看魔术表演，今天老师就带来了一个会表演魔术的玩具，大家想玩吗？（想）

师：（出示扇形玩具）会表演魔术的玩具像什么？（扇子）扇形玩具正面画着什么？（小鸟）小鸟在干什么？（飞）如果你是这只小鸟，会飞到哪里去？（蓝天、森林）小鸟会不会自己飞到笼子里去？（不会）

师：今天老师表演的魔术就是让这只展翅飞翔的小鸟自己飞进笼子里去，你们相信不相信？（不相信）

二、操作演示

师：（双手搓动圆形扇把，让扇子飞快地转动起来，同时提示幼儿）小朋友快看，小鸟飞到哪里去了？（笼子里）

师：（当幼儿表示难以置信时，教师一边演示，一边启发幼儿）想知道小鸟自己飞进笼子的原因吗？（激发幼儿好奇心和思考能力）

三、指导幼儿观察扇形玩具

使幼儿得知扇形玩具正反两面分别画着小鸟和方形格子——笼子。

四、启发观察

让幼儿思考扇形玩具正反两面分别画着小鸟和笼子，为什么正面的小鸟会飞到反面的笼子里？

五、直观演示

演示并讲解小鸟飞进笼子的原因是小鸟和笼子在扇形玩具转动时，分别在人的视觉中暂留印象造成的。

六、指导幼儿观察

指导幼儿观察扇形玩具的结构特点。（扇形玩具是由圆形的硬纸板和竹棍组装而成的）

七、指导幼儿自己制作扇形玩具

启发幼儿创新：扇形玩具正反两面可以画上不同的相关的东西。

八、组织幼儿演示自己制作的扇形玩具，并讲解魔术内容（略）

评析：在上面的案例中，教师三次直观演示扇形玩具，其作用不尽相同。第一次演示是为了给幼儿留下深刻的印象，激发幼儿学习的兴趣。第二次演示是为了讲解魔术的原理，消除幼儿心中的疑团，为教他们制作玩具做铺垫。第三次是让幼儿演示自己制作的玩具，讲解自己作品的创意，相互交流经验，共同分享成功的快乐。

演示的特点是易于操作，直观性强，针对性强，教学效果好。运用直观演示导学不但能激发幼儿浓厚的学习兴趣，提高他们参与活动的积极主动性，更能给幼儿留下准确、完整、优美、深刻的印象，弥补幼儿感性经验的不足，为幼儿创新学习奠定基础。

运用演示法应注意以下要点。

第一，直观演示时必须保证全体幼儿都能看清演示的对象。

第二，演示时辅以简明扼要的讲解，使演示的事物与所学的知识紧密结合。

第三，演示要技巧熟练、造型准确、程序正确、动作清楚、速度适宜。

五、对比导学策略

对比就是运用对照的手段确定事物异同关系的思维过程。对比导学策略是指在教学活动中，教师把既有某种联系又有区别的事或物放在一起，指导幼儿通过比较彼此间的相同处和不同处进行学习的方法。

例如，小班健康活动课"小小手"的导学过程。

一、玩耍激趣

师：老师今天给每位小朋友都带来了一件非常好玩的玩具，请你们听听声音，猜这是什么玩具？

（用"拍拍手玩具"发出声音，让幼儿先猜，然后发玩具，让幼儿玩耍）

二、观察小手

1. 引导观察。

师：小朋友们，你们玩得高兴吗？今天"拍拍手玩具"来到我们班，想和小朋友们比谁的小手更漂亮，谁的小手本领更大，你们有没有信心迎接挑战？

师：玩具小手共长了几只小手？（三只）三只小手长在几个手臂上？（一个）小朋友都有几只小手？（两只）你们的两只小手也是长在一只手臂上吗？（不是）都长在哪里？（一只长在左臂上叫左手，一只长在右臂上叫右手，两只小手也叫一双手）

师：玩具小手想请小朋友们帮它分辨一下，手臂上这三只小手都是什么颜色的？（红、黄、绿）小朋友们的小手又是什么颜色呢？（肉色）

师：请小朋友们数一数玩具小手红色的小手上共有几个小指头。（五个）请小朋友们伸出左手，用右手食指数一数，自己左手上共有几个小指头？右手呢？伸出两只小手用眼睛数一数，两只小手共有几个小指头？（十个）十个手指头长在手的什么地方？（手掌上）

（小结说儿歌：小朋友小朋友，都有一双小小手，一只左来一只右，共有十个手指头）

2. 引导比较。

师：请小朋友用自己的小手摸一摸、压一压玩具小手，有什么感觉？（光光的、硬硬的）再摸一摸、压一压自己的小手，有什么感觉？（柔软）看一看玩具小手和自己的小手表面上有什么不同？（无手纹——有许多手纹）比较谁的小手漂亮？（人的小手最漂亮，有手纹可以防滑）

（小结说儿歌：小朋友小朋友，都有一双小小手，小手柔软有弹性，布满手纹可防滑）

师：通过比较玩具小手，小朋友开心吗？可玩具小手还要和小朋友比小手的本领，你们愿意吗？

师：先用玩具小手拿桌子上的铅笔，然后小朋友再用小手拿铅笔，谁能拿起来？为什么玩具小手不能拿起铅笔，小朋友的手却可以拿？（教师指出：手指由三个骨节组成，可以伸缩）小朋友的小手除了能拿起铅笔，还能干什么呢？（折纸、画画、洗衣、穿衣等）玩具小手呢？（只会拍拍手）谁的小手巧、本领大？（我们的）

（小结说儿歌：小朋友小朋友，都有一双小巧手，会折纸会画画，自理生活本领大）

3. 小结：小手本领大。

三、保护小手。（略）

评析：该案例活动的主题是认识小手。如果教师单纯地引导幼儿观察自己的小手，幼儿会感到无趣。该教师根据幼儿爱玩的特点，利用"拍拍手玩具"，引导幼儿在玩中学习，在学习中玩。没有比较，就没有鉴别。在游戏中，教师能充分地利用对比的方法，引导幼儿主动地同玩具比小手，使幼儿全面地认识了自己小手的特点，并留下深刻的印象。

俄国教育家乌申斯基说过："比较是一切理解和思维的基础，我们都是通过比较来了解世界的一切。"在教学活动中，教师如果能正确地运用比较法指导幼儿学习，不但能有效地激发幼儿的兴趣，更重要的是可以帮助幼儿提高比较分析鉴赏水平，使他们获得更多、更全面的知识。

例如，小班数学活动课"谁多谁少"的导学过程。

一、谈话激趣

师：小猪和小猴为了一件事吵了起来，想知道为什么吗？（出示图片）

师：原来小猪和小猴从超市购物回家后，互看了对方的物品，都说自己买的东西多，对方买的东西少，到底谁多谁少，你们能不能帮它们比一比？

二、比较导学

师：小猪和小猴各买了些什么东西？（桃子、苹果、甜梨、气球）从购物的品种比，谁多谁少？（一样多）

师：为什么它们都说自己购的物品多？（幼儿观察、比较、交流）

师：原来小猪买的甜梨和苹果比小猴多，而小猴买的桃子和气球却比小猪多。

师：小猪买了多少个甜梨？（3个）小猴呢？（2个）谁的多？多几个？谁的少？少几个？

师：从甜梨的外部特点比较，多的梨是哪个？

师：（小结领读）小猪甜梨有3个，小猴甜梨有2个，3比2多1，2比3少1，小猪的甜梨多，小猴的甜梨少。

（用同样的方法，比较苹果、桃子、气球的多少，重点理解3比2多1，2比3少1）

三、巩固练习做游戏

师：通过比较小猪和小猴购物的多少，我们理解了3比2多1，2比3少1的知识，下面我们一起做游戏。

四、游戏举例

1. 教师说小猪桃子有2个，幼儿左手出2个小指头，同时说：我出2。

2. 教师说小猴桃子有3个，幼儿右手出3个小指头，同时说：我出3。

3. 幼儿将左手和右手所出的手指进行比较的同时说：2比3小，3比2大，2比3少1，3比2多1。

五、课堂延伸

思考：怎样才能使小猪和小猴购得的物品一样多？

评析：比较是人的思维过程中的一个重要的环节。人们认识事物时，只能通过比较才能将事物的本质特征、非本质特征区分开来，才能更准确、细致、完整地认识事物的本质特征。因此，比较是教学活动中的一种好方法、好策略。在该案例中，教师通过比较物品的种类，使幼儿理解了"一样多"的含义，又通过对比同类物品的数量，使幼儿深刻理解了 3 比 2 多 1，2 比 3 少 1，同时为他们解决课后延伸活动"怎样才能使两人购得的物品一样多"的问题铺平了道路。比较一般是先从不同点开始比较，然后比较相同点，因为事物的不同点容易被发现，而相同点要经过比较、概括才能找到，而上面所举的两例都是先比较相同点，然后比较不同点。

六、推理导学策略

推理是人们在已有知识经验所形成的判断的基础上，由一个或几个已知判断推理出一个新的概念的科学思维过程。推理导学策略是指在教学活动中，教师引导幼儿根据已获得的感知材料，进行分析、推理、判断、归纳并形成理性认识的引导方法，即引导幼儿从已知判断推出未知判断，从已知特征推出未知现象，或从已知结论推出未知结论的教学方法。

例如，小班活动课"小手绢"的导学过程。

师：（出示小手绢）小朋友们，请看这是什么？（小手绢）小手绢是什么形状的？什么颜色的？上面有什么图案？我们可以用它来干什么？（擦鼻涕、擦汗水、擦手、擦桌子）

师：如果小手绢脏了怎么办？（洗干净）谁来洗呀？（妈妈、爸爸、自己）

师：如果你自己洗小手绢，你爸爸妈妈见了会怎么样？（夸奖、点头、微笑）

师：小朋友们听了爸爸妈妈的夸奖，心情会怎样？（高兴，快乐……）高兴得像吃了什么食物一样？（像吃了蜂蜜一样、吃了糖一样……）

（教师指导幼儿学儿歌：小手绢，擦鼻涕，手绢脏了自己洗，爸妈见了直点头，我的心里甜如蜜）

再如，中班社会活动课"大家一起玩"的导学案例。

一、激发兴趣

有位和你们一样大的小朋友，叫明明，他今天特别高兴，想知道为什么吗？（出示小明抱皮球图）

二、推理导学

1. 师：明明为什么特别高兴？（拿了一个又圆又大的新皮球）这皮球是谁买的？（爸爸妈妈）为什么爸爸妈妈会给他买皮球？（表现好，老师夸他了……）他拿着皮球来到了什么地方？准备干什么？（在草地上玩耍）

（小结，指导幼儿看图讲述：明明很聪明、懂事，学习又好，爸爸妈妈都非常喜欢他，给他买了一个又大又圆的皮球；明明特别高兴，拿着皮球来到草地上玩耍）

2. 师：明明一个人来到草地上玩皮球，会被谁看见呢？（出示两位小朋友来到明明旁的图片）明明被几名同学看见了？（教师介绍：两名，一名叫亮亮，一名叫胖胖）亮亮和胖胖看见明明抱了个大皮球心里会怎么想、怎么说、怎么做？明明会怎么说、怎么做？他们玩得怎么样？

（看图讲述：亮亮和胖胖看见明明跑了过来，他俩也想玩皮球。明明说："好啊，我们一起玩。"三人围成一个圈，你把皮球传给我，我把皮球传给他，玩得非常开心）

3. 指导幼儿看图完整讲述故事。

三、组织讨论

明明为什么愿意和小朋友一起玩皮球？如果你自己有新玩具，应该怎么做？

评析：本部分所举第一例，教师按事情发展的顺序指导幼儿推理学儿歌，教育幼儿做一个人见人爱、热爱劳动的好孩子。而第二例先按事情发展的逆顺序推理皮球的来历，教育幼儿要做一个聪明懂事的孩子，然后按事情的发展顺序，让幼儿推理出明明和其他孩子共同玩皮球的情景，培养幼儿愿意和他人分享的品质。

对于叙事性的儿歌或故事，采用推理导学策略，不但能使幼儿很快理解学习内容，弄清事物发展的内在联系，全面认识事物，同时也培养了幼儿的思维能力和推理能力。

七、换位思考导学策略

换位思考是指站在别人的立场，设身处地地为他人着想。换位思考导学策略是指在创设的问题情境中，教师引导幼儿站在情境中人物的立场和角度，去观察问题、思考问题、分析问题、解决问题，开发幼儿智力的指导方法。

例如，大班语言活动课"共庆'六一'笑哈哈"的导学过程。

一、说儿歌导入

师：小朋友们，去年过"六一"我们学了一首儿歌，你们还记得吗？

（师生一起说儿歌："六一"到，"六一"到，小朋友拍手哈哈笑；"六一"到，"六一"到，小朋友唱歌把舞跳；"六一"到，"六一"到，祝小朋友生活幸福身体好）

师：今年的"六一"又要到了，小朋友们准备怎样欢度自己的节日？

（让幼儿自由交谈）

师：大家说得非常好，有位叫李小花的小朋友，她要去请外国的小朋友来中国共同欢庆"六一"儿童节，她是怎样去请外国小朋友的，想知道吗？

二、熟悉人物背景

师：（出示图片）图上有几个小朋友？哪位是李小花？为什么？另外两位小朋友是中国的孩子吗？为什么？

（教师告诉幼儿：一位是美国的小朋友，叫小妮娜；另一位是日本的小朋友，叫小樱花）

师：图上有哪些景物？（彩虹、大海、陆地）李小花站的陆地上有什么？（五角星）

（教师指出那就是我国的首都北京）

师：站在彩虹左端的是中国的李小花，站在另一端的是外国的小朋友小妮娜和小樱花，彩虹下面两块陆地之间是波涛汹涌的大海。

三、谈话引导学儿歌

师：图上最漂亮的景物是什么？（彩虹）彩虹在什么地方挂着？（天上）像什么？（桥）

（教师说儿歌：一道彩虹天上挂，好似大桥两边架）

师：如果你是李小花，你准备怎样去迎接外国的好娃娃？（坐飞机、轮船，游泳，从彩虹桥上走过……）

（教师说儿歌：我从桥上走过去，迎接外国好娃娃）

师：如果你是李小花，在桥上看见了远处的外国小朋友，应做些什么？（招手，微笑……）

师：见到外国的小朋友后，中国的小朋友李小花会用什么方式迎接外国的小朋友？（握手）为什么不用拥抱？

（教师提示：握手是中国人表示友好的一种习惯）

师：如果你是李小花，在和外国小朋友握手时，还应说些什么？

（教师说儿歌：你好，美国的小妮娜；你好，日本的小樱花，我是中国的李小花，欢迎你们到中国来）

师：李小花为什么欢迎外国的小朋友到中国来呢？（共同庆祝"六一"）共庆"六一"时是怎样的心情？（高兴）

（教师说儿歌：我们都是好朋友，共庆"六一"笑哈哈）

四、学以致用

师：小朋友们已经学会了新儿歌，如果把儿歌中的李小花换成你自己，在见了外国小朋友时，应怎样介绍自己？

（教师引导幼儿把李小花的名字换成自己的名字）

师：如果把李小花换成你自己，除了庆"六一"以外，还可以做哪些快乐的事？

（教师引导把"共庆'六一'笑哈哈"中的"共庆'六一'"换成"共同唱歌""共同学习"等。）

评析：假设法是一种研究问题的重要方法，是一种创造性的思维活动。在上面的案例中，教师连续五次运用假设的连词"如果"，引导幼儿和故事情境中的人物换位思考。我们可以感受到，运用换位思考导学策略有以下作用：一是增强了幼儿的主体意识，调动了他们的学习积极性；二是有效激活了幼儿的思维，提高了他们的学习效果；三是增强了幼儿内心的体验，使其切身感受到学习与交流的快乐；四是引导幼儿把书本知识拓展到生活中去，起到学以致用、举一反三的效果。

在教学活动中，有目的、有计划地引导幼儿在故事情境中，和故事中的人物"换位"，不仅可加深其对所学知识的理解，更重要的是可锻炼他们独立思考能力、创新能力和语言表达能力。

八、悬念导学策略

我们都知道，评书艺术家们在说评书时，通常会在最关键的情节处戛然而止，并说："欲知后事如何，且听下回分解。"这种技巧叫设置悬念，其目的是吊听众的胃口。

"惊奇和疑问是思维的开始，更是思维活跃的起点。"悬念导学策略是指教师在教学活动中，依据教材内容，根据教学目标，顺应幼儿好奇心强的心理特点，在教学内容的关键处，不将答案直接告知幼儿，而是提出引人入胜的问题，制造求果不能、欲罢不忍的学习悬念，旨在激发幼儿学习的热情，使其集中注意力，把思维调动到最佳状态，能不断深入探究学习的策略。

例如，小班健康故事活动课"吃丸子"的导学过程。

师：（示图）小朋友们，看小狗妈妈手里提的是什么？（肉）它买这么多肉准备干什么呢？（教师组织幼儿自由交流）小狗妈妈买这么多肉到底要干什么，想知道吗？

师：（示图）小狗妈妈买肉干什么？（炸丸子）炸了多少盘丸子？（四大盘）小狗妈妈为什么要炸这么多丸子？（教师组织幼儿自由发言）到底是什么原因，想知道吗？

师：（示图）原因是什么？（招待客人小猫和小蛇）狗妈妈会把第一盘

肉丸子先送给谁吃呢？（教师组织幼儿自由发言）狗妈妈把第一盘肉丸最先送给谁吃，你们想知道吗？

师：（示图）先送给了谁？（小蛇）小蛇会吃丸子吗？会怎样吃？（教师组织幼儿自由发言）到底小蛇是怎样吃的呢？

师：（示图）小蛇是怎样吃肉丸的？（一口吞下了一盘肉丸子）这样吃丸子会产生什么后果呢？（教师组织幼儿自由发言）到底产生了什么后果，想知道吗？

师：（示图）出了什么问题？（肉丸把小蛇的肚子撑得像西瓜，小蛇疼得直叫唤）看着痛苦的小蛇，狗妈妈会怎样做呢？（教师组织幼儿自由发言）究竟狗妈妈做了些什么，想知道吗？

师：（示图）狗妈妈是怎样做的？（给小蛇吃药、揉肚子）小蛇吃丸子吃出了毛病，小狗和小猫会怎样吃丸子？（教师组织幼儿自由发言）小狗和小猫到底是怎样吃肉丸子的，你们想知道吗？

师：（示图）小狗和小猫是怎样吃的？（用筷子夹起丸子，细嚼慢咽）小狗和小猫边吃肉丸还会说些什么？（真好吃）狗妈妈看着躺在床上的小蛇，再看看吃得津津有味的小狗和小猫，会说些什么？（教师组织幼儿讨论交流）

师：（小结）你今后吃东西时千万不能像小蛇一样着急，一口吞下，要像小狗和小猫一样，细细地嚼，慢慢地咽，这样不但吃得香，还能对身体有好处。听了狗妈妈的话，小蛇直点头，小狗和小猫笑眯眯的。

评析：传统讲故事活动，一般是教师讲幼儿听，幼儿以旁观者的身份接受故事，这样做往往不能引发幼儿的思考和探索，幼儿也没有机会发表意见，从而抑制了他们语言表达的兴趣，导致幼儿容易分散注意力，不能专心听讲。在此案例中，教师根据现代教育的新理念彻底地改变了灌输式的课堂教学法，以幼儿为主体，根据故事的发展多处为幼儿搭设探究交流的平台，当幼儿经过讨论得到不同答案时，教师采取设疑制造悬念的方法，将幼儿引入下面的活动中去，收到极佳的教学效果。

古人说过："学贵有疑，小疑则小进，大疑则大进，疑者觉悟之机也。"好奇和疑问是促进幼儿思维的开始，更是其思维活跃的起点。因此，作为教育工作者，在教育活动中，不仅要善于答疑，更要善于设疑，善于使幼儿"于无疑处生疑"，而制造悬念是最好的设疑方法。只有通过不断设疑、解疑的链式教学过程，才能更有效地启迪幼儿心灵，点燃幼儿智慧的火花，使幼儿产生浓厚、持久、稳定的学习兴趣，进而促进其全面发展。

九、游戏导学策略

游戏是幼儿的基本活动，是适合幼儿年龄特点的一种有目的、有意识的，通过模仿和想象，反映周围现实生活的一种独特的社会活动。游戏导学策略是指在教学活动中，教师将枯燥的学习内容转化为幼儿乐于接受且生动有趣、有规则的游戏活动来进行教学的一种方法，是一种幼儿非常喜爱的教学方式。

例如，中班综合活动课"好玩的塑料瓶"的导学过程。

一、活动准备

1. 把活动室布置成春天的景象，先用帘布遮挡起来。

2. 所需材料：废旧塑料瓶、石子、小木棍若干，水桶、独木桥、小滑梯等。

二、活动过程

1. 激发兴趣。

师：春天来了，小朋友们，我们排着队、唱着歌到公园去春游好吗？

师：（带着小朋友唱着歌来到布置好的活动室）公园到了，请下车吧！

2. 捡拾塑料瓶游戏。

师：小朋友们，公园里春天的景色怎么样？（美丽）为什么说很美丽？（草儿绿了、花儿开了……）

师：孩子们，公园的景色这么美丽，你们看那绿绿的草地上有乱七八糟的什么？（塑料瓶）是谁扔的？这样做对不对？为什么？（破坏环境）

师：小朋友们都爱护环境、讲卫生，看到这么多乱扔的塑料瓶该怎么

办呀？（捡拾）

3. 制造乐器游戏。

师：小朋友们，捡拾的废旧塑料瓶用处可大了，想一想，塑料瓶都有什么用处或怎么玩耍？

（教师组织幼儿自由探究、表达交流，教师观察）

师：好多小朋友把小石子装到瓶子里，把塑料瓶变成能发出清脆响声的乐器来玩，我们都来制作塑料瓶乐器好吗？

（幼儿自由制作，教师组织指导）

师：塑料瓶乐器做好啦，大家站成一个圆圈，一起玩打节奏唱歌的游戏好吗？

（幼儿轮流上台表演节目）

4. 浇水游戏。

师：小朋友们的精彩表演，得到远处小树的喝彩加油，它们都喊得渴了，我们用塑料瓶给它们送水喝好吗？

送水游戏：先在水桶里给塑料瓶灌满水——钻过山洞——走过独木桥——爬上滑梯——滑下滑梯——给小树浇水。

（教师鼓励幼儿说：小树你好，我给你送来了水，请快点喝）

三、结束游戏

给小树浇水后，组织幼儿把塑料瓶放到筐子里，之后和小树说再见，自然结束活动。

再如，大班联想智力游戏导学案例。

一、导入游戏

师：老师今天给你们带来了你们肯定会喜欢的小机器，想看吗？（出示相机）

师：你们看到了什么？想到了什么？（照相）好，我们今天一起玩用快速照相机拍照片、看照片的游戏。

二、拍照片游戏

师：你们都想拍什么照片？

（教师根据幼儿需求拍花儿、拍动物、拍人物等）

三、看照片联想游戏

师：（出示花儿照片）第一张照片上拍的是什么？看到了花儿你想到了什么？（花园、蜜蜂、花盆、果实……）

师：（出示小羊照片）第二张照片上拍的是什么？看到了小羊你联想到了什么？（小草、羊妈妈……）

四、看照片联想比赛游戏

师：小朋友们真聪明，我们分成两个小组，比赛看哪一组小朋友看到照片联想的东西多。

师：（出示风筝照片）你看到了什么？联想到了什么？为什么？（小鸟、小朋友、春天……）

师：（出示小兔子拔萝卜照片）你们从照片上看到了谁？在干什么？联想到了什么？（小兔吃萝卜……）

五、看照片接龙游戏

师：小朋友们在比赛时表现得都很棒，下面我们玩看照片联想接龙游戏。前面的小朋友说过的答案，后面小朋友说的必须和前面小朋友说的不一样。

师：（出示小朋友或老师照片）你们看到了谁？想到了什么事？（略）

评析：喜爱游戏是幼儿的天性，儿童是从游戏开始学习的。美国心理学家布鲁纳认为，最好的学习动力莫过于学生对所学知识有内在的兴趣，而最能激发学生内在兴趣的莫过于游戏。在上面的案例中，教师为幼儿创设宽松的游戏情境，引导幼儿在玩中学、学中玩，使幼儿在轻松的氛围中，在欢乐的探究活动中，不知不觉地学到了知识，掌握了技能。

值得一提的是，在第一个案例中，教师能将社会、科学、音乐、健康等领域的内容自然地融合到游戏中，使活动的内容更加充实、丰富多彩，这样的做法很值得借鉴。游戏活动，不但可激发幼儿学习的兴趣，让其能集中注意力，还可促进幼儿各感官和大脑进行积极活动，充分发挥幼儿的积极性和主动性，提高他们的学习效率。

运用游戏法应注意以下几个要点。

第一，游戏的内容要健康、积极，要有益于幼儿的身心发展。

第二，不仅应根据不同的教育目标和教育内容，创编不同形式的游戏，还应根据游戏的内容及形式的不同，采用不同的指导方法。

第三，教师要重点指导幼儿遵守游戏规则，克服玩游戏中的困难，独立或与同伴合作完成游戏，要注意培养幼儿之间的合作、谦让、友爱、互助等优秀品质。

十、激趣导学策略

激趣导学策略是指在教育活动中，教师要积极为幼儿创设愉快融洽的课堂氛围，采取灵活有效的激励手段，激发幼儿的学习兴趣，点燃幼儿探究的欲望，激活幼儿的思维，使幼儿集中注意力，并引导幼儿持续深入地愉快学习的导学策略。

比如，小班故事活动课"小桃树"的导学过程。

一、导入

小朋友们好！春天来了，温暖的阳光照耀着大地，果园里的景色可美啦！我们一起去果园参观一下好吗？

二、导学活动

1. 指导观察。（多媒体出示在和暖的阳光照耀下，盛开桃花的小树）果园里的景色为什么这么美？（小桃树开花了）小桃树开的是一朵花吗？每一朵盛开的桃花都是什么颜色的？（粉红粉红的）你们表达得非常棒！把盛开粉红桃花的小桃树同窗外院子里的树比较比较，谁长得美丽？（小桃树美丽）小朋友们的观察、表达都非常棒，我们一起通过朗读把小桃树夸一夸好吗？

2. 带表情朗读。春天来了，温暖的阳光照耀着大地，果园里的小桃树开花啦，每一朵花都开得笑盈盈的，小桃树显得更加美丽。

3. 启发联想。小朋友朗读的声音非常甜美，小桃树听了心情怎么样？（高兴、笑）小桃树高兴得会干什么？小桃树高兴得到底在干什么，你们想知道吗?

4. (多媒体演示小桃树面带微笑随风摆动的情景) 小朋友们看, 小桃树听了小朋友的赞美声, 高兴得在干什么? (跳舞、摆动) 小桃树为什么会摆动跳舞呢? (刮春风) 好! 我们再一次通过朗读把小桃树夸一夸好吗?

5. 带表情朗读。春天来了, 温暖的阳光照耀着大地, 果园里的小桃树开花啦, 每一朵花都开得笑盈盈的, 小桃树显得更加美丽。随着一阵又一阵的春风吹来, 小桃树高兴得翩翩起舞。

6. 启发谈话。小桃树高兴地跳过舞后, 会去干什么?

7. (多媒体演示小桃树面带微笑仔细看脚下的情景) 小桃树跳舞后在干什么? (看脚下) 想一想, 小桃树为什么面带微笑仔细地看着脚下的泥土?

8. 小结朗读。忽然, 小桃树感觉自己的脚痒痒的, 特别舒服。小桃树低头一看, 脚下面的泥土怎么变得松松的、肥肥的? 小桃树心想, 是谁帮我松的土、施的肥呢?

9. 组织讨论。小桃树听了朗读, 说我们班的小朋友都非常聪明, 想请小朋友们帮它想一想, 到底是谁帮它松的土、施的肥? 怎样才能找到帮助它的人? (教师组织幼儿讨论) 小桃树是怎样找帮助自己的人的, 小朋友们想知道吗?

10. (多媒体演示啄木鸟飞来的情景) 当小桃树在寻找帮助自己的人时, 你们看, 谁飞来了? 一只啄木鸟飞来了, 小桃树会怎样问? (啄木鸟先生, 你好! 是你帮我松土、施肥的吗?) 啄木鸟会怎么说? (啄木鸟摇了摇头说:"我不会施肥、松土, 只会帮你捉害虫。") 小朋友的回答非常精彩, 我们一起把小桃树和啄木鸟的对话朗读一遍好吗?

11. 分角色朗读。一只啄木鸟飞来了, 小桃树高兴地问:"啄木鸟医生, 你好! 请问是你帮我松土、施肥的吗?"啄木鸟摇了摇头回答说:"我不会松土、施肥, 只会帮你捉害虫。"啄木鸟落在小桃树身上, 捉完了害虫飞走了。

12. (同上方法, 多媒体演示小蜜蜂飞来和小桃树对话的情景) 小结朗读。一只蜜蜂飞来了，小桃树高兴地问："小蜜蜂妹妹，你好！请问是你帮我松的土、施的肥吗？"小蜜蜂摇了摇头回答说："我不会松土、施肥，只会帮你授花粉。"小蜜蜂落在小桃树身上，帮助它授完了花粉飞走了。

13.（同上方法，多媒体演示乌云飘来和小桃树对话和下雨的情景）小结朗读。一片乌云飘来了，小桃树高兴地问："乌云大哥，你好！请问是你帮我松的土、施的肥吗？"乌云摇了摇头回答说："我不会松土、施肥，只会帮你浇水。""那你知道是谁帮我松的土、施的肥吗？"乌云笑着说："等我帮你浇完了水，你再低头看看脚下就知道了。"

14. 启发思考。雨过天晴，小桃树终于发现了帮助自己松土、施肥的人，你们猜一猜是谁呀？

15.（多媒体演示小桃树脚下爬行的蚯蚓）是谁呀？（小蚯蚓）

（教师讲解：蚯蚓在小桃树脚下的泥土里钻来钻去，吃的是枯枝败叶，排的是优质的肥料，蚯蚓是小桃树的好帮手）

16. 小桃树看到了帮助自己松土施肥的小蚯蚓会感动地说些什么？小蚯蚓又会怎么说？（小桃树说："谢谢你！小蚯蚓。"小蚯蚓说："不用谢，这是我应该做的。"）

17. 总结全文，朗读全文。

评析：由于幼儿年龄小，本身生活经验有限，因此在各类教学活动中，幼儿对学习的兴趣不持久，或在活动中遇到一点点困难，受到一些干扰，就会失去学习的兴趣。教师要重视幼儿的兴趣，因为没有兴趣就没有学习。从幼儿园开始，教师就要注意保护幼儿的好奇心，逐渐培养他们对学习的兴趣。

兴趣是最好的老师。然而幼儿的兴趣和自信心最初是建立在别人对他的反应上的，他们总是通过别人的眼睛认识自己，通过别人对自己的评价确定自己。该案例中，教师认真贯彻《纲要》精神，高度重视幼儿学习兴趣的培养，在引导幼儿学习的过程中，适时地运用引导性、启发性、鼓励性、称赞性、信任性的语言激励幼儿，增强他们的自信心。同时又采取夸奖激趣、媒体激趣、对比激趣、设疑激趣、朗读激趣等一系列激趣策略，使每一位幼儿在活动中始终保持浓厚的学习兴趣，进而激活了幼儿思维，增强了幼儿积极的情感体验，收到良好的教学效果。

幼儿思维以直观形象思维为主，如果离开具体的情境枯燥地讲故事，对小班幼儿来说，就好比是在听天书，难以理解其内容。该案例的另一个特点是，教师还能随故事情节的发展，利用多媒体以动态的方式创设故事情境，不但增强了故事的直观性，更增强了其真实性和趣味性。还能引导幼儿通过观察、表达、对话等学习方式理解故事内容，使讲故事变成了生成故事，突显了幼儿的主体地位。

十一、改变角色导学策略

改变角色导学策略是指在教学活动中，教师改变传统教学中只传授知识的角色特点，以促进者、组织者、学习者、合作者等平等的身份，参与到幼儿的学习活动中去，和幼儿一起探索学习方法的策略。

例如，中班数学活动课"数数分类"的导学过程。

一、谈话激趣

师：小朋友们，今天老师带来了许多好看的动物头饰，你们想看吗？

师：（出示兔子头饰）这是什么呀？怎么玩？（扮兔子玩）好！我们一起扮兔子，去找兔妈妈玩拔萝卜游戏好吗？（发放头饰，让幼儿扮兔子）

二、拔萝卜游戏

1. 师：小朋友们，我们都变成漂亮的小白兔了，现在排成队一起出发吧。

2. 扮小兔子的教师带领幼儿说着《小白兔》的儿歌进入活动室。

3. 当幼儿进入活动室时，扮兔妈妈的教师热情地迎上来和幼儿相互问好。

4. 师：小兔宝宝们真懂事，这么小就来帮妈妈拔萝卜了，你们看，妈妈在地里种的是不是一个萝卜？（不是，有好多）我的宝宝们真聪明，每人只能拔六个自己喜欢的萝卜，我们比赛看谁拔得好。

5. 幼儿自由选择拔萝卜。(扮小兔和兔妈妈的教师也参与其中一起拔萝卜)

三、数萝卜游戏

1. 师：兔宝宝们真能干，都拔了自己喜欢的萝卜。这只大兔子宝宝，你先数一数自己拔了多少个萝卜，你们帮妈妈数一数我拔了几个萝卜，其他兔宝宝们也数一数自己拔了几个萝卜。看谁数得好。

2. 师：兔宝宝们，看一看，你们拔的萝卜有什么不同？(颜色不同，叶子不同)大家都说颜色不同，都有什么颜色的萝卜？(红、白、绿)先按颜色分类，然后两人结对，互相数一数对方拔的萝卜中红的有几个，白的有几个，绿的有几个，一共拔了几个。

3. 师：兔宝宝们数得真棒！大家还说拔的萝卜叶子不同，萝卜的叶子有什么不同？(两片叶、三片叶、四片叶)先按叶片分类，然后两人结对，互相数一数对方拔的萝卜中两片叶的有几个，三片叶的有几个，四片叶的有几个，一共拔了几个。

四、运萝卜游戏

师：宝宝们都数得非常棒，可是我们一下子拔了这么多萝卜，要用什么工具把萝卜运回家呢？(教师引导幼儿可以用筐子)你们看，地边有几个筐子？(六个)六个筐子外有什么不同的标记？(分别标红、白、绿，两片叶、三片叶、四片叶)

师：好！我们按照筐子上的标记，男孩子按颜色分类把拔的萝卜分别放在标红、白、绿的筐子里去，女孩子按叶片分类把拔的萝卜分别放在标两片叶、三片叶、四片叶的筐子里去。

(教师参与其中)

五、活动结束

师：萝卜装好啦，我们一起抬着筐子回家吧！

评析：该案例中两位教师都改变了传统教学中教师居高临下、指手画脚式的说教者的角色，而是以组织者、学习者、合作者等平等的身份参与到幼儿的活动中去，和幼儿一起游戏、一起玩耍、一起学习、一起体验参与的快乐。只有这样，幼儿才能真正成为课堂的主人，才能发挥自己学习的积极性，才能主动学习、思考、动手、动口。如此一来，教师才能乘坐幼儿思维的列车，推动活动有效地开展。

十二、整合导学策略

整合导学策略是指在设计的教学活动中，教师打破学科本位局限，围绕主题设计活动，加强各学科之间的渗透，整合不同领域可利用的教学资源，采取更加生动灵活、丰富多彩的方式方法，指导幼儿积极主动学习探究、全面发展的导学策略。

例如，故事活动课"毛毛虫找朋友"的导学过程。

一、创设情境，引出主题

1. 谈话：小朋友们，现在是什么季节？（春天）你们喜欢春天吗？有一个小动物也非常喜欢春天，想知道这个小动物是谁吗？

2. 猜谜语：身子长长是条虫，不会站立会爬行，枝叶上面有它家，爱吃绿叶嘴不停。（教师戴毛毛虫头饰）我是小毛毛虫的妈妈，我们家乡春天的景色可美啦！想看吗？（出示图片）

3. 师：我们的家乡春天的景色怎么样？它哪儿美丽？（太阳、白云朵朵、天气晴朗、春风吹拂、柳枝飘动、草儿发芽、百花盛开）你们想见春天田野里我的小宝宝吗？（出示毛毛虫粘贴图片）

4. 师：你们觉得我的毛毛虫宝宝怎么样？（可爱）为什么？（圆圆的笑脸，大大的眼睛，圆圆的、胖胖的，长长的身子像小火车）今天我讲一个关于毛毛虫宝宝在春天田野里找朋友的故事，你们想听吗？

二、观察推理，共同讲述

师：我是毛毛虫的妈妈，我的小宝宝在春天阳光雨露的滋养下一天天长大。有一天，它一个人勇敢地爬出了家门，到春天的田野里寻找好朋友。（将毛毛虫图片贴在图上的小树边）毛毛虫宝宝找到的第一位朋友会是谁呢？

师：我的宝宝爬呀爬，（出示螳螂图片）首先它看见了谁呢？它看见了一只挥着大臂膀的螳螂，说："你好！螳螂大哥，我们一起玩耍好不好？""不行呀，我正忙着给小树捉害虫呢！"螳螂摇了摇头说。

师：我的宝宝继续向前爬呀爬，又会遇到谁呢？（让幼儿猜想，然后教师出示两只小瓢虫的图片）两只小瓢虫飞了过来，我的宝宝急忙迎上去说："瓢虫妹妹，你们好，我们一起唱歌、跳舞好吗？"两只小瓢虫笑着说："不行呀，我们正忙着捉棉叶上的小蚜虫呢！"

师：（出示蜜蜂图）谁飞过来啦？有几只？（3只）我看只有2只，怎么能是3只？（其中一只只露出了身子）毛毛虫宝宝见了蜜蜂说："蜜蜂姐姐，你们好！我们一起跳舞好吗？"蜜蜂说："不行啊，我们正忙着给花儿授粉呢！"

师：我的宝宝继续向前爬，它又会遇见谁呢？（小蚂蚁）为什么？（草丛中有个蚂蚁洞……）共遇到了几只小蚂蚁？（4只）为什么说是4只？小蚂蚁在忙着干什么？你是怎么知道的？我的宝宝见了蚂蚁以后会怎么说？（蚂蚁弟弟，你们好，我们一起捉迷藏好吗？）小蚂蚁会怎么说？（不行呀，我们正忙着搬运粮食呢！）

师：毛毛虫宝宝只好继续向前爬，又会遇到谁呢？（大树）见了大树会怎么说？（大树伯伯，你好，为什么没有人和我做朋友呢？）大树会怎么说？（教师提示：大树说："现在是上班时间，大家都忙着劳动，你已经长大了，不能再贪玩，应做自己能做的事。""我能做什么呢？"毛毛虫宝宝急切地问。"你能帮我吃掉身上多余的叶子呀！"大树笑着说。毛毛虫宝宝听了大树伯伯的话非常高兴，它立刻爬上大树开始工作了。到了傍晚，小螳螂、小蚂蚁都爬到了树上，小瓢虫、小蜜蜂也飞过来了，都夸毛毛虫宝宝真能干。它们一起唱呀、跳呀，玩得可高兴了，大树伯伯看着，也高兴地笑了）

三、复习提问，巩固提高

1. 师：小朋友们，毛毛虫宝宝的故事讲完了，故事的名字叫什么？（《毛毛虫找朋友》）

2. 师：毛毛虫宝宝长大了，离开了家，爬呀爬，找到的第一个朋友是谁？是几只？（幼儿贴螳螂图片，1只）见了面，毛毛虫宝宝是怎样说的？

螳螂是怎样说的？（略）

师：毛毛虫宝宝继续向前爬，第二次找到的朋友是谁？是几只？（幼儿贴瓢虫图片，2只）见了面都是怎样打招呼的？（略）

3. 第三次、第四次提问方法同上。（略）

4. 观察贴的图片。

师：毛毛虫宝宝都找到了哪些朋友？各是多少只？

师：这几个数量之间有什么关系？（1增加1个就变成了2；4减少1个就变成了3……）

5. 启发：毛毛虫宝宝找朋友时，开始为什么它们都不愿意和毛毛虫玩耍？（要上班）毛毛虫听了大树的话又是怎样做的？到了傍晚，毛毛虫的朋友们是怎样做的？说明了什么？（教师提示：说明它们都是爱劳动、有责任心、有爱心的好孩子）

四、音乐游戏，学以致用

1. 师：小朋友们，你们喜欢毛毛虫宝宝吗？好！我们也变成毛毛虫宝宝，唱着歌，玩找朋友的游戏，好吗？

2. 游戏提示幼儿排成一个纵队，一个教师戴毛毛虫头饰站在前面，幼儿依次站后面拉着前人的后衣襟，共扮毛毛虫宝宝，边唱歌曲（或放录音），边向前爬。歌声停，另一个教师分别扮演小白兔、小鸡、小鸭等小动物，做毛毛虫的新朋友，采取故事中的形式，练习对话。

评析：本案例属于讲故事活动，但是在设计的教学活动中，教师能将语言活动中的猜谜语、看图讲述以及语言游戏等教学手段融入故事活动中，更显教法灵活多变，更显形式千姿百态。

该活动属于语言领域的活动，但在设计的教学活动中，教师能将数学领域的数数、比较数的多少等知识，以及艺术领域的歌曲《毛毛虫宝宝找朋友》渗透到语言教学活动中，使语言教学活动更加生动有趣，内容更加丰富多彩。

事实证明，使用整合导学策略设计出的教学活动更能激发幼儿的学习热情，使幼儿获得了知识，提高了能力，张扬了个性。

十三、线索分析导学策略

线索分析导学策略是指在教学活动中，教师指导幼儿根据自己的生活经验，通过对故事内容中提供的线索进行分析探索，提高幼儿的分析问题能力、归纳推理能力和学习能力的教学方法。

例如，整合课"寻狗"活动设计。

一、创设情境，分析揭题

师：（上课前模仿"汪汪汪"的狗叫声）小朋友们，这是谁在叫呢？小狗为什么叫呢？

师：（出示图：男孩抱一小狗，手拿狗绳边走边望）原来是李小明小朋友，仔细看一看、想一想，他要干什么？

（幼儿给出答案：抱小狗送人；帮小狗找妈妈；拿狗绳找狗等）

师：小明到底要去干什么？原来他抱着小狗在寻找小狗的妈妈。

二、提供线索，分析推理

师：小明抱着小狗继续向前走，他看见马路边有一群狗。

师：（出示图中胖、瘦、高、低四只狗）共有几只狗？都是怎样的狗？

（教师组织幼儿对比说胖胖的狗、瘦瘦的狗、高高的狗、矮矮的狗）

师：这四只狗是不是小明要找的狗？为什么？

（教师提示幼儿回答：不是，因为小明怀里的小狗和它们的颜色不一样；这四只狗的脖子上没有系狗绳的地方；怀里的小狗不叫，这四只狗见了小狗也无表情）

师：小明抱着狗继续往前走，看见对面急急忙忙地走过来两个人。这是怎样的两个人？（出示图片）这两个人急急忙忙赶过来要干什么呢？如果是寻找狗，刚才看见的这四只狗中，哪一只会是他们的？为什么？

（提示：胖狗是男人的——都胖，腰带一样，鼻子红；瘦狗是女人的——都很瘦，头戴帽子，衣服也一样；胖狗是瘦女人的，因为瘦人可能喜欢胖的东西；这一对男女是一家人，胖瘦狗都是他们的）

师：小明抱着小狗继续往前走，又看见对面来了一群人，（出示图片）哪个人是寻狗的？为什么？（高女人和矮女人是寻狗的，因为他们东张西望，左顾右盼）刚才见到一高一矮的两只小狗会不会是他们的呢？为什么？

（提示：高女人——高高的狗——头饰和首饰一样；矮女人——矮矮的狗——都系花领带，都穿花衣）

师：小明看见别人都把自己心爱的狗找到了，心里非常着急，你们帮他找一找，看他的狗在哪里。（在人群后边——露出一条金黄色的尾巴）长着金黄色尾巴的狗是不是小明的？（出示图）为什么？（怀里的小狗和这条大狗的颜色一样，大狗的脖子上有系绳子的项圈）这是一只怎样的狗？（不高、不矮、不胖、不瘦，金黄色，非常健壮的狗）

三、语言游戏——"小狗变变变"

玩法：（小朋友都扮成小狗）教师发指令"变变变，变成个子矮矮的狗"，幼儿抱胳膊下蹲；教师发指令"变变变，变成个子高高的狗"，幼儿站起臂上举；教师发指令"变变变，变成一只胖胖的狗"……

评析：该教育活动开始时，教师模仿狗的叫声创设问题情境，并通过分析小明抱小狗图片的线索，揭示了活动主题是"寻狗"。

在教学的第二阶段，教师先指导幼儿熟悉小明在路上看见四只狗的不同特征，接着指导幼儿观察分析同小明一样寻狗人物的特点，并和已看见的狗的特点做比较分析，为幼儿正确分析、推理出狗属于哪个主人提供了帮助。

在教学中，科学地使用线索分析导学策略，既能提高幼儿学习的积极性，又能培养幼儿分析问题、解决问题的能力。

需要说明的是，使用线索分析的策略导学时，所提供的线索必须是幼儿熟悉的，要贴近幼儿生活，要有一定难度，使幼儿"跳一跳，可摘桃"，只有这样才能使幼儿获得成就感。

十四、角色表演导学策略

角色表演是现代教育教学中颇有影响的一种新型的教学法，是指在教学活动中，教师根据不同的教学内容，组织幼儿扮演不同的角色并表演故事情节内容，或教师以表演哑剧的形式，指导幼儿学习的教学手段。

例如，故事活动课"大灰狼和小白兔"的导学过程。

一、谈话激趣，表演哑剧

1. 谈话：今天老师和一个小朋友，一人扮小白兔，一人扮大灰狼，不说一句话表演一个节目好不好？

2. 完整表演：大灰狼藏在树后，贼头贼脑地东张西望，这时小白兔拎着装满萝卜的篮子，蹦蹦跳跳地向前走。大灰狼看见了，睁着双眼，专注地看着小白兔，弯着腰，蹑手蹑脚地从后边跟上来，刚准备扑向小白兔，却被一块小石头绊了一下，结果被回头看的小白兔发现了。大灰狼立刻装作笑眯眯的样子想和小白兔说话，小白兔没有理睬大灰狼，转过身装作若无其事的样子，不慌不忙地继续往前走。大灰狼以为小白兔没有认出自己，喜出望外，立刻张牙舞爪地向小白兔扑去。只见小白兔敏捷地向一边一闪，飞快地向另一个方向逃去。大灰狼扑了一个空，没能抓住小白兔，垂头丧气地向树林走去了。

二、理解故事内容，学习重点词汇

师：小朋友们，刚才的表演好看吗？先出场的人物是谁？（大灰狼）大灰狼藏在大树后边干什么？（看、望）它是怎样张望的？（贼头贼脑、东张西望）大灰狼想干什么？（寻找晚餐）

师：第二位出场的人物是谁？（小白兔）小白兔拎着篮子怎样向前走的？（蹦蹦跳跳）小白兔拎着篮子干什么去？

师：大灰狼发现小白兔后是怎样走到小白兔身后的？（蹑手蹑脚）为什么要蹑手蹑脚？

师：小白兔是怎样发现大灰狼的？当小白兔发现了大灰狼，大灰狼装成什么样？（笑眯眯）为什么要装成笑眯眯的样子？说明什么？（狡猾）

师：小白兔发现大灰狼后怎样做的？（不理睬、若无其事、不慌不忙）这样做说明了什么？（镇定）

师：大灰狼看着若无其事继续向前走的小白兔，表情怎样？（喜出望外）怎样做的？（张牙舞爪，扑）说明什么？（凶残）

师：小白兔怎样逃过狼爪的？（敏捷、飞快）

师：大灰狼没抓住小白兔，心情怎样？有什么表现？（垂头丧气）

三、再次表演哑剧

指导幼儿利用所学词语，完整讲述故事内容。

评析：该教育活动以哑剧表演的形式，直观形象地展现了大灰狼抓小白兔的惊人情景，幼儿都特别喜欢，并能留下深刻的印象。利用表演导学策略引导幼儿学习，不但能有效激发幼儿参与活动的兴趣和愿望，更能有效提高幼儿的理解能力和语言表达能力，培养幼儿丰富的联想能力。但该策略只适于内容短小便于表演的教学活动。

再例如，教唱歌曲《小宝宝睡着了》的导学过程。

一、情境导入

师：我是妈妈，（出示布娃娃）这是我的宝宝。（放婴儿啼哭的录音）我的宝宝怎么哭啦？小朋友们知道原因吗？（肚子饿、尿湿了、想睡觉了……）怎么办呢？

师：小宝宝别哭，这么多小朋友都非常关心你。（俯下头贴近布娃娃）哦，妈妈知道你想睡觉了。好宝宝，不哭，妈妈给你唱首歌。

（教师"妈妈"表演并示范唱歌曲。教师慈爱地一手抱着布娃娃，一手根据节奏轻拍布娃娃，轻唱摇篮曲，并播放宝宝哭声渐弱的伴奏音乐）

师：（手指压嘴唇轻声）小朋友们，我的宝宝睡着了，我刚才哄小宝宝睡觉时唱的歌好听吗？唱的是什么歌曲？（摇篮曲）

师：对！我唱的是摇篮曲，是爸爸、妈妈在小宝宝入睡时唱的歌曲，小宝宝听了就会慢慢地睡着了，这是为什么呢？（声音低、轻、温柔）

师：你们听过摇篮曲吗？谁来学学妈妈唱的摇篮曲，妈妈唱的摇篮曲和老师唱的一样吗？

二、示范表演导学，感受节奏

师：妈妈唱摇篮曲时有没有一边唱一边用手轻拍你呢？是怎样拍的？（幼儿示范妈妈拍自己的动作）

师：老师刚才唱摇篮曲时是怎样拍宝宝的？（幼儿回答后，教师边哼唱边示范拍宝宝的动作）

师：让我们一起来学一学怎样拍宝宝。

（教师数三拍子的节拍，示范指导幼儿学拍节奏）

三、示图观察，熟悉歌词

师：刚才小朋友说自己妈妈唱的摇篮曲和老师唱的不一样，是的，摇篮曲有好多种，刚才老师唱的这首摇篮曲名叫《小宝宝睡着了》，现在我们一起来听一听这首摇篮曲里都唱了些什么。

师：（示图一）这上面有什么？（小星星）小星星在干什么？请轻声告诉同伴。（睡觉）完整地应该怎样说？（星星睡着了）

（教师依次示图二、示图三，引导幼儿熟悉第一段中二、三句歌词）

师：《小宝宝睡着了》这首歌第一段歌词中说晚上天上的星星怎么了？月亮呢？白云呢？（不动了）到了晚上，地上的小动物还有人们在干什么呢？

师：（示图四——示图六，让幼儿看图熟悉第二段歌词内容）小狗不叫了，小鸟不飞了，小宝宝睡着了。

（指导幼儿看图朗诵歌词）

四、二次欣赏，体会意境

师：小朋友们已经熟悉了歌词内容，还想听这首动听的歌曲吗？

（播放老师演唱的录像，幼儿欣赏）

师：小朋友们听的这首歌曲和以往所学的歌曲有什么不同？（唱的声音很轻，最后一句特别轻）

师：对！为什么这首歌要轻轻地唱，特别是最后一句唱得更轻点？（因为星星、月亮睡着了，不能吵醒它们；因为声音太大了，宝宝就不会入睡）

五、教唱歌曲，表达情怀

（放娃娃哭的录音）

师：小宝宝又哭闹了，怎么办呢？（给他唱摇篮曲）小朋友们说得真好。让我们一起做"妈妈"，用最好听、最轻的声音唱《小宝宝睡着了》这首摇篮曲，哄他快点睡觉好吗？

（教师教唱）

六、开展音乐游戏活动

师：你们想不想做爸爸或妈妈给宝宝唱摇篮曲？好，现在先让女孩当妈妈，男孩当宝宝，玩妈妈唱歌哄宝宝睡觉的游戏。（互换角色再演一遍）

[给每人发一个布娃娃当宝宝，幼儿当妈妈（爸爸），抱着布娃娃，边唱边拍，哄宝宝睡觉]

师：小朋友两人一组，一人当爸爸，一人当妈妈，哄布娃娃睡觉，爸爸拍睡在床上的布娃娃，妈妈唱歌哄娃娃。演完之后，互换角色再演一遍。

师：（轻声地）你们的宝宝睡着了吗？现在让我们轻轻离开，让小宝宝甜甜美美地睡一觉吧。

（结束活动）

评析：《小宝宝睡着了》这首歌曲的教学重点有二，一是引导幼儿感受三拍子的节奏，学会用轻柔的声音演唱歌曲；二是体验摇篮曲深情、优美、恬静、祥和、温馨的意境。教师把重点放在情感体验和审美感受方面，而情感的体验和审美的感受利用说教的手段是无法实现的。在实际教学活动中，教师创设与摇篮曲氛围相吻合的情境，采取示范表演的策略，指导幼儿感受节奏美、轻柔歌声的美以及温馨情境的美。同时发挥语言指导功能，调动幼儿各种感官参与其中，在轻松、愉快、自然的氛围中学会了歌曲。最后让幼儿示范演唱，巩固练习。示范表演导学在音乐、美术、体育等领域经常被使用，能起到以情感人、以美育人的作用。

十五、情境导学策略

情境的词义是具体场合的情形、景物或境地。从词义可知，具体可感性是情境的特质。情境导学策略是指教师在教学活动中，采取多媒体投影、绘画、展示图片等手段，辅之以生动的语言，并借助音乐艺术的感染力，表现课文描绘的内容，创设出形象鲜明、生动具体、真实的生活场景，使学生如见其人、如闻其声，仿佛身临其境，在促成学生态度情感体验生成的同时，帮助学生理解学习内容，并使学生认知能力得到发展，实现教与学和谐统一的教学目标。

创设情境常用的方法如下。

（一）利用电教设备创设情境

在社会课"妈妈的生日"活动中，教师在组织幼儿讨论如何为妈妈过生日时，可利用音响设备播放《烛光里的妈妈》这首歌曲。歌曲中蕴含的那种浓浓的爱、深切的情会深深地感染孩子，使他们产生共鸣，激起对妈妈强烈的爱。

例如，故事活动"小鸭和狐狸"的导学过程。

1. 多媒体播放小鸭子来到小河边的树林里摘花的故事情境，教师启发提问：小鸭子来到了什么地方？在干什么？树林是谁的家？小鸭子在树林里摘花会有什么危险？到底会发生什么危险，你们想知道吗？

2. 多媒体播放狐狸发现并抓住小鸭子的故事情境，教师启发提问：小鸭子在摘花时被树林里的谁发现了？狐狸是怎么做的？结果呢？到底小鸭子的命运如何，你们想知道吗？

3. 多媒体播放小鸭子智斗狐狸的故事情境，教师启发提问：小鸭子被狐狸抓住后情绪怎样？它是怎么说的？（你是谁？为什么抓我？）狐狸抓住了小鸭子情绪怎样？它是怎么说的？（你连我都不认识，我是有名的大狐狸，哈哈！今天我有鸭肉吃啦!）面对凶残的狐狸，小鸭子是怎么说的？（你要吃我，那太好了，我本来就不想活了，不过你看一看我的身上多脏啊，让我先洗个澡你再吃吧!）狡猾的狐狸听了小鸭子的话,心里是怎么想的?又是怎样做的?（对呀,洗净的鸭子吃起来会更香,好好好! 快去洗吧。）这件事说明了什么?（小鸭子机智勇敢）小鸭子凭借自己的智慧逃出了狐口,它又怎样利用洗澡的机会战胜狡猾的狐狸的,你们想知道吗?

4. 多媒体播放小鸭子在河里消灭狐狸的故事情境,并启发提问。

评析:在案例中,教师在每个教学环节中,都借助现代的多媒体工具,创设了直观的、动态的、真实的故事情境,既增强了幼儿的情感体验,又丰富了他们的内心世界,还可消除幼儿厌学的情绪,提高他们的参与热情,吸引幼儿主动注意、观察,然后提出启发性的问题,引导幼儿积极思考,踊跃表达,极大地调动了幼儿学习的积极性和主动性,达到了事半功倍的教学效果。

(二) 借助版画创设情境

鲜艳的色彩、生动的画面,同样能引起幼儿的注意,因此教师精心设计的版画同样可以创设出直观、生动、形象的教学情境,同样能使幼儿很快进入教学情境中,达到理想的教学效果。

例如,小班社会活动课"我的好爸爸"的导学过程。

师:小朋友们好,我们幼儿园有位叫小红的同学,她有一个好爸爸,他的本领可大了,你们想见这个爸爸吗?（想）

师:（出示小红的爸爸开车和做饭的两幅版画）小红的爸爸有什么本领?（会开车、会做饭）他还有什么本领,你们想知道吗?

师:（出示小红的爸爸驮着小红放飞遥控直升机的版画)小红的爸爸还有什么本领?（放飞机）爸爸是怎样带着小红放飞机的?（驮着小红）说明了什么?（爸爸爱小红）小红爱爸爸吗?（爱）她会做一个怎样的孩子?（好孩子）

师:小红不但爱爸爸,还带来了一首夸她爸爸的儿歌,你们想听吗?

（教师说儿歌:我有一个好爸爸,他的本领就是大,会开车会做饭,会放飞机驮我玩。爸爸爱我我爱他,要做一个好娃娃）

师：你的爸爸有什么本领？（略）

（三）借助语言导入情境

在教学活动中，教师充满激情的语言以及创设的各环节衔接恰当自然的情境也能激起幼儿学习的欲望，让幼儿主动参与活动。

例如，在上小班语言课"春天"时，有位教师是这样深情地利用语言导入活动的："小朋友们！春天来了，和暖的太阳照耀着大地，温暖的春风轻轻地吹着田野，小草发芽了，小树也发芽了，大地换上了绿色的新装，春天的景色可美啦！我们一起到春天的田野看看好吗？"

情境教学法是古今中外教育专家公认的最重要的教学方法之一。《文心雕龙》中就有"情以物迁，辞以情发"的说法。美国的哲学家杜威提出，思维起于直接经验的情境。马克思认为，环境的改变和人的活动相一致，是人全面发展的基础。情境教学中的"情境"实质上是经人优化的情境，是有情之境，它将儿童的教育活动置于创设的有情的环境中。这个环境是一个有情有趣的、网络式的、师生互动的广阔空间，它将教育教学内容融入一个多姿多彩的大情境中，为儿童的发展提供优质的精神环境。情境教学的宗旨是通过情境的创设引起学生的情感体验，让学生在愉快的气氛中进行学习。情境教学的核心是"乐学"，这正是教育教学所追求的目标。

十六、猜谜语导学策略

猜谜语是引起孩子兴趣的有效方法。猜谜语导学策略是指在教育教学活动中，教师通过让幼儿猜谜语的教学手段，激发幼儿的学习兴趣，培养幼儿的思维能力，指导幼儿学习知识、巩固知识的教学方法。

例如，绘画活动课"蝉"的导学过程。

一、猜谜导入

1. 谈话导入。

师：小朋友们，今天有一只夏天生活在大树上的会唱歌的小动物让老师给你们出一个谜语，猜对了它就会和你们交朋友，你们愿意吗？

2. 教师出谜语。

头像蘑菇，眼睛小圆，有对翅膀不是鸟，圆圆身子六条腿，爱唱的歌儿是"知了"。

（教师先范读，再领读，然后让幼儿猜，允许有不同的答案）

二、分析谜语

1. 启发谈话。

为什么谜底是蝉呢？（出示蝉的标本）

2. 观察分析。

（1）谜语的第一句说的是什么？蝉的头是什么形状的？（半圆）头像什么？（蘑菇）眼睛长在哪里？是什么形状的？嘴巴长在哪里？像什么？（针）

（2）谜语的第二句说的是什么？蝉长了几只翅膀？像扇子吗？还像什么？（银杏叶）两只翅膀一样吗？形状像什么？为什么说蝉不是鸟？（教师应告诉幼儿，蝉属于昆虫）

（3）谜语的第三句说的是什么？蝉的身子是什么形状的？（萝卜状）长了几条腿？有什么特点？

（4）谜语的第四句说的是什么？蝉唱的歌词是什么？（知了）蝉是用口唱歌的吗？（教师应指出，雄蝉是用腹部鼓膜发声的）

三、指导作画

1. 启发谈话。

通过分析谜语和观察蝉的标本，小朋友们已熟悉了蝉的特点。蝉宝宝看在眼里，高兴在心里，它说今天想看看我们班的小朋友能不能用灵巧的小手画出更加美丽的蝉，你们有没有信心画好？

2. 示范作画。

先画脑袋像蘑菇，再画圆眼在上头，扇形的翅膀飞呀飞，翅下长出大萝卜，六只小脚走呀走，两脚向前两脚后。

3. 幼儿作画，教师巡回指导。

四、结束活动

幼儿完成绘画作品后，教师组织幼儿说与蝉相关的谜语，将美术作品贴在展示栏里。

评析：在该教学活动中，教师首先通过猜谜语的方法激发幼儿参与活动的兴趣，然后结合标本分析谜语，指导幼儿全面了解了蝉的基本特征，为幼儿画蝉奠定了基础。在示范作画时，教师能将蝉的画法编成儿歌，边念边示范作画，给幼儿留下了深刻的印象。当幼儿完成作品后，教师又以开展说与蝉相关的谜语、贴与蝉相关的绘画作品的方式结束活动。总之，谜语让课堂充满活力。

再例如，科学活动课"认识猫头鹰"的导学过程。

教师提前收集几个关于猫头鹰的谜语，准备一个猫头鹰标本或一幅图画，还有一个小鼓。

教学时，教师首先组织幼儿观察了解猫头鹰的特征和生活习惯，然后玩"击鼓和猫头鹰握手猜谜语"的游戏。鼓声停，教师念其中一则谜语，让最后一个握手的幼儿猜，并问为什么要这样猜。猜谜语游戏可反复进行。

附谜语如下。

1. 身穿花外袍，样子像只鸟，眼睛大又圆，抓鼠逞英豪。

2. 面孔像猫不是猫，老鼠见了逃不掉，白天睡觉晚出动，保护庄稼人称颂。

3. 耳大特别灵，展翅飞无声，眼大如夜灯，抓鼠是英雄。

4. 是鹰却像猫，白天爱睡觉，晚上飞田间，老鼠逃不掉。

5. 叫声很难听，像猫却是鹰，家住树林中，抓鼠有神功。

6. 白天见光看不清，白天睡觉在树林，晚上展翅飞天空，晚上抓鼠人称颂。

7. 像猫展翅飞得高，双爪锋利快如刀，田鼠见它没了命，保护庄稼功劳高。

评析：在本次教学活动中，教师采取谜语游戏导学的方法，从不同的侧面巩固幼儿对猫头鹰的认知，比传统的总结复习的方法更加生动、有趣，效果更加显著。

十七、递进导学策略

递进是指按一定顺序推进，由浅入深。递进导学策略是指在教学活动中，教师根据知识或事物之间的逻辑关系，运用层层递进的方法，引导幼儿由表及里、由浅入深、步步深入地认识事物、获得知识，提高能力的导学方法。

例如，大班散文欣赏活动课"秋天的雨"的导学过程。

一、导入新课

播放雨滴的声音，让幼儿猜谜语"千条线，万条线，落到河里看不见"，然后导入新课。

二、基本过程

1. 播放课件，让幼儿欣赏全文。

2. 提问：这首散文诗的题目叫什么？

3. 分段欣赏。

（1）欣赏第 1 自然段。

①朗读第 1 自然段：秋天的雨，是一把钥匙，它带着清凉和温柔，轻轻地，轻轻地，趁你没留意，把秋天的大门打开了。

②启发提问：听了第 1 自然段，你有什么感受？（优美动听）秋天的雨被比作什么东西？（一把钥匙）为什么说秋天的雨是一把钥匙？（因为它给我们带来了清凉和温柔，把秋天的大门打开了）是怎样打开的？（轻轻地，轻轻地）

③提问：秋雨这么善解人意，你们喜欢秋天的雨吗？

④指导幼儿带表情朗读第 1 自然段。

（2）欣赏第 2 自然段。

①朗读第 2 自然段：秋天的雨，有一盒五彩缤纷的颜料。你看，它把黄色给了银杏树……黄黄的叶子像一把把小扇子，扇啦扇啦扇走了夏天的

炎热。它把红色给了枫树，红红的枫叶像一枚枚邮票，飘哇飘哇邮来了秋天的凉爽。金黄色是给田野的，看，田野像金色的海洋。橙红色是给果树的，橘子、柿子你挤我碰，争着要人们去摘呢！菊花仙子得到的颜色就更多了，紫红的、淡黄的、雪白的……美丽的菊花在秋雨里频频点头。

②启发提问：秋天的雨像什么？（一盒颜料）秋天的雨像一盒怎样的颜料？（五彩缤纷的颜料）为什么说它像五彩缤纷的颜料？（因为它把黄色给了银杏树，把红色给了枫树，把金黄色给了田野，把橙红色给了果树）还有什么呢？（还有各种各样的颜色给了菊花仙子）为什么说秋雨把黄色给了银杏树？（叶子变黄了）黄了的银杏叶像什么？（小扇子）秋风吹来，像小扇子一样的银杏叶会怎么样？（扇动）扇走了什么？（夏天的炎热）为什么说秋雨把红色给了枫树？（叶子变红了）随着秋风落下的红色枫叶会怎么样？（飘动）飘动的枫叶像什么呢？（蝴蝶……）文中是怎么说的？（像一枚枚邮票，邮来了秋天的凉爽）为什么说秋叶邮来了秋天的凉爽？

评析：该案例主要是通过一系列有目的、有步骤、有层次、循序渐进、不断深入、层层递进的谈话进行的。采取递进导学策略，有利于培养幼儿思维的逻辑性，可增强其思维的密度和深度。

再例如，科学社会活动课"熊猫宝宝"的导学过程。

一、引入熊猫，激发兴趣

师：小朋友们都喜欢动物，今天就来了一位，猜猜它是谁？（教师用神秘的方式拿出熊猫玩具）

师：大熊猫来和大家交朋友，你们欢迎吗？

二、观察玩具熊猫，认识其外形特征

1. 启发提问：这只熊猫长得怎么样？（可爱）你们觉得它哪里长得最可爱？

2. 引导有序观察。（形态、皮毛、头、眼、耳、身体、四肢、爪子、尾巴）

3. 小结：大熊猫长得胖乎乎的，身上的皮毛有白有黑，圆圆的头上长着一对黑黑的圆耳朵，眼睛周围的黑毛像戴了一副墨镜，嘴巴像狗熊，四条腿都很粗壮，脚有点儿内拐。

三、观看录像，了解熊猫的生活习性

1. 师：小朋友们已经认识了熊猫的外形特征，还想了解熊猫的什么秘密？（引导幼儿提问）

2. 师：让我们看一看熊猫在动物园里生活的录像，看谁能发现熊猫生活中的秘密？（播放录像）

3. 启发：孩子们，你们都发现了什么？（引导幼儿相互交流）可以把你们发现的秘密告诉同伴，也可以问问身边的小朋友发现了什么。

4. 师生互动，交流秘密。

（1）启发：孩子们，把你们发现的秘密也告诉老师好吗？

（2）小结：大熊猫爱吃竹叶、竹笋，走路慢吞吞的，性情温柔，喜欢玩耍。

（3）强调：大熊猫是只有中国才有的珍稀动物，是我们的国宝，常作为贵重的礼物送给外国的朋友。

四、观看录像，了解熊猫的野外生存状态

1. 师：你们喜欢大熊猫吗？你们想不想看一看生活在野生环境中的大熊猫？（播放熊猫在野外生活的录像）

2. 提问并组织讨论：野外大熊猫生活在怎样的环境中？

3. 补充：从前有人枪杀大熊猫，野外的环境也遭到人们的破坏。野生熊猫没有了家，没有了喜欢的食物，数量越来越少，就成了濒危动物。

五、交流讨论，如何保护大熊猫

1. 师：大熊猫在自然中的生存环境越来越差，我们该怎样保护大熊猫呢？

2. 小结：广泛宣传，增强全民保护熊猫的意识；严格执法，严惩捕杀熊猫的坏人，奖励保护熊猫的有功之人；封山育林，建立更大的熊猫保护区。

评析：该教学活动中，教师先通过熊猫玩具让幼儿认识熊猫的外形特征，感知熊猫是可爱的动物；接着引导幼儿观看熊猫在动物园里生活的录像，了解熊猫的生活习性，并告诉幼儿熊猫是我国的国宝，进一步增强幼儿对熊猫的感情；然后指导幼儿观看熊猫在野外生活的录像，让幼儿知道是人类活动造成了熊猫濒临灭绝，进而唤起幼儿保护熊猫的意识和行动。整个教学活动是按递进关系设计的。

通过递进导学，使幼儿对熊猫的认识从外表到本质，对熊猫的情感从平淡到喜欢进而想去保护，教学效果很好。

十八、故事导学策略

幼儿最喜爱听故事。故事导学策略是指教师在教学活动中，根据学习内容，穿插短小简明、生动有趣的相关故事，以说明、强调所讲的内容，或通过讲故事的方式代替讲课，吸引幼儿注意，激发其听课兴趣，启发幼儿思考、感悟其中蕴含的道理，寓教于乐的教学方法。

有位教师在指导幼儿学习吹画之前，穿插了这样一个相关的故事：有一位小朋友叫李小华，他拿出了一张雪白的画纸准备作画。谁知他一不小心，将一大滴墨水洒落在画纸上，这张画纸还能作画吗？李小华灵机一动，想了一个好主意。他用小嘴对着洒落在纸上的墨水，先用力向前方连续吹了几口气，然后在纸上积墨的地方向左右方向又各吹了几口气，一幅美丽的图画被吹成了。然后教师提问：小朋友们，你们想见这幅用小嘴吹出来的美丽的图画吗？你们想了解怎样用小嘴作画吗？

这位教师在指导幼儿学习吹画之前，精心设计故事，不但引出了吹画的教学主题，还讲述了吹画的方法，同时激起幼儿急于看吹画、了解吹画的兴趣，起到了投石激浪的效果。

例如，教唱歌曲《大象的歌》的导学过程。

一、激发兴趣

师：小朋友们，今天森林里来了一只最大的动物，你们猜它是谁？

二、熟悉并理解歌词内容

1. 师：（出示图片）你们看，它是谁呀？（大象）大象来到森林里，首先被树上的谁看见了？（小松鼠）小松鼠看见大象屁股后面的小尾巴，又看了看自己毛茸茸的长尾巴，嘲笑地喊叫道："大家快来看啊，大象的尾巴又秃又细，多难看啊！"小马、小狗、老虎听见后都跑过来看了看，然后骄傲地翘起自己的尾巴，在大象周围跑来跑去，好像在说："你瞧，我的尾巴比你的漂亮多了。"面对别人的嘲笑，大象生气了吗？

2. 师：（出示图片）面对别人的嘲笑，大象一点儿都不生气，它说："我的尾巴同你们的相比，的确是又秃又细很难看，那我们比比个子吧，看谁长得又高又大！"大家互相看了看，都说大象的个子最高大。接着大象扇动着像蒲扇一样的大耳朵说："我们再比一比，看谁的耳朵最大。"其他的动物看了，直夸大象的耳朵是世界上最大的，可老虎不服气地说："我要和你比谁的力气大。"面对老虎的挑战，大象指着旁边一根又粗又长的圆木说："好啊，如果你能将这根圆木抱起来，我就承认你的力气大，我甘拜下风。"老虎骄傲地走到圆木旁，抱住大圆木，使尽了全身的力气，可大圆木就像一座小山一样一动也不动。老虎不服气地说："我搬不动，你肯定也搬不动。"

3. 师：（出示图片）只见大象不慌不忙地来到圆木旁，伸出又粗又长像水管一样的鼻子，一下子将大圆木举到了老虎的头顶上。大老虎吓得夹着尾巴逃走了。其他的动物看了，齐声喊道："大象的力气大，大象的威力大。"大象放下木头，自豪地为大伙儿唱了一首歌，名叫《大象的歌》，你们想听《大象的歌》吗？

（三）范唱歌曲《大象的歌》（略）

评析：这位教师通过图文并茂的故事，创设了大象在森林中生活的真实情境，既帮助幼儿感受了歌曲的情感，理解了歌词的内容，又激起了幼儿学唱歌曲的兴趣。

运用故事导学策略要注意以下几个问题。

第一，所讲的故事应与活动内容密切相关，应成为活动过程的有机组成部分。

第二，所讲故事浅显易懂，必须有针对性、教育性、科学性、艺术性和趣味性。

第三，故事导学不是讲故事的活动，而是通过讲故事的手段引导幼儿学习知识。

十九、操作导学策略

操作导学策略是指在教学活动中指导幼儿亲自动手操作直观教具、玩具，在摆弄物体的过程中进行探索，从而获得知识、经验和技能的方法。

例如，大班科学活动课"有趣的弹性玩具"的导学过程。

一、谈话激趣，出示活动材料

1. 师：（扮演成滑稽的玩具老人）小朋友们，老师是玩具大王，今天带来了许多好玩的玩具，你们想看吗？

2. 师：（出示玩具）你们看，老师都给你们带来了哪些好玩的东西？

（1）弹性玩具：如拉力器、溜溜球、皮球、篮球、乒乓球、弹力小狗、小鼓等。

（2）弹性物品：如毛线、松紧带、橡皮筋、细弹簧、橡皮圈、海绵、尼龙袜、矿泉水瓶等。

二、鼓励操作，自主探究

1. 师：小朋友们，我们有这么多的玩具，它们都有特殊的本领，你们想知道吗？请小朋友们随便选一两种试着拉一拉、压一压、捏一捏、玩一玩、扔一扔，看看它们有什么变化。

2. 幼儿自主探究。（略）

3. 探索后教师提问。

（1）你玩了什么玩具？怎样玩的？玩具发生了什么变化？

（2）这些东西为什么在我们捏、拍、拉、敲、压、扔的过程中有的会变长，有的会弹跳，有的会变小，还有的会发出声音？

4. 教师小结：因为它们都有弹性，对于弹性物体，我们用力地拉、压等，可以改变它们的大小、形状。不用力时，它又会恢复原状，有的扔一扔还会跳起来，有的敲一敲、弹一弹后还会发出不同的声音。

5. 巩固对弹性物品的认识。

（1）启发：在各玩具筐里还有许多东西，请你们找一找，说一说哪些东西有弹性。

（2）交流：幼儿探索交流，教师重点引导幼儿说出用什么方法发现这个东西有弹性。

6. 学以致用，认识生活中的弹性物品。

（1）启发：小朋友们发现了许多有弹性的东西，找一找，自己身上的什么东西也是有弹性的？找一找，幼儿园及活动室里还有哪些物品有弹性？（拖把、裙子、塑料垫、踏床……）想一想，家里还有什么东西有弹性？（沙发、弹簧床、靠垫……）

（2）小结：在我们的生活中有许多有弹性的东西，它给我们的生活带来了许多方便。

三、自制弹性玩具，开展游戏活动

1. 师：小朋友们已经认识了许多有弹性的物品，它们在我们的生活中的作用可大啦！老师还可以利用现场的弹性物品制作有趣的玩具，你们想看吗？

2. 教师利用现场材料示范制作弹性玩具（例如，尼龙袜宝宝；会跳舞的小人；矿泉水瓶喷水器）并表演。

3. 启发：老师的玩具是用什么材料制作的？老师是怎样玩的？你们想自己制作一个什么样的弹性玩具？大胆试试吧！

4. 让幼儿选择材料制作玩具，教师巡回指导，引导幼儿在制作过程中进一步感知弹性这一特征。

5. 幼儿分组表演自己制作的玩具，并介绍玩具的名称，玩具是用哪些材料制作的，是怎样玩的。

评析：该活动主要有三个教学环节。

第一个环节，首先利用滑稽的玩具老人和可供幼儿自由动手操作的不同玩具材料，将幼儿参与活动的兴趣充分调动起来，同时为幼儿操作做好了充分的情境铺垫。

第二个环节，活动的重点是发挥现有材料的作用，指导幼儿利用材料自主操作，积极探索，广泛交流，获得新知，充分体现了实验操作类活动的核心价值就是培养幼儿的好奇心，培养幼儿对科学活动的兴趣和探究欲望，感受探索的过程，体验探究的方法。

第三个环节，重点是利用现有的活动材料，在教师的示范、指导下，幼儿自制弹性玩具。开展游戏活动，既巩固深化了幼儿对弹性物品的认识，更增强了幼儿的创新意识，提高了幼儿的动手能力。

事实说明，幼儿的发展必须通过自身的活动进行，动手操作是幼儿认识世界的重要手段，也是幼儿学习的基本方法。这种方法一般在科学、数学、美术等活动中常结合游戏、练习等方法综合使用。运用操作法应注意以下要点。

第一，要为幼儿提供充足且有助于幼儿在自主探究的活动中获得知识、提高能力的操作材料，一般应人手一份。同时要保证幼儿有充分的操作时间去摆弄物体，去思考和探索操作方法，以达到完成操作的目的，充分发挥教具、材料的作用。

第二，为幼儿提供的操作材料要让幼儿感觉既熟悉又新奇，这样才能激发他们参与活动的兴趣，有利于提高幼儿活动的效率。

第三，在幼儿动手操作之前，应向幼儿说明操作的目的、要求和具体的操作步骤、方法。在幼儿操作的过程中，教师要观察幼儿的操作情况，发现问题，及时引导幼儿积极思考和探索。在操作结束后，要引导幼儿讨论操作的结果，以帮助幼儿归纳在操作中获得的感性经验。

第四，应根据不同的教学内容及不同年龄的幼儿提出不同的操作要求。

二十、问题导学策略

问题是幼儿学习的内在动力和出发点，是开启幼儿心智的金钥匙，是幼儿生长新思想、新方法、新知识的种子。问题导学策略是指在教育教学活动中，教师依据具体的教学目标和教学内容，创设问题情境，开宗明义，直接提出具体要解决或要讨论的问题、具体的任务，指导幼儿带着问题观察、思考、讨论、探究并解决问题的学习方法策略。

例如，科学活动课"和风娃娃交朋友"的导学过程。

教师带领幼儿来到用窗帘遮蔽了门窗而显得较黑暗的教室门口，启发幼儿："可用什么方法让黑暗的教室亮起来？"（幼儿回答：拉开窗帘、开电灯、打手电筒、点蜡烛……）

师：（出示蜡烛）现在只有蜡烛，怎样才能让蜡烛照亮黑暗的教室？（幼儿操作：用火柴、用打火机或用其他明火点燃……）

师：小朋友们都用自己的方法点燃了蜡烛，照亮了教室。（拉开窗帘）教室里现在已变得更加明亮，怎样才能让手中的蜡烛熄灭呢？（幼儿表演：用口吹、用手摇、用物品压……）

师：为什么用口吹气可以使蜡烛熄灭呢？（一吹就有风，风扑灭火）

师：现在教室里有风吗？怎样才能使无风的教室里有风？（幼儿探索、演示，用各种材料制造风，如用口吹、开电风扇……）

师：小朋友们为什么能用不同的材料制造出风来呢？（小结："风娃娃"是空气流动时产生的）

师：小朋友们都会制造风，（出示小风筝）你们想玩吹风车的游戏吗？（示范口吹风车转的游戏）

师：小朋友们想玩吗？要是每个小朋友都有一个风车那该多好啊！你们会做小风车吗？不会做不要紧，风娃娃今天非常高兴，因为他结识了我们班这么多聪明的小朋友，他决定先送给每个小朋友一个小风车，让我们先玩风吹风车的游戏，下节课再教大家学做小风车好吗？

（师生共玩风吹风车游戏，结束活动）

评析：该教学活动中，各教学环节环环相扣，而每一个环节开始，教师都是开门见山，直接提出要解决的问题或具体的任务要求。指导幼儿开展学习活动时，问题导学策略是最简单、最常见的导学策略，它最大的特点是能把幼儿的注意力和思维迅速集中到解决问题的活动中去，收到极佳的效果。

运用问题导学策略时应注意以下几点。

第一，首先要创设问题情境，情境要紧扣活动目标和活动内容，有利于调动幼儿的积极性，有利于让幼儿自己去解决问题。

第二，问题要具体、生动且具有启发性，要有利于幼儿利用已有的生活经验和知识经验，有利于点燃幼儿思维的火花，有利于幼儿实践探究或交流讨论。

第三，问题要难易适度，略高于幼儿的现有水平，能使幼儿"跳一跳"摘到"大桃"。因为问题太难，幼儿难以获得成功，会降低幼儿学习的积极性；问题太易，又难以满足幼儿挑战的欲望，激不起他们对活动的探索兴趣。

第四，要把握好提问题的时机。当幼儿有了参与的积极性时，可以利用问题将幼儿的注意力和思维活动一下子引入某一探索方向来。

第五，在语言使用方面要精练、有条理，富有启发性和感染力。

第六，该策略适合于高龄段幼儿教学，尤其适合于大班的教学活动。

第七，所导学的活动内容要有利于幼儿通过自己的活动经验解决问题。

二十一、预测导学策略

预测是人们对客观事物未来发展的预料、估计、分析、判断和推理。预测导学策略是指在教学过程中，教师利用学习内容中人物和事件的相关线索，引导幼儿运用已有的知识和经验，对人物行为的发展和事件的发展做出自己的预测、判断和陈述，培养幼儿自主学习的导学策略。

例如，语言课看图讲述《两只小猫》的教学过程。

一、说儿歌，引出主题

师：小朋友们，我们一起说学过的儿歌《小猫咪》好吗？

（教儿歌：小猫咪爱梅花，一路走一路画，朵朵梅花开在猫脚下）

师：小朋友们说得非常好！老师今天带来了两只可爱的小猫咪，你们想看吗？

二、观察小猫，预测情节发展

师：（出示图片的右半部分——两只准备捕食的小猫）来了几只可爱

的小猫？它们是什么颜色的小猫？（黄色、黑色）

师：这两只小猫在干什么？（伸着脑袋向前看）向前看时心情怎样？（高兴）从哪儿看出它们很高兴？（眼睛、嘴巴）怎样从眼睛和嘴巴看出两只小猫很高兴？（黄猫眼睛睁得大大的，嘴巴向上弯，很惊喜的样子；黑猫眼睛笑得眯成了一条缝，嘴上的口水直流……）为什么两只小猫伸着脑袋高兴地向前看？（发现了好吃的）

师：想一想，这两只小猫发现了哪些好吃的？（蛋糕、冰激凌、鱼、老鼠、鸡蛋……）

师：两只小猫发现了这么多好吃的，会怎样做？（抢）

三、观察老鼠，预测情节发展

1. 师：你们想知道两只小猫到底发现了什么东西吗？

2. 师：（出示图片的左半部分——一只手捧鲤鱼向前走的大老鼠）两只小猫发现了什么？（一只大老鼠）老鼠在干什么？（手里捧着鱼）这是一条怎样的鱼？（肥肥的、大大的）

3. 教师引导幼儿进行联想。

（1）老鼠手里捧着一条又肥又大的鱼，会怎么做？（闻、尝）

（2）老鼠用鼻子闻一闻，会有什么感觉？（香喷喷）用嘴巴尝一口，味道怎样？会说什么？（味道好极了、真好吃、真鲜嫩……）

（3）老鼠吃这么美味的鱼时会发出什么声音？（喷喷声）心情怎样？

（4）小朋友们，谁能模仿老鼠高兴地吃鱼的样子？

四、观察猫和老鼠，预测情节发展

师：两只小猫看见双手捧鱼的老鼠，心里会怎么想？（想吃）

师：两只小猫又会怎么做？为什么？（一起冲过去，一只猫吃老鼠，一只猫吃鱼，因为鱼和老鼠都是猫喜欢吃的东西；一起先吃掉老鼠，然后再吃鱼，共同分享；都抢吃鱼，老鼠逃掉了……）

师：想知道结果吗？（出示图片——两只小猫争抢鱼吃，老鼠逃走了）

师：两只小猫究竟是怎样做的？两只小猫抢同一条鱼会产生什么结果？（两只小猫打起来；老鼠逃走；一只小猫得到鱼，另一只猫什么也没得到……）

五、完整讲述故事，教育幼儿

师：小朋友们个个表现得都非常棒！谁能看着图画将两只小猫的故事完整地讲一遍？（幼儿讲述）故事的名字应叫什么？（《两只小猫》）

师：通过两只小猫相争的故事，你们明白了什么道理？（如果不懂得合作，就容易失败……）

评析：在该教学活动中，教师能紧紧地抓住故事中提供的人物线索，引导幼儿根据自己的生活经验进行分析、推理并预测出不同的发展结果，只有这样才能激发幼儿对学习过程的好奇心和兴趣，并为促进幼儿创造性思维的发展提供强劲动力。

二十二、添加导学策略

添加导学策略是指教师在指导幼儿学习的教学活动中，根据教学的具体内容以及幼儿的实际水平，有目的、有步骤地添加一些内容或提出更高的要求，充实、丰富课堂教学，培养幼儿学习能力的指导手段。

例如，语言课《美丽的秋天》的导学过程。

一、指导幼儿自己看图并讲述图中有什么景物

1. 出示图片，请幼儿按照由天空到地面、从近到远的顺序对画面中的景物进行有序观察。

2. 请幼儿自由讲述书中《美丽的秋天》一课中画面上都有什么。（天空有白云、小燕子，地面近处有银杏树，远处有果树，果树上有……地上有……）

二、提要求，指导幼儿描述多彩的秋天

1. 指导幼儿观察并描述景物的色彩。

（1）师：小朋友们讲得非常好！老师还想提出新的问题考考大家：秋天的天空是什么颜色的？空中飘浮着什么颜色的云？

（2）小结：蔚蓝色的天空中飘浮着一朵朵洁白的云。

（3）师：秋风吹过，什么颜色的银杏叶、枫叶从树上飘落下来？（黄

色的银杏叶和红艳艳的枫叶从树上飘落下来)

……

2. 指导幼儿完整描述：秋天到了，蔚蓝色的天空中飘浮着一朵朵洁白的云。秋风吹过，黄色的银杏叶和红艳艳的枫叶从大树上飘落下来。果园里的果子都成熟了，红彤彤的苹果、黄澄澄的梨，还有黄里透红的石榴都露出了笑脸。绿色的青蛙开始在地上挖洞，树上褐色的小松鼠正忙着往家里搬松果，白肚皮的黑燕子向南方飞去。秋天的景色真美啊！

三、提高要求，指导幼儿描述充满美妙声音的秋天

1. 师：小朋友们真聪明，通过观察讲出了五彩缤纷的秋天。老师还想提更高的要求，让你们讲述别的，有没有信心讲述呢？

2. 指导幼儿想象并讲述景物中的声音。

(1) 秋风发出怎样的声音？（秋风"呼呼呼"地吹过）

(2) 树叶从树上落下来会发出怎样的声音？（一片片黄色的银杏叶和红艳艳的枫叶从树上"哗啦啦，哗啦啦"地飘落下来）

(3) 红彤彤的苹果见了小朋友会说些什么？

……

3. 指导幼儿完整描述：蔚蓝色的天空中飘浮着一朵朵洁白的云。风儿"呼呼呼"地吹过，黄色的银杏叶和红艳艳的枫叶从树上"哗啦啦，哗啦啦"地飘落下来。果园里的果子都成熟了，红彤彤的苹果、黄澄澄的梨子，还有黄里透红的石榴，它们好像笑着说："瞧！我们又香又甜，快来摘我们吧。"绿色的青蛙一边喊着"呱呱呱，呱呱呱"的号子，一边在地上挖洞；树上褐色的小松鼠唱着"吱吱吱，吱吱吱"的歌儿往家里搬松果；白肚皮的黑燕子"叽叽喳喳"地叫着向南飞，好像对我们说："再见！明年春天我们再回来。"

四、提出更高的要求，指导能力强的幼儿描述形态万千的秋天

1. 指导过程同上。

2. 讲述提示：蔚蓝色的天空中飘浮着一朵朵洁白的云，有的像花，有的像羊，有的像鸟……像扇子一样的黄色银杏叶和像小手形状的红艳艳的

枫叶从树上"哗啦啦，哗啦啦"地飘落下来，像许多展翅飞翔的美丽的大蝴蝶，大眼睛、大嘴巴、绿色的青蛙……大尾巴、尖耳朵的灰松鼠……长着剪刀样尾巴、白肚皮的黑燕子……

评析：此案例通过"色、声、形"的添加，在观察讲述活动中，教师将生动、丰满、美丽的秋天展现在幼儿面前，深深地印记在幼儿的脑海里。

心理学研究告诉我们，学习任务的性质、难度将影响幼儿的学习动机和幼儿的学习效果以及创新能力的开发。由于逐次添加的策略呈阶梯状，教师每次只强调一两项简单的要求，因此一般幼儿都能较为轻松地完成任务，也更容易获得成就感，从而提高参与活动的兴趣。

二十三、衔接导学策略

衔接导学策略是指教师在教学活动中，要根据实际情况找准新知识和旧知识之间的联结点，利用对旧知识的回顾或引申，采取承上启下的方法导入到新的学习活动中去的方法。

例如，健康活动课"我的舌头"的导学过程。

一、弹舌游戏

1. 师：在音乐课中小朋友们学会了用舌头打节奏，下面我们一起玩"弹舌打节奏"游戏好吗？

2. 指导幼儿一起弹响舌头，打出各种快慢不等的节奏。

二、了解舌头的用途

教师提问：

1. 是谁帮助我们发出了既有趣又有音乐节奏的声音？（舌头）

2. 舌头能帮助我们打响舌，还能帮助我们干什么？（教师引导幼儿讨论）

（小结：舌头还能帮助我们说话、唱歌、吃东西）

三、观察舌头

1. 师：小朋友们，舌头能帮我们做这么多事，你们仔细观察过自己的舌头吗？

2. 师：今天老师为每位小朋友都准备了一面镜子，请仔细地观察一下自己的舌头，看看它长什么样。

3. 让幼儿边观察边自由发言。

四、认识舌头

1. 师：小朋友们观察了自己的舌头，你们想知道舌头的结构特点和各部分的名称吗？

2. 师：会动舌头的娃娃要为我们表演并介绍自己，你们想看、想听吗？

3. 师：（出示会动舌头的玩具娃娃教具，介绍舌头的结构特点和各部分的名称）舌头是口腔内突起的器官，由平滑肌组成，可灵活转动，可弹出与收回。舌头分为舌根、舌体、舌尖三部分。舌头与口腔底连接处叫"舌根"，舌根前面部分叫"舌体"，舌体最前面部分叫"舌尖"。舌体的上面叫"舌背"，舌体的下面叫"舌腹"，舌腹上有舌系带、血管和突起。舌面上有舌苔，舌苔一般呈红色，舌苔里面有许多乳头，叫味蕾，可感受食物的味道。

4. 指导幼儿互看对方的舌背上舌苔的颜色有什么不同。

5. 组织幼儿讨论：为什么有的小朋友舌苔比较黄，有的白，有的上面呈地图状等。

6. 指出：舌头可以反映出人们的身体状况：苔黄——上火，苔厚白——积食，舌苔呈地图状——缺维生素。

五、保护舌头

1. 师：小朋友们已知道舌头不仅能帮我们说话、吃东西、尝味道，还能反映我们的身体状况。舌头的作用真大，可是你们的舌头受过伤、生过病没有？受了伤、生了病有什么感觉？（疼、痛苦、吃东西不便）

2. 师：我们该怎样保护自己的舌头呢？（幼儿讨论）

3. 小结。

（1）不吃太辣、太烫、太冷的东西。（舌头怕强刺激食物）

（2）吃东西不能太快，更不能边吃边说话，以免咬了舌头。

（3）感冒发烧、不喝水、吃东西太多等，不但影响身体其他部分的健康，也会影响舌头的健康。

（4）多吃一些蔬菜水果，增加营养；早晚刷牙，保持口腔卫生。

六、活动延伸

师：小朋友们经过学习已认知了舌头，还学会了保护舌头，利用学到的知识，回家后和爸爸妈妈一起了解常见的动物的舌头。

评析：培养幼儿健康的行为是目的，激发幼儿正确的健康意识是关键，丰富幼儿的健康知识、提高幼儿保持健康的能力是根本，这些是健康教育的目标。该教学活动共有弹舌游戏、了解舌头的用途、观察舌头、认知舌头、保护舌头、活动延伸六大环节，其中每一个环节的知识都是对前面旧知识的回顾或引申。要指出的是，旧知识可以是以前学过的，也可以是上一个环节中刚学的，还可以是在其他领域学过的或幼儿已具有的。各环节之间环环相扣，过渡自然。从和舌头相关的知识体系分析，做到了各知识点一脉相承、逐步拓展。从具体的教学方法来看，采取了由表及里、步步深入的方法。

该案例说明科学运用衔接导学策略，不但能使各教学环节衔接紧密，还能有效激发幼儿的学习兴趣，有利于幼儿所学知识新旧呼应，并获得一种系统完整的知识，同时促进了幼儿思维的发展。

二十四、绘画导学策略

绘画导学策略是指在教学活动中教师以画简笔画的方式创设情境，激发幼儿的学习兴趣，并指导幼儿学习的指导策略。

例如，语言活动课"小动物晒太阳"的导学过程。

一、画景物，感知太阳

1. 谈话：小朋友们，现在是什么季节？（春天）初春的天气怎样？（寒冷）到了中午，小动物们喜欢到什么地方去？最喜欢干什么？（到外面玩，吃东西……）到底小动物们喜欢什么，你们想知道吗？小动物们说让老师把它们最喜欢的景物画出来，你们想看吗？

2. 绘画。

（1）（画横向起伏较大的波浪线）老师画的是什么？（大山、蛇……）

（2）（在波浪线上方画红圆）这是什么？（太阳、红圆盘……）

（3）依次在波浪线下方画出弯弯的小河、树木等。

（边画边启发幼儿思考——构成一幅美丽的图画）

3. 提问：小动物们最喜欢的地方都有什么？（有山，有水，有树，有草，有太阳的地方）怕冷、会游泳的小动物们最喜欢什么？（太阳、小河……）为什么喜欢太阳？（暖）太阳有什么特点？（圆、红、亮）

4. 提问：人们都说太阳是最明亮的灯，这是为什么？

5. 小结：晚上地面上的东西看不清楚，太阳出来了非常明亮，山、水、树木等都能看得非常清楚，太阳照得大地亮堂堂。

二、画动物，感受太阳

师：初春的太阳特别圆、特别红、特别亮、特别暖，有哪些小动物会出来晒太阳？（幼儿自由发言）

师：小朋友们都说得非常好（教师画小乌龟在小河边爬）你们看，第一个出来晒太阳的是谁？如果你是小乌龟，你会怎样晒太阳（幼儿模仿：抬头晒头，弓腰晒背，撅屁股晒屁股，翻过身晒肚子）晒后全身有什么感觉？（暖和、舒服）你们学一学舒服的样子吧！

师：小乌龟晒太阳晒得非常舒服。（添画小鸭子）你们看第二个晒太阳的是哪个小动物？

（不断添画新的小动物，指导方法同上）

师：小朋友们，今天第一个晒太阳的是谁？它晒太阳后有什么感觉？……可不可以说"小动物们晒太阳，晒得浑身暖洋洋"？我们一起说两遍好吗？

三、结合绘画，朗读儿歌

1. 教师结合绘画采取多种形式指导幼儿完整说儿歌：太阳红太阳亮，太阳照地亮堂堂。小动物们晒太阳，晒得浑身暖洋洋。

2. 小结：我们今天共同学习了一首新儿歌，名字应叫什么？（《小动物晒太阳》）

四、户外游戏，巩固儿歌

1. 师：小朋友们已学会了《小动物晒太阳》这首儿歌，你们愿不愿意扮成小动物，玩晒太阳的游戏呢？

2. 给幼儿戴上不同的动物头饰，带着他们排队说着儿歌，去户外玩晒太阳游戏。

再例如，教唱歌曲活动《春天真美好》的导学过程。

1. 教师指导幼儿出场，幼儿听骑马的音乐，按节奏小跳步入场。（要求：左臂半握拳前仰，右手叉腰，身稍蹲下做骑马状）

2. 发音练习。（略）

3. 导入：今天老师给小朋友们带来一首非常有趣的歌曲，这首歌曲里隐藏了好多秘密，是什么秘密呢，你们想知道吗？（教师示范唱歌曲）

4. 提问并画春景图：你们从歌曲中都听到了些什么？（幼儿回答：我听到"草儿绿了"，教师用绿粉笔画数丛小草……画成一幅美丽的春景图）

5. 再次欣赏歌曲：小朋友们的听力真好，听第一遍歌曲就听出了这么多秘密，让我们再听一遍这首歌曲，看看还能听到什么。（教师再次范唱）

6. 引导幼儿理解歌词：这次你又听到了什么？歌曲里是怎样唱的？（请幼儿到前面来结合图画讲述或唱出听到的内容）有的小朋友说首先听到的是"春天到了"。是不是老师没有把"春天"画出来？为什么？（春天是一个季节，不是具体的物品，草儿绿了，花儿开了，就说明春天到了）为什么说"春天真美好"？（教师画冬季景物，通过对比说明春回大地，万象更新，所以春天真美好）这首歌中描绘的画面美不美？这首歌的旋律美不美？想不想学？

7. 教唱。（略）

评析：教师利用绘画指导幼儿的教学方法，比直接利用挂图的教学方法更生动有趣，更能吸引幼儿注意，更能调动他们学习的积极性，并能使幼儿更深刻地理解图画意境和所学的内容，提高幼儿观察、思维、联想、艺术欣赏的能力。但使用该策略要求教师的绘画基本功要扎实，应用的范围只适宜便于绘画课的教学。

二十五、练习导学策略

练习导学策略是指在教师的帮助、辅导下，围绕教学目标，通过多种多样的形式重复练习，帮助幼儿熟练地掌握知识和技能的一种方法。它是巩固新知识、形成技能技巧和习惯的基本方法。

例如，小班语言课"雪人"的导学过程。

一、导入活动

师：小朋友们，现在是什么季节？（冬天）冬天下雪了，树上、房子上、地上到处都是积雪，这时你们最喜欢干什么？（打雪仗、滑雪、堆雪人……）

师：你们说一说，雪天小动物们最爱干什么？（引导幼儿自由表达）

师：小动物们在雪天堆了个雪人，想看吗？（出示用白纸做的立体雪人道具）不过我觉得这个雪人怪怪的，像个木头人，一点儿都不好看，这是为什么？（没有眼、鼻、耳、口）

师：堆这个雪人的小动物们为什么没有给雪人添上鼻子、眼睛、嘴巴和耳朵呢？它们跑到哪里去了？快在教室里找一找。（幼儿找出藏在教室里的"小动物"）

师：原来这些小动物回家去取打扮雪人的东西了，你们看，小兔子从家里拿来了什么？（两个黑色的眼睛）它要干什么？（小兔子说："我给雪人贴上黑眼睛，把雪人打扮得很漂亮。"）小兔子说得好不好？你们也说一遍。哪个小朋友能帮助小兔子给雪人贴上黑眼睛呢？雪人贴上眼睛后怎么样？（好看多了）

师：你们看，小花猫从家里带来了什么？（蓝色的鼻子）指导幼儿帮小花猫给雪人粘上鼻子，并说："我给雪人粘上鼻子，把雪人打扮得很漂亮。"

师：小羊从家里带来了什么？（红色的嘴巴）指导幼儿给小羊贴上嘴巴，并说："我给雪人贴上嘴巴，把雪人打扮得很漂亮。"

……

师：小动物们给雪人贴上了眼睛，粘上了鼻子……你们现在觉得这个雪人怎么样？（漂亮）小动物们都能将雪人打扮得很漂亮，你们能不能利用自己的东西将雪人打扮得更漂亮？

（引导幼儿分别给雪人戴上帽子、围好围巾、穿上外套、穿上裤子、系上腰带、戴上手套，并分别说："我给雪人戴上了新帽子，把雪人打扮得很漂亮。""我给雪人围上了花围巾，把雪人打扮得更漂亮。"）

二、组织幼儿围绕雪人，唱着《漂亮雪人》的歌曲结束活动（略）

评析：该教学活动是以雪人为线索，运用反复练习的教学策略，以游戏的形式，指导幼儿帮助小动物给雪人贴上五官，学习运用"我给雪人……把雪人打扮得很漂亮"的句式。为了巩固学习内容，教师从不同角度、不同侧面指导幼儿运用自己不同的物品打扮雪人，巩固练习运用"我给雪人……把雪人打扮得很漂亮"的句式，描述自己的行为。幼儿不但学会了这种句式，还深刻理解了"漂亮"一词的含义。该活动设计因形式多样、内容丰富，让人觉得并不单调，收到了较好的教学效果。

运用练习导学策略应注意以下要点。

第一，使幼儿明确练习的目的、任务和具体要求，在理解的情况下自觉进行练习。

第二，教会幼儿运用正确的练习方法，使幼儿掌握练习方法和实际运用的清晰思路，并鼓励幼儿进行创造，防止幼儿盲目模仿。

第三，练习的方式要多样化、游戏化，由少到多、由浅入深、由易到难、由单一到综合，逐步提高要求，以提高幼儿练习的兴趣，避免单调、乏味的重复。

二十六、主动发现导学策略

主动发现导学策略是指在教学活动中，教师为幼儿创设自主学习的情境和条件，组织幼儿通过各种动手动脑的实践活动，自主发现知识，掌握技能，提高探究能力，体验发现的快乐，提升自学能力、探索精神和创新能力的方法策略。

例如，科学活动课"好玩的皮球宝宝"的导学过程。

一、感知皮球宝宝的外形特征

师：小朋友们，老师为大家带来一大筐玩具。（出示装有皮球且用布遮住的筐子）你们来用手从外面摸一摸，猜一猜是什么。

师：每个小朋友各拿一个皮球，摸一摸，看一看，皮球宝宝长什么样？（鼓鼓的、圆圆的、胖胖的……）什么颜色？（五颜六色）你们觉得皮球宝宝长得怎么样？你们见了皮球宝宝心里是怎么想的？

（小结说儿歌：皮球宝宝圆又圆，五颜六色真好看。皮球宝宝真可爱，我们一起和它玩）

二、幼儿自主探索皮球的不同玩法

师：小朋友们说得真好，下面我们一起和皮球宝宝玩一玩好吗？比一比，看谁的玩法新，玩的花样多。（幼儿探索不同玩法）

师：你们是怎样玩皮球的？（鼓励幼儿大胆表述，并表演自己的玩法——抛、拍、滚、踢、托……）

三、指导幼儿自主观察皮球不同玩法的特点

1. 启发：皮球宝宝可以滚着玩，你们将皮球宝宝分别在地板上、沙坑里或花园的草坪里滚一滚，看谁能发现，皮球在什么地方滚得快？在什么地方滚得慢？

2. 小结：皮球宝宝本领真大，能在不同的地面上滚动，但在平滑的地面上滚得快、滚得远，在不平的地面上滚得慢、滚得近。

3. 启发：通过玩皮球，有的小朋友还发现皮球会跳舞，怎样玩，皮球才会跳舞呢？我们一起玩拍皮球，比一比，看谁的皮球跳得高。（让幼儿自己玩）为什么皮球有时跳得高，有时跳得低呢？

4. 小结：皮球会跳舞，说明皮球有弹性，用力拍皮球，它跳得高；轻轻地拍皮球，它跳得低。

四、引导幼儿探索：怎样让瘪皮球肚子鼓起来

1. 师：皮球宝宝好玩吗？玩了这么长时间，它累了，把它放在筐子里，让它休息一下吧。

2. 师：（出示装有瘪皮球的筐子）小朋友们快来看，这个筐子里的皮

球和刚玩过的皮球有什么不同？瘪皮球能不能玩？试一试。瘪皮球滚不了，跳不起，怎么办？怎样才能让瘪皮球鼓起肚子来呢？

3. 为幼儿提供气筒、气针，让幼儿给瘪皮球充气，并观察充气过程。

4. 启发：小朋友是怎样给瘪皮球充气的？（插气针—连接气筒和气针—用气筒充气—迅速拔掉气针）圆皮球里的气体是怎么来的？（气筒将吸到筒内的空气充到皮球里）

5. 玩一玩：这回所有的皮球宝宝都可以和我们玩了，我们一起用皮球玩投篮游戏好吗？

6. 出示篮筐下系着大口袋的两个篮板，指导幼儿分组将两筐皮球投进篮筐，装入口袋，结束活动。

评析：教师在每一个教学环节都能为幼儿创设宽松的情境，不断激发幼儿参与活动的兴趣，引导幼儿在摸一摸、玩一玩、看一看、想一想的快乐游戏活动中，在自主探索活动中，不断发现，不断创新，相互交流，感受快乐，使每一位幼儿不但掌握了皮球的不同玩法，锻炼了身体，更培养了其自主创新的精神和能力，有利于促进幼儿全面发展。

值得一提的是，运用主动发现导学策略的关键在于发现情境的创设；发现的主体是幼儿，而不是教师；发现的过程是"再发现"，而不是发明；幼儿是在教师指导下发现的。

运用主动发现导学策略应注意以下要点。

第一，教师要根据教学目标、教学内容、幼儿的水平投放教具，创设问题情境，引导幼儿明确任务，认识了解教具，思考解决问题。

第二，幼儿以个人和小组的方式，动手动脑尝试解决问题，完成任务，教师应给予必要的引导和帮助。

第三，教师引导幼儿交流各自的发现、相互评判，并帮助幼儿归纳结论，反思探究过程中的方法，进行知识的迁移或发现新的问题。

二十七、支架导学策略

支架，原是建筑行业的术语，指在建筑操作中，因施工的需要而搭建临时性的架子，当房子修好后这个架子就可以撤掉了。支架导学策略是指教师在指导幼儿进行自主学习时，事先给幼儿建立一个概念性的框架（叫支架），并利用概念性的框架引导幼儿进一步理解问题，完成学习任务，使幼儿发掘潜在能力的策略。

（一）图示支架导学策略

图示支架导学策略是用直观形象的图画做支架，指导、提示、帮助幼儿自主学习的策略。

例如，在科学活动"乱跑的爆米花"的教学中，可将科学实验的三步骤的直观图片呈现给幼儿，引导幼儿观察三幅图的内容。引导一位小朋友将爆米花放入透明的塑料碗中，将盖子盖在小碗上，摇动小碗。然后，将小碗倒扣放在桌上，用手指在碗底上摩擦。然后提出问题："这位小朋友搞什么科学实验呢？我们也来学学他，用塑料碗玩一玩爆米花，看看有什么新发现。"最后在指导幼儿实验探究中使幼儿弄清"爆米花乱跑"的原因是，通过摇动塑料小碗，使小碗与爆米花摩擦而产生静电，爆米花带电后吸附在碗壁或碗底。这时用手指在碗壁、碗底轻轻摩擦，产生的电子与爆米花带的电子是同性的，所以就会出现爆米花乱跑的现象，从而让幼儿了解到同性的电子是相斥的特点。

该教学活动中，教师通过三幅直观的提示性图画为幼儿的自主探究搭建了支架，激发了幼儿的好奇心，并帮助幼儿按照图示的三大步骤顺利完成实验，发现现象中的秘密，在成功中感受快乐、获得知识。三幅图在教学中真正起到了图示支架的作用。

（二）问题支架导学策略

问题支架导学策略就是用不同层次、不同角度、不同深度的问题，为幼儿自主学习搭建支架，引导幼儿去解决问题。

例如，数字 5 的分解教学中，教师可用问题"将 5 个苹果完整地分给两个小动物，怎么分？"做支架，指导幼儿利用实物去探究，从而使幼儿获得对数字 5 的分解的认识，明白了分解的方法。

（三）范例支架导学策略

范例支架导学策略是指教师在幼儿学习之前先为其提供一个范例作为幼儿在自主探究活动中的参照，启示、引导幼儿探究学习的导学策略。

例如，在美术活动课"圆形宝宝变变变"的教学中，教师可示范性地将圆形宝宝变成苹果、救生圈等图形，作为幼儿作画的支架。幼儿在教师示范的过程中不但提高了兴趣，更主要的是幼儿在范例支架的启示下会创作出新的图画。

这里要特别说明的是，在实际教学中，帮助幼儿学习的支架策略是多种多样的，没有固定的形式，最常见的除上面所举之外，还有建议支架导学策略、工具支架导学策略等。

二十八、讲解导学策略

讲解的含义是解释说明。讲解导学策略是指教师借助行为、动作、表演、图片、朗读等辅助手段，通过口头语言向幼儿解释说明学习内容的指导方法。

（一）图示启发式讲解

例如，在健康课"冰激凌好吃不贪吃"的教学中。教师可在出示挂图的同时，惊奇地说："哎呀，这位小朋友怎么双手捂着肚子，皱着眉头，弯着腰，到底是怎么啦？"（肚子疼，不舒服）"这位小朋友手里拿的是什么？"（冰激凌）"为什么会肚子疼呢？"教师在幼儿观察思考后讲解说："这位小朋友吃了好几盒冰激凌，冰激凌虽然好吃，但不能多吃，吃多了会引起肠胃不适，影响健康。"教师的最后讲解是在引导幼儿观察分析后的基础上进行的，幼儿容易理解，并能给幼儿留下深刻的印象。

（二）模拟表演式讲解

模拟表演式讲解是指在教学活动中，教师通过模拟故事中的角色，声情并茂地把所学的内容和情节表演出来，指导幼儿体会其中感情、理解其中含义的讲解方法。

例如，教学儿歌《猫盖新房》：春天到花儿笑，微风轻轻把舞跳，小猫来把新房盖，锯一锯，敲一敲，房子盖得真漂亮，小猫进屋瞧一瞧，屋里藏只大老鼠，喵呜！

在指导幼儿学习儿歌时，可用如下动作，声情并茂地模拟表演讲解。

1. 说"春天到"时，双手举过头，随节奏左右摇摆两下；说"花儿笑"时，双手手腕相碰，托在下巴下做花状，随节奏摆头两下。

2. 说"微风"时，双手举过头，随节奏摆两下；说"把舞跳"时，双手分开从头上向下滑，手指抖动。

3. 说"小猫"时，双手五指张开，屈臂把手放在嘴边，向左右拉动两下，做小猫状；说"把新房盖"时，两手指尖相对拱在胸前，做新房状。

4. 说"锯一锯"时，左手做木头状，右手做锯状，在左手上锯三下；说"敲一敲"时，双手握拳在胸口捶三下。

5. 说"房子"时，两手指尖相对拱在胸前，做房子状；说"真漂亮"时，双臂交叉，手出兰花指。

6. 说"小猫"时，双手五指张开，屈臂把手放在嘴边向左右拉动两下，做小猫状；说"瞧一瞧"时，双手拇指、食指捏成一个圈，放在眼睛上，做望远镜状。

7. 说"屋里"时，双手做房子状；说"大老鼠"时，双手食指、拇指相碰，放在嘴边做老鼠状。

8. 说"喵呜"时，双手五指张开，放在嘴边学小猫叫。

（三）情感式讲解

情感式讲解是指通过教师声情并茂的有感情朗读，指导幼儿体会感悟文中的思想感情，理解所学内容的方法。

例如，语言课《春雨的色彩》。

沙沙沙，沙沙沙……春雨轻轻地飘落下来，迎春花看着身上的雨水，抑制不住心里的喜悦说："黄色的春雨下得多好啊！"

粉红的桃花看了一眼迎春花说："你说的不对，春雨是粉红色的。你看我身上的雨水是不是粉红色的？"

嫩绿的小草摇了摇头说："你们说的都不对！春雨是绿色的。"

……春雨好像没有听见他们的争论似的，仍然沙沙沙轻轻地飘落下来，落在……

这篇散文中，丰富的情感是无法用语言描述的，只能用有感情的朗读，指导幼儿去体会其间情感，去理解所学内容。

（四）动作说明式讲解

动作说明式讲解是指用形象生动的体态语言（手势、眼神、动作等），帮助幼儿理解比较抽象的语句含义的讲解方法。

例如，帮助幼儿理解"频频招手又点头"的意思，可同时做连续不断招手、点头的动作，幼儿一看就心领神会，并能铭记在心。

（五）图示说明式讲解

图示说明式讲解是指利用直观的图画，指导幼儿理解抽象难懂的学习内容的讲解方法。

例如，理解诗歌《小树》，先出示"下雪时爷爷给小树围扎稻草"的图片，并讲解说："冬天，爷爷给小树穿上稻草衣裳，小树就不冷了。"出示"爷爷把扇子放在一边坐在小树下"的图片，并讲解说："夏天，小树给爷爷撑开了绿伞，爷爷就不热了。"

诗歌的意境是很难用语言给幼儿解释清楚的，只有利用直观的图片说明讲解，幼儿才会理解。

讲解导学策略是多样的，例如，还有比喻式讲解，夸张式讲解，对比式讲解等。

运用这一导学策略应注意以下要点。

第一，讲解要抓住重点、难点和关键，深入浅出，必要时可适当重复讲解。

第二，教师讲解的语言要准确、清晰、简练、形象、生动、通俗易懂，符合幼儿的理解能力和接受水平，能引起幼儿的兴趣。

第三，讲解要条理清楚，便于幼儿记忆。

二十九、描述导学策略

描述导学策略是指教师运用形象化的语言描绘、讲述所教授知识内容的教学方法。

例如，教师引导幼儿观察荷花时，可这样描述："小朋友们，你们看，身穿粉红色纱衣的荷花，犹如天上的仙女，迎着朝阳，随着晨风在池塘里翩翩起舞，多么美呀！"

运用描述导学策略能唤起幼儿头脑中鲜明的表象和丰富的联想，帮助幼儿理解事物，获得间接知识，发展形象思维能力。描述导学策略适用于幼儿园的各种活动。

运用描述导学策略应注意以下要点。

第一，语言要绘声绘色、优美且富有感情，把事物描述得生动、具体、形象鲜明。

第二，描述要有一定的顺序，可与实际观察的事物特点紧密结合。

三十、迁移导学策略

一种学习对另一种学习的影响，在教育心理学中称之为"迁移"。迁移导学策略是指把幼儿在一种情境中所学的知识、技能运用到另一种情境中去，巩固提高所学知识或技能的导学策略。迁移可分为横向迁移和纵向迁移两种。

例如，语言活动课《猜猜我有多爱你》的导学过程。

一、讲故事，唤醒经验

师：小朋友们，今天老师给你们带来一个有趣的故事，想听吗？

师：（出示袋鼠形象）来了几只袋鼠？（两只）它们是什么关系？（母子、父子……）小袋鼠和妈妈在干什么？（拉手说话）你们想知道它们在一起说什么吗？（我爱你）今天讲的故事名字叫《猜猜我有多爱你》。

师：（播放动画故事）有一天，小袋鼠的妈妈下班后刚进家门，小袋鼠就一下子扑到妈妈的怀里说："妈妈，我爱你。"妈妈微笑着说："妈妈也爱你。"小袋鼠撒娇地拉着妈妈的手，神秘地说："妈妈，你猜猜我有多爱你。"妈妈想了想，摇摇头说："妈妈猜不着。"小袋鼠从口袋里掏出一块糖说："妈妈你吃糖，糖有多甜，我就有多爱你。"妈妈高兴地接过糖说："宝宝，你猜猜妈妈有多爱你。"小袋鼠着急地说："我也猜不着，你快说。"只见袋鼠妈妈从身边的提包里拿出给小袋鼠买的新衣服说："你看这件衣服有多漂亮，我就有多爱你。"穿上新衣服的小袋鼠快活地跳了起来，它一边跳一边说："妈妈，你看我跳得高不高？""你跳得很高。"妈妈回答说。小袋鼠高兴地说："我跳得有多高，我就有多爱你。"妈妈看着活泼可爱的小袋鼠，举起了双手，故意逗小袋鼠说："你跳得再高也没有这么高。我手举得有多高，我就有多爱你。"小袋鼠一看，对呀，自己跳得确实没有妈妈的手举得高，可它就是不服气，拉着妈妈来到了房子的外面。

二、创设情境，转换角色

师：小袋鼠拉着妈妈到房子外面干什么？（表达爱）你们喜欢小袋鼠吗？想不想也变成小袋鼠呢？好！老师给你们变、变、变。（戴小袋鼠头饰）你看，自己变成了什么？（小袋鼠）

师：老师也想变、变、变，（戴袋鼠妈妈头饰）老师变成了什么？（袋鼠妈妈）好！妈妈和你们一起到房子外面去好吗？

三、进入情境，迁移运用

1. 引导幼儿。

师：（展现袋鼠家外面的景色）你们看房子周围的地面上都有什么？

（花、草、树木、小路、小河）地面上的花怎么样？（美丽、鲜艳、很香、很多）地上长的草呢？（绿、秀、美）树木呢？

师：小朋友们观察得都非常认真，想象力非常丰富，语言表达都非常精彩。妈妈能利用地面上的景物表达对你们的爱，你们能利用地面上的景物表达对妈妈的爱吗？

2. 母子对话示爱。

"花儿有多美，我就有多爱你。"

——"花儿有多鲜艳，我就有多爱你。"

"花儿有多香，我就有多爱你。"

——"花儿有多灿烂，我就有多爱你。"

"草儿有多绿，我就有多爱你。"

——"草儿有多秀美，我就有多爱你。"

......

3. 幼儿讨论示爱。

（1）师：小朋友们说得都非常好，妈妈听了真高兴。你们再观察一下，小袋鼠家的远处和天上有什么？ （大山、大海、蓝天、白云、太阳……）你们四人一组，一起讨论，怎么利用天上的景物以及远处的景物表达你们对妈妈的爱？

（2）幼儿讨论交流，教师引导帮助幼儿将对妈妈的爱提升到无穷无尽（例如，"大海有多辽阔，我就有多爱你""天空有多深远，我就有多爱你"……）

四、课堂延伸

利用家中的各种物品表达自己对爸爸妈妈的爱。

评析：《纲要》中指出，语言是在运用的过程中发展起来的，发展幼儿语言的关键是创设一个能使他们想说、敢说、喜欢说、有机会说并能得到积极应答的环境。该教学活动通过故事活动让幼儿在情境中感知句式"……有多……，我就有多爱你"后，能根据《纲要》的精神，采用迁移导学策略，创设情境，鼓励幼儿结合具体的事物，运用故事中所学的句式，利用看到的景物表达对妈妈的爱，实现了巩固、提高、拓展、应用的教学目标。在教育活动中，如能有效利用学习迁移的客观规律，促进幼儿学习的知识技能积极迁移，不但能使幼儿形成良好的学习品质，提高教育质量，并且对幼儿长大后的学习、工作和生活将产生巨大的影响。

三十一、讨论导学策略

讨论导学策略是指教师组织引导全班幼儿或小组成员，围绕一定的问题，通过讨论的方式进行学习的方法。

例如，大班社会活动课"小鬼当家"的导学过程。

一、活动目标

1. 激发幼儿参与生活游戏的热情，体验当家做主的快乐。

2. 通过讨论、交流，让幼儿大胆表达自己的见解，提高语言表达能力。

3. 帮助幼儿树立健康的消费观念，懂得花钱要合理、有计划、有节制。

二、活动准备

1. 活动前，让父母帮助幼儿认识不同面值的人民币。发放调查表，让幼儿向父母调查家庭一个月的开支情况。

2. 纸币若干、购物小篮若干。活动室内的一个区角设"银行"和"医院"，一个区角设"超市"，"超市"里的商品上贴有价格标签。

三、活动过程

1. 成立"三口之家"。

师：小朋友们，今天我们一起玩"小鬼当家"游戏，三人为一个家庭。（幼儿自愿组合，分担角色，并佩戴爸爸、妈妈、孩子的标志）

2. 领取工资。

师：（将日历翻到1月1日）今天是发工资的日子，每家派一人，请到银行领取工资。（每户发工资10元）

讨论：（1）一个人领取工资后，出了银行，怎样确保财产安全？

（2）把工资拿回家后，怎样花这些钱？

小结：取了工资后，最好装在内衣的口袋里或身上的背包里，出了银行后不能乘坐非常拥挤的公交车，更不能到人多的地方游玩，慎防小偷偷钱。把工资拿回家后，必须做到有计划地用钱。

3. 交水电费。

师：（扮演物业公司职员，将日历翻到 5 号）我是物业公司收费员，现在将上月各家所欠水电费通报一遍，请各家的小主人准备好水电费。

讨论：（1）为什么各家水电费不一样？（2）平日怎样做才能节约用电、用水，从而少付水电费？（3）如果不交水电费，家里会出现什么情况？

小结：只有平日节约用电、用水，才能节省开支。只有按时缴纳水电费，才能保证水电正常供应，不影响生活。

4. 交购物费。

师：（将日历翻到 10 号）工资早已下发了，最近家里的生活用品不够用了，每个家庭成员商量一下，家里最需要什么，赶快去超市购买。（幼儿以家庭为单位购物，教师扮演售货员收钱）

讨论：（1）超市中商品不同，价格也不同，就是同一商品的价格也不同，你是怎样选择商品的？为什么？（2）各家都买了什么？花了多少钱？

小结：市场里的商品因品牌、质量不同，价格也不同，我们应根据实际经济情况，量力选择，合理花钱，不攀比，不盲目高消费。

5. 交医药费。

师：（将日历翻到 15 号）让我们听听广播，今天有什么新闻？（放录音"各位家长注意，今天医院给小孩打防疫针，请交费两元"）

讨论：打防疫针对身体有什么好处？如果不打防疫针会怎么样？（讨论后教师扮演医生，边打针边收费）

6. 交旅游费。

师：（将日历翻到 20 号）时间过得真快，今天旅游公司发来一封信，我将信的内容告诉大家。（读信："各位小朋友请注意，我旅行社要组织10个家庭去花果山的动物王国去旅游。想去的小朋友赶快请爸爸妈妈报名交费吧！每人两元。"）

（教师读信后扮演旅行社工作人员收费，并发给报名家庭一本动物世界画册）

讨论：领了同样的工资，为什么有的家庭交得起旅游费，有的家庭交不起费用，不能去旅游？

小结：家里要花钱的地方很多，平时花钱不能随心所欲，要有节制、有计划。

7. 交流讨论。

（1）平时家里除了在水电、购物、医药、旅游方面要花钱，还有哪些地方需要花钱？

（2）如果真正让小朋友当家，平日里你会怎样节约用钱、合理花钱？

（3）平时节约下来的钱怎么办？可放在哪里？节约的钱存在银行里有什么用？

8. 教师小结。

今天我们当了一回大人，感知了爸爸妈妈当家做主的滋味。爸爸妈妈挣钱很辛苦，当家就更不容易。因此，我们不能想要什么就买什么。平时要节约用水、用电，爱惜自己的物品、玩具、衣服。只有这样做，才能节约更多的钱，在关键的时候才能办大事。

评析：该教学活动中，教师以角色游戏的形式，以讨论为主的学习方法，指导幼儿当家做主，体验当家的辛苦和不易，潜移默化地教育幼儿建立健康合理的消费观念。在教学活动中，如果能恰当地运用讨论策略引导幼儿学习，就能极大地调动幼儿学习的积极性，激活其思维，开阔其思路，培养他们独立思考的能力，提高他们的语言表达能力。事实说明，在教学中开展讨论活动，是保证幼儿畅所欲言、各抒己见，促使幼儿相互交流、相互学习、取长补短、共同提高的好方法。

三十二、认知导学策略

认知导学策略是指在教育活动中，教师根据幼儿"注意—观察—思维（想象）—表达（记忆）"的认知特点，引导幼儿进行自主学习的方法。

例如，小班语言活动课"美丽的春天"的导学过程。

一、美丽的春天

师：小朋友们好！我们一起到田野里寻找美丽的春天好吗？（出示春景图）

师：你们看，春天的景色怎样？（美丽）哪些景物非常美丽？（太阳、云、山、大地、红花、小河、幼儿园）

二、美丽的太阳，美丽的天

1.师：（手指着太阳）小朋友们都说太阳美丽，太阳的什么很美丽？（颜色、形状）太阳是什么颜色的？（红红的）太阳是什么形状的？（圆圆的）红红圆圆的太阳像生活中我们见到的什么东西？红红的圆圆的太阳挂在哪里？（天上）天空是什么颜色的？（蓝蓝的）

2.小结说儿歌：红红的太阳，蓝蓝的天。

三、美丽的云朵，美丽的山

1.师：蓝蓝的天上只有红红的太阳吗？还有什么？（云朵）云朵是什么颜色的？（白白的）白白的云朵像生活中我们见到的什么？

2.师：像棉花团一样的云朵高高地飘在空中。地面上还有什么景物也是高高的？（山）山是怎样的山？（高高的山）一座又一座高高的山像生活中我们见到的什么？

3.小结说儿歌：白白的云朵，高高的山。

四、美丽的大地

1.师：通过欣赏，我们知道春天的太阳、天空、云朵、高山很美丽。下面我们再看一看高山下的草地怎么样？草地是什么颜色的？（绿色的）绿色的草地像什么？（绿地毯）草地上是不是全是绿色？（有红色）红的是

什么？（花）

2. 小结说儿歌：绿绿的草地，红红的花。

3. 师：你们喜欢春天美丽的草地吗？草地的中间还有哗哗流淌的什么？（小河）小河是直的还是弯的？（弯弯的）河水是清清的还是混浊的？（清清的）看了弯弯的、清清的小河，你们的心情怎样？（高兴）在小河一侧的岸边还有美丽的什么？（幼儿园）为什么说幼儿园很美丽？你们喜欢幼儿园吗？为什么？

4. 小结说儿歌：清清的小河，美丽的幼儿园。

五、总结完整说儿歌（略）

评析：该教学案例中，每一个教学环节都按照"注意—观察—思维（想象）—表达（记忆）"这一幼儿认知事物的特点引导幼儿自主学习。幼儿收获了经自主探究得来的知识，提高了学习能力。

三十三、欣赏导学策略

欣赏导学策略是指教师指导幼儿体验客观事物的真善美，借以陶冶情感的引导方法。

例如，音乐欣赏活动课《茉莉花》的导学过程。

一、活动目标

1. 通过观赏、体验，了解茉莉花的颜色、花瓣层次和错落造型。

2. 能够主动参与欣赏活动，体验与花相伴的愉快心情。

3. 通过欣赏，培养幼儿的感受能力、想象能力和表现能力，尝试用不同的动作、表情和造型来表现对音乐的感受和理解。

二、活动准备

1. 提前在活动室里放茉莉花数盆，用纱布盖严；带叶的茉莉花花枝若干。

2. 与茉莉花相关的故事、音乐、录像，以及呼啦圈若干。

三、活动过程

1. 自然聆听歌曲。

师：小朋友们，我们听着音乐，到幼儿园大活动室做游戏好吗？（幼

儿听《茉莉花》歌曲，自然进入活动室）

2. 欣赏美丽的茉莉花。

（1）师：小朋友们，刚才听到的歌曲好听吗？你们听到歌里唱的是什么花？（茉莉花）你们闻一闻，我们活动室有什么味道？（香味）猜一猜，是什么香味？（揭开盖在茉莉花上的纱布）看一看，里面放的是什么？（茉莉花）

（2）师：每一朵茉莉花长得一样吗？花瓣的姿态是怎样的？（有盛开的，有含苞欲放的……）这么多小朋友都在欣赏千姿百态、香喷喷的茉莉花，你们觉得此时茉莉花心情怎样？（这朵很高兴，这朵有点儿害羞……）

（3）师：你们觉得不同姿态的茉莉花怎么样？（美丽、动人……）这么香、这么美的茉莉花能随便摘吗？为什么？

3. 介绍歌曲《茉莉花》。

师：小朋友们，我们观赏的是又香又美的茉莉花，刚才听到的歌曲名字就叫《茉莉花》，这是一首传唱了四百多年的江苏民歌。你们还想听优美动听的《茉莉花》乐曲吗？

4. 用分享故事和表演的方式让幼儿欣赏《茉莉花》乐曲。

（1）小时候，去扬州，闻到花香，听到歌声……一个穿着白色连衣裙的小女孩边唱歌边给茉莉花浇水。

（教师边表演给茉莉花浇水边清唱《茉莉花》歌曲，幼儿欣赏）

（2）在国宴上，一群穿着白纱裙、拿着茉莉花、戴着茉莉花环的姑娘们，绕着茉莉花树，为喝着茉莉花茶的外国客人们演唱《茉莉花》……

（教师三人装扮表演，并唱《茉莉花》歌曲，幼儿欣赏）

5. 游戏欣赏《茉莉花》歌曲。

（1）师：小朋友们，我们一起欣赏了动听的歌曲《茉莉花》，你们想把自己变成一朵美丽的茉莉花吗？

（2）师：怎样让自己变成一朵美丽的茉莉花？（幼儿讨论）

（《茉莉花》音乐伴随幼儿制作茉莉花茶、茉莉花环、茉莉花帽、茉莉花裙等）

（3）组织幼儿随歌曲的旋律表演美丽的茉莉花。

6.活动延伸：用画笔描绘心中的茉莉花王国。

评析：在该案例中，教师采取自然聆听、实物观察、表演、歌唱、游戏等多种形式组织幼儿多方位欣赏歌曲《茉莉花》，开拓了幼儿的音乐眼界，丰富了他们的音乐体验，培养了他们对美丽事物的喜爱之情，陶冶了他们的情操，发展了幼儿的音乐欣赏能力。

运用欣赏导学策略应注意以下要点。

第一，引起幼儿欣赏的兴趣。欣赏前联系幼儿的经验和当前的情境，启发诱导幼儿欣赏的愿望。

第二，利用各种情境激发幼儿强烈的情感反应，如惊讶、赞叹、钦佩、敬仰等，使幼儿受到情感感染和教育。

第三，培养幼儿欣赏美好事物的能力和鉴别真与假、善与恶、美与丑的能力。

三十四、示范导学策略

示范导学策略是指教师在语言和动作的协作下，通过示范的方法，为幼儿提供具体模仿范例的教学方法。

例如，折纸活动课案例"会飞的火箭飞机"的导学过程。

一、导入活动

师：小朋友们好！今天老师带来了一张施了魔法的纸，能变成火箭飞机，你们想看它是怎样变成火箭飞机的吗？

二、示范折飞机

1.先把长方形纸的长边放在胸前，宽边放在两边。

2.右手捏住靠胸的长边向外翻，要和对边端对端，左手抚平展。

3.打开折纸看一看，中间出现一条中线，中线将长方形宽边分成两段，用彩笔在长方形左宽边中点上点一点。

4.以彩点为顶点，右手捏住长方形左宽边中线下半边向上再向右翻，要和中线端对端，左手抚平展；再捏住下边向上再向右翻，再和中线端对端，左手抚平展。

5. 同上方法把长方形左宽边中线上半边向右下翻两次，和中线端对端，压平。

6. 将折纸向下对折，压平展。

7. 手捏住上层的下边向上翻，要和中线端对端，然后抚平展。

8. 将折纸掉头翻身后，再手捏住下边向上翻，要和中线端对端，抚平展。

9. 将折纸旋转180°后，右手拇指和食指、中指配合捏住有中线的中间层将折纸举起，然后左手将中间层两边的折纸抚平。

提问：折好的纸像什么？哪儿是机头？哪儿是机翅？哪儿是机身？

三、示范放飞飞机

1. 激趣：火箭飞机折好了，你们想看它如何飞行吗？

2. 放飞：右手拇指和食指、中指配合捏住机身中点前的一段后，先右转身并把手臂后收，然后在左转身的同时，右臂用力将火箭飞机向前上方抛出。

四、指导折飞机

1. 师：火箭飞机好玩吗？可是只有一架飞机，怎么办呀？（启发大家要自己动手折飞机）

2. 分步指导折飞机。（略）

评析：该教学活动中，教师在语言的配合下，通过示范折飞机、放飞飞机的活动，激起幼儿强烈的学习兴趣，给幼儿留下活动程序的完整印象，为指导幼儿折飞机、放飞飞机奠定了基础，进而收到了较好的教学效果。

示范导学策略在美工、音乐、体育教学活动中经常运用。运用示范导学策略应注意以下要点。

第一，进行示范动作时，要选择好位置，使每个幼儿都能看清楚。

第二，示范动作要慢一些，示范语言要清楚准确，并对细节适当加以解释。

第三，进行语言示范时，要声音洪亮、吐字清楚、用词准确、速度适中、富有表现力。

三十五、范例导学策略

"范例"一词的含义为好的、典型的例子。范例导学策略是指在教育活动中,教师给幼儿提供典型的、形象的、具体的、清楚的、示范性的例子,引导幼儿去感知、欣赏、模仿、创新的学习方法。

例如,美术活动课"彩绘石头"的导学过程。

一、导入活动

师:小朋友们好!幼儿园美术室展示了许多用石头创作的美术作品,我们一起看一看好吗?

二、介绍范例作品

1. 本身带花纹的"雨花石"。

2. 教师亲手制作的石头彩绘作品。

3. 在网页上搜到的石头彩绘作品图片。

4. 往届大班幼儿制作的石头彩绘作品。

三、观察范例作品

1. 小朋友们喜欢这些彩绘作品吗?这些作品都是用什么材料创作的?作品上都画了些什么?作品有什么特点?

2. 你最喜欢哪个彩绘作品?为什么?

四、小结启发

这些用五颜六色的水彩绘出的石头,不仅色彩鲜艳,轮廓清晰,而且内容丰富,有山水,有人物,有动物,有风景……每件作品都美丽奇特。你们想不想在石头上画出更美丽的图画?

五、幼儿创作

(略)

评析:该美术教学活动中,教师首先为幼儿分别展示介绍了多种范例作品,扩展了幼儿欣赏的艺术空间,不同风格的范例作品不断刺激幼儿的视觉感受,丰富了幼儿的审美感知,加深了幼儿对范例作品的理解,激活了幼儿的思维,激起了幼儿创作的欲望,为幼儿创作出更好的作品奠定了基础。

范例导学策略多用于美术、美工和思想品德课的教学中。美术、美工活动一般以绘画、纸工、泥工作品为范例，供幼儿观察、模仿学习。范例包括图片、模型、玩具、画册、实物标本以及教师画的图画或做的手工、贴绒样品等。思想品德教育中，以优秀人物为范例。

运用范例导学策略要注意以下问题。

第一，教学中范例的大小以让每个幼儿看清楚为宜。

第二，范例的难易程度要与幼儿的实际水平相当。

第三，范例要色彩鲜艳、画面清晰、形象突出、具有典型性。

第四，范例要多样化，能从不同角度反映事物的面貌，以开阔幼儿的思路，为开发其创造性思维奠定基础。

第五，范例的运用要恰当，一般不宜多用，以免影响幼儿想象力的发挥。

三十六、讲述导学策略

讲述是指把事情或道理讲出来。讲述导学策略是指教师为幼儿提供具体、形象、直观的实物、图片或故事情境，指导幼儿通过口头语言并配以表情与动作，生动地讲述所观察到的知识的教学方法。其具体类型有实物讲述、看图讲述、编故事等。

例如，看图讲述活动课"小鸡和小鸭"的导学过程。

一、教学要求

通过图片线索，引导幼儿积极观察、思考，开发幼儿智力，并让幼儿用比较连贯的语句描述角色的动态、行为，提高其口语表达能力，正确理解并使用"渡""掉""提""滚""游"等动词以及"聪明""能干"等形容词。

二、教学准备

1. 学唱歌曲《小鸡和小鸭》，了解小鸡、小鸭的生活习性。

2. 准备有关小鸡和小鸭的动画课件。

三、教学过程

1. 学唱歌曲，谈话导入。

（1）教师教唱歌曲《小鸡和小鸭》：小鸡唱歌叽叽叽，小鸭唱歌嘎嘎嘎，叽叽叽，嘎嘎嘎，叽叽叽嘎嘎嘎。

（2）师：小朋友们唱得真好听！你们看，谁来了？（出示图片一：小鸭在小河东岸房子前玩，西岸的小鸡来到河边准备到小鸭家去）

2. 观察图片一并讲述内容。

（1）师：这是什么地方？小鸡在小河边干什么？（望着对岸）河的对岸是谁的家？（小鸭）小鸡想去干什么？小鸡不会游泳，看见走出家门的小鸭子，会怎么做？

（2）教师指导幼儿看图一并完整讲述其内容：有一天，小鸡去好朋友小鸭子家玩，一条小河挡住了去路。小鸡着急地站在小河边大声喊："小鸭子！小鸭子！我不会游泳，快来帮帮我！"

（3）师：小鸡喊小鸭帮她过河，如果你是小鸭子，你会用什么办法帮小鸡渡过河？（出示图片二：小鸭用木板拉小鸡过河）

3. 观察图片二并讲述内容。

（1）师：小鸭听到小鸡的喊声，带了一块什么东西游过了河？（木板）小鸭是怎样用木板帮小鸡过河的？（坐、推）小鸭为什么不驮小鸡过河，而采用木板推的办法？这说明了什么？

（2）教师指导幼儿看图二并完整讲述其内容：小鸭带了一块木板，游过小河，让小鸡坐在木板上，它推着木板，帮小鸡渡过了小河。

（3）师：小鸭帮小鸡渡过小河后，会带小鸡到哪里玩？（出示图片三：小鸭掉进西瓜地边的土坑里，小鸡提来一桶水）

4. 观察图片三并讲述内容。

（1）师：过了小河，小鸭带小鸡来到哪里？（西瓜地）发生了什么事？（小鸭掉进了深土坑里）小鸭为什么会掉到土坑里？（不小心、跑得快）小鸡想什么办法救出小鸭？小朋友们还有什么好办法救小鸭？

（2）教师指导幼儿看图三并完整讲述其内容：过了小河，小鸭带小鸡去地里摘西瓜，自己不小心掉进地里的一个土坑里，小鸡跑到小鸭家，提来一大桶水，倒进土坑里，把小鸭救出来了。

（3）师：小鸡把小鸭救出土坑后会干什么？（摘西瓜）摘了又大又圆的西瓜后，怎么把它运回家？（出示图片四：小鸭和小鸡滚着西瓜到小鸭的家）

5. 观察图片四并讲述内容。

6. 引导幼儿看图完整讲述故事，并给故事取名。

7. 提问：从他们做的事情可以看出，这是怎样的小鸡和小鸭？

8. 唱歌曲《小鸡和小鸭》，结束活动。

评析：在教学活动中，教师不但能为幼儿提供直观、生动、形象的情境画面，而且能有序地引导幼儿进行观察，并能充分利用幼儿已有的生活经验开展讲述活动，提高了幼儿的语言表达能力。

运用讲述导学策略应注意以下要点。

第一，讲述的语言要准确、生动、形象、富有感情。要把握好语言的速度、语音的变化、感情色彩等。

第二，讲述的内容要简明扼要、重点突出。

第三，指导幼儿讲述时，教师要事先交代清楚讲述的要求；讲述过程中，要提醒幼儿围绕讲述对象进行讲述。

第四，教师要注意倾听幼儿的讲述，及时给予鼓励和必要的帮助，但切忌用过多的指点干扰幼儿的讲述。

第三节　在导学活动中掀起高潮的策略

在教学活动中，常常可以看到这样的现象：有的幼儿在活动中为自己的新发现欣喜若狂，有的幼儿为自己解决了问题或掌握了新技能而兴奋不已，有的幼儿为了参与活动摩拳擦掌、争先恐后，有的幼儿全身心地投入到活动中，完全不受外界影响。这些情况下的幼儿完全处于创造的激情和参与的亢奋中，他们的注意力高度集中，处于异常兴奋的状态。此时的教学活动已达到高效的境界，即达到了教学活动高潮。掀起教学活动高潮的策略是指在教学活动中，将幼儿的情绪、认知、外显与内隐的能力推向最活跃状态的方法和艺术。

一、活动高潮构成的要素

（一）情绪的兴奋性

在活动高潮状态下，幼儿情绪的具体表现是异常激动、兴奋难抑，会伴随一系列外部特征，如表情愉悦而生动、动作夸张、语言丰富而紊乱等。

（二）智力的活跃性

在活动高潮状态下，幼儿的思维非常活跃，具体表现为想象力丰富、思维敏捷、手脑并用、智行合一。幼儿能深刻体验到追求真理、进行脑力活动的自豪感，能切身地体验到探索知识、进行智力活动的尊严。

（三）审美的艺术性

审美的艺术性是指要想让活动达到高潮，活动的形式、内容必须达到让教师欣然、学生释然、观者畅然的境界。整个活动过程能让所有参与活动的人感觉是一种美的享受、美的体验，感觉该活动仿佛是一件完美无缺的艺术珍品。

（四）高度的效益性

高度的效益性是指在有限的时间内不但能迅速突破重点、难点，而且能超越教学目标，完成教学任务，收到更佳的教学效果。

二、掀起活动高潮的策略

(一) 情动感染策略

情动感染策略是指在教学活动中，要根据幼儿情感性的活动、认知性的活动总是充满浓厚的情感色彩这一特点，在活动的关键之处凝理注情、触动心灵，设法让幼儿获得强烈的情感体验，使幼儿的情感世界与活动创设的情境产生共鸣，激起幼儿参与活动的热情，进而将教学活动推向高潮。

例如，在诗歌《轻轻的》教学过程中，教师先用甜美而动情的声音朗诵诗歌：轻轻的云朵/轻轻的风/轻轻的柳条/轻轻地动/轻轻的小船/轻轻地划/轻轻的浆声响不停/我轻轻地唱支划船歌/轻轻是我/我是轻轻。幼儿凝神地听着。然后教师指导幼儿学习理解诗歌内容。最后，引导幼儿仿编诗歌，启发幼儿说："小朋友们，天上的云彩是轻轻的，风也是轻轻的；小船是轻轻的，划起来是轻轻地。那么，还有哪些东西是轻轻的？它们动起来也是轻轻地？"教师先引导幼儿用叙述性语言表述自己的想法，然后帮助幼儿编成诗句。有的幼儿编出了"轻轻的摇篮轻轻地摇"，有的幼儿编出了"轻轻的鱼儿轻轻地游"，有的幼儿编出了"轻轻的浪花轻轻地翻""轻轻的风儿轻轻地吹"等诗句。教师与幼儿一起用轻柔温情的语气朗诵幼儿编的诗歌，使幼儿全身心地沉浸在深情之中。在整个活动过程中，没有欢歌笑语，没有大起大落，没有紧张和刺激感，只有师生情感上的一片陶醉，只有师生强烈的心灵感染，只有师生情真意切的感情激荡。

在这个教学活动中，贯穿始终的是一个"情"字。教师牢牢地抓住幼儿情感易受感染的特点，将活动推向了高潮，收到了良好的教学效果。

(二) 随机应变策略

随机应变策略是指在教学活动中，面对突发事件或意想不到的新问题，教师能够利用自己的教育智慧，随机应变，因势利导，出奇制胜，迅速地将幼儿的无意注意转到有利于实现教学目标的方向上来，并将教学活动推向新的高潮。

例一："制汽水"活动

在活动中，教师正在引导小朋友们津津有味地品尝自己的成果的时候，突然一个小朋友惊喜地叫起来："看，快看，我瓶子里的小玉米跳舞啦!"小朋友们"哗"地围了过去。教师赶忙也走过去看个究竟。原来是不爱喝汽水的杨杨，制好汽水后觉得没事做了，就将一粒玉米放进了她自制的汽水杯里（这粒玉米是上午种植活动时，经老师同意后她留下的），此时玉米正在杯里上下沉浮呢。教师没有像一般教师那样批评杨杨，而是表扬了她很会探索。随即让保育员赶快去拿了些玉米，于是，"制汽水"活动马上又变成了小实验"玉米粒跳舞"。小朋友们的兴趣更加高涨起来，兴奋地观察着玉米粒在汽水瓶里上下沉浮，努力想办法看怎样才能使玉米粒"跳"得更快、更久。

在这次活动中，教师并没有设计"玉米粒跳舞"的小实验。小朋友杨杨发现"玉米跳舞"的事对于预设的活动来说，属于偶发事件，但这位教师能随机应变，巧妙地将发生的偶然事件转化为教育活动的有机组成部分，将活动推向新的高潮，给教学活动增加了几分趣味。

例二："认识小火车"活动

有位教师在音乐课上先组织幼儿观察小火车的图片，帮助幼儿熟悉歌词后，为了激发幼儿欣赏歌曲的兴趣，引导幼儿说："小朋友们，现在我们一起模仿司机开火车的动作，听老师唱《小火车》的歌曲好吗?"话音刚落，有一位幼儿突然大声说："我爸爸就是火车司机。"一石激起千层浪，好多幼儿也不甘示弱地大声喊："我爸爸是汽车司机!""我爸爸是挖掘机司机!""我爸爸是吊车司机!"……课堂上顿时乱作一团。面对突如其来的新问题，这位教师一点儿也不生气，而是面带着微笑组织幼儿充分表达后引导他们说："好多小朋友都为自己有一个当司机的爸爸感到骄傲，老师想考一考小朋友，哪种车的车厢最多? 拉的东西最多? 为祖国贡献最大?（火车）为什么?（火车的车厢多，轮子多，跑得快）你们以后想当什么司机?（火车司机）好! 现在我们一起模仿火车司机开着小火车听《小火车》的歌曲好吗?”幼儿在后面的教学活动中非常投入、非常认真，教师收到了极好的教学效果。

在这节音乐课上，因教师提起火车司机引起幼儿争着说自己的爸爸是司机，这是教师没有预想到的事情。这位教师面对突如其来的新问题，能紧紧抓住课堂上生成的动态教育资源指导幼儿对比讨论，使幼儿经过讨论交流，深刻地认识到火车在众多车辆中本领最大。这样既拓宽了幼儿的知识面，又进一步激发了幼儿对火车的兴趣，自然会回归到主题活动中来，音乐活动也达到高潮。

以上两位教师最大的特点是不拘泥于活动原有的计划和目标，能利用突发情况做出有利于儿童发展、有利于教学目标实现的调整。这是教学中具有生成性思想的体现，正是新的教育观、课程观所提倡的。

(三) 奇特操作策略

奇特操作策略是指在教学活动中，教师根据幼儿好奇心强这一心理特点，充分利用新颖、奇特的玩具或材料进行操作演示，吸引幼儿积极主动参与活动，进而掀起学习高潮的激励策略。

例一：大班语言活动——学习和“表情”有关的词语

1. 谈话激趣：今天老师给小朋友们带来一个小魔术，你们想看吗?（出示长方形纸板）这是什么? 你们猜一猜，它能变出什么?

2. 以魔术表演教学有关“表情”的词语。

（1）师：（摇动纸板）变变变，变出了什么?（一个小娃娃的脸）这个小娃娃的表情怎样?（平静、安静、安详、和气）

（2）师：这个面部表情安详平静的小娃娃还会变吗?（摇动纸板）变变变，小娃娃变成了什么脸?（笑脸）怎样笑?（微笑）为什么微笑呢?（开心）开心时心情怎样? 人除了微笑以外还会怎么笑?（哈哈大笑、会心地笑、偷着笑、欢笑、傻笑、嘲笑、冷笑、皮笑肉不笑、狂笑……）

（3）教师利用变魔术的方法变出不同的笑脸，让幼儿说出对应的词语。

（4）师：这位含笑的小娃娃表情还会变吗？（摇动纸板）变变变，爱笑的小娃娃怎么啦？（哭了）为什么哭？

例二：大班科学活动"认识酸碱反应"的"制作跳跳糖"活动

教师为幼儿准备了柠檬酸、苏打粉、棉花糖等材料。教师在示范制作之后，引导幼儿自己动手制作：先将两小匙柠檬酸和一小匙苏打粉舀入小碗中，充分搅拌，再将一小匙棉花糖放入碗中使其粘满酸碱混合物，这样别具风味的糖就制作好了。然后，让幼儿把做好的糖放入口中感觉自制的糖是否在嘴里"跳"。活动中，有的幼儿做出的糖味道新鲜别致，于是津津有味地吃起来，陶醉极了；有的幼儿做出的糖非酸即涩，不住地咂嘴吐舌头。成功了的幼儿或马上去帮助别人做，又投入到新的制作活动中去；或将做好的糖分给其他小朋友品尝，成就感涌上心头。没成功的幼儿也重新投入到新的制作中去，认真而谨慎，待终于成功了，欢呼雀跃。整个教室里充满了"你尝尝，很好吃的！""哎呀，真难吃，又失败了！""我来帮帮你吧！""哇！我成功了！"等声音，孩子们一个个都快乐地忙碌着。

幼儿以无意注意为主，注意力集中时间很短，容易被新的情况所吸引。第一个案例中的教师能充分利用幼儿注意力的特点，采用变魔术的方法，不断创设新的教育情境，将幼儿的注意力紧紧地吸引到活动中去，把活动从一个高潮推向另一个高潮。

第二个案例中的棉花糖、柠檬酸、苏打粉等材料对幼儿来说都是比较新奇的，更新奇的是糖在嘴里跳的体验，能让幼儿兴奋不已，这对掀起活动高潮起了很大的作用。

以上两个案例的区别是，前者的重点是教师用奇特的材料操作演示，后者的重点是教师指导幼儿自己用奇特的材料进行制作。共同点是都根据幼儿好奇心强的特点，利用新颖奇特的材料，激发幼儿的兴趣，形成活动高潮。

（四）参与表演策略

教育心理学家罗杰斯认为，真实的情境和活动是最能引起态度和情绪的学习方式。参与表演策略是指在教学活动中，给幼儿创设真实的问题情境，组织幼儿参与并表演教学内容中的情境，将幼儿的学习积极性激发到新高度，形成教学高潮的指导策略。

例一：小班社会活动课"小狗点点过生日"

小狗点点问妈妈："今天我过生日，我们家的亲戚会来吗？"妈妈说："你给它们打电话，它们会来的。"小狗高兴地拨通了每位亲戚的电话，邀请它们来家里做客。

"咚咚咚"，原来是大公鸡在敲门，小狗点点打开门迎了上去说："公鸡哥哥，欢迎你！"公鸡说："你今天过生日，我送你一束鲜花，你喜欢吗？"小狗点点接过鲜花说："我喜欢，谢谢你。"

"咚咚咚"，原来是老黄牛在敲门，小狗点点打开门迎接了上去说："黄牛伯伯，欢迎你！"老黄牛说："你今天过生日，我送你一身漂亮的衣服，喜欢吗？"小狗点点接过衣服说："我喜欢，谢谢你。"

"咚咚咚"……

某教师采取师生互动的情境教学方式，指导幼儿在熟悉理解教学内容后，启发幼儿说："小狗点点的亲戚除了大公鸡、老黄牛还会有谁呢？"（小猪、小羊、小兔、小猫……）小狗点点过生日，亲戚除了送鲜花、衣服外还可以送什么？（帽子、蛋糕、玩具）好！我们一起唱着歌玩"送生日礼物"的游戏好吗？

教师设计的"送生日礼物"游戏是这样的：一位教师扮演小狗点点，坐在家里，幼儿分别戴上自己喜欢的小动物的头饰，扮演小狗点点的亲戚，站在门外。游戏开始时，另一位教师带领幼儿创造性地表演歌曲。

歌声停，"小狗点点"开门，幼儿送礼物，按所学内容的对话形式，开展对话，客人进屋后，游戏继续进行。

例二：中班教唱新歌《小花猫和小老鼠》

教师先创设情境：一只小老鼠悄悄出了门，东看西看，上看下看，见没有小花猫，很是得意，高兴地唱起了歌：我是小老鼠，瞪着小眼珠，龇着两只小牙，长着八字胡……正当小老鼠乐滋滋地偷吃粮食时，只听"喵喵喵"几声，小老鼠吓得连滚带爬回了家（歌声起：我是小花猫，喵喵喵喵，吓得老鼠赶快往回跑）。活动临结束时，这位教师设计了"猫捉老鼠"的游戏：由教师扮演小花猫，幼儿扮演小老鼠。游戏开始时，要求"小老鼠"唱第一段歌后，继续创造性地表演小老鼠；等"小花猫"唱第二段歌"吓得老鼠赶快往回跑"后，"小老鼠"才可以往家跑。这时，"小花猫"抓到谁，谁就当小花猫，游戏继续进行。

在以上两个活动案例中，两位教师都是通过设置情境，先指导幼儿生动形象地理解所学内容，然后开展情境游戏活动，让幼儿在玩中学、乐中学，特别是让幼儿参与活动，进行富有情趣、生动的表演，把幼儿的情绪充分调动起来，把教学活动推向新高潮。幼儿感受到了快乐，巩固运用了所学的知识，其情感态度、能力、知识、技能等方面都得到了发展。

（五）活动竞赛策略

人的大脑处于竞赛状态时的效率比平时的效率高得多，即使对毫无直接兴趣的智力活动，因渴望竞赛取胜而产生的间接兴趣，也会使他们忘记事情本身的乏味而兴致勃勃地投入到竞赛中去。因此在教学活动中运用竞赛的手段制造活动高潮，既符合幼儿身心发展的特点，也是一种好策略。

例如，9 的加法列算式比赛教学过程。

一、热身练习比赛

师：热身练习比赛马上开始，小朋友们准备好了吗？相对的两人一组，两人一副棋盘，一人用黑棋子，一人用白棋子。首先，我们来进行热身赛：两人一组，每组小朋友用"剪刀、石头、布"的方式决定谁先出棋。我出示一个数，要求小朋友出的黑棋和白棋合起来是我给你们的数。（教师分别示数：3，4，5，6，幼儿按要求练习出棋子）

二、正式列式竞赛

师：我现在正式出示数字 9，要求每组两位小朋友出的黑棋子和白棋子合起来必须是 9，并且根据每次出的黑白棋子数列出和等于 9 的算式，比一比，看哪个组能利用棋盘列出和等于 9 的全部算式。（幼儿自主探究比赛）

三、验证比赛结果

师：请把你们的算式告诉大家。（幼儿相互验证）

四、教师小结和是9的加法算式（略）

师：请把你们的算式告诉大家。（幼儿相互验证）

评析：在这次比赛活动中，幼儿参与的积极性都很高，如此就形成了从对列算式计算无直接兴趣的认识活动转化为通过竞赛而产生间接兴趣的智力活动，这样有助于形成紧张而活跃的高潮气氛，提高了活动的效率和质量，并使幼儿在短时间内列出了和等于9的全部算式。

（六）悬念激情策略

悬念激情策略是指在教学活动中，教师有目的、有计划地给幼儿设置悬念，将幼儿的求知欲望激发到极点，让幼儿产生强烈的求知欲和参与活动的强烈动机，进而指导幼儿参与到学习探究活动中去的引导策略。

例如，在语言课《龟兔赛跑》的故事教学中，某教师讲："龟兔第一次赛跑，乌龟第一个跑到了山顶，取得了胜利，可兔子不服气，要求进行第二次比赛，乌龟同意了。随着一声枪响，小乌龟和兔子几乎同时冲出了起跑线，向山下跑去，结果小乌龟又取得了第一名，这是为什么？如果你是小乌龟，你会用什么聪明的办法战胜兔子，获得比赛第一名？"接着组织幼儿进行讨论，让幼儿积极动脑，各抒己见，在争论的过程中将语言活动推向高潮。

再例如，在科学活动中，某教师在让幼儿认识鸡蛋后，又表演了一个踩鸡蛋的节目。教师将6个同样大的鸡蛋分两排挨紧放好，再在上面放了一块承重的小木板，说："小朋友们，如果老师站在这块木板上，下面的鸡蛋会怎么样呢？"然后教师像表演杂技节目的演员一样平稳地站在木板上，而鸡蛋并没有和幼儿预料的那样被踩碎。幼儿们惊奇地鼓起了掌，说老师会气功，会表演魔术。教师听了，引导幼儿说："老师不会表演魔术，更不会气功，因为这里面有秘密，你们想知道吗？"在教师的引导下，幼儿全身心地投入到探索、发现、验证的科学探究活动中去。

从心理学方面讲，悬念是指人们急切期待的一种心理活动。上面所展示的案例都使用了悬念激情策略。悬念激情策略可迅速集中幼儿的注意力，唤起他们的学习兴趣，激发其探究的欲望。

（七）探索创新策略

探索创新策略主要指在教学活动中，教师为幼儿提供丰富的材料，提出明确的活动目标，引导幼儿操作相关的材料并利用材料大胆创新的策略。

例如，在体育活动中，教师为幼儿提供足够的气球，让幼儿比一比谁在玩的过程中创造的玩法多。由于这样的学习活动是自主的，幼儿兴趣高，能积极探索，将活动推向高潮。最后经过进一步交流，幼儿探索出双手压气球、脚踩气球、抛气球、托气球、双腿夹气球、头顶气球等多种玩法。

探索活动最大的特点是，教师为幼儿提供展示才能的平台，幼儿的活动是自主的，能在探索的过程中深刻地感受到探索创新的艰辛和获得成功的快乐，因此幼儿特别喜欢这种活动方式，玩的时候特别放松、特别投入，能将活动推向高潮。

（八）推波助澜策略

"推波助澜"的本义是使水掀起大波浪，比喻从旁鼓动，助长声势（多指坏事），使事态扩大。推波助澜策略是指在教育教学活动中，教师根据幼儿的兴趣和需求，因势利导，鼓励支持幼儿进行探索，引发幼儿深层次思考，不断将幼儿的学习活动引向深入、推向高潮的策略。

例如，在"制作汽水"的科学活动中，教师引导各组幼儿用小苏打、柠檬酸、白糖、白开水制作汽水时，好多幼儿都惊喜地叫起来："杯子里的汽水冒泡泡了，汽水烧开了。"教师非但没有批评兴奋的幼儿，反而激励幼儿说："小朋友们都非常聪明，善于观察，发现新做的汽水里冒泡泡，像烧开的水一样，我们用汽水煮爆米花好不好？"幼儿情绪更加高涨。教师马上取来爆米花，组织幼儿玩起"汽水煮爆米花"的游戏。幼儿看着爆米花在汽水中上下翻腾，一边兴奋地观察，一边喊："爆米花跳舞啦！爆米花跳舞啦！"将活动推向高潮。教师进一步因势引导幼儿思考："为什么汽水会像开水一样冒泡翻滚？爆米花为什么会在汽水中跳舞？"经过讨论，使幼儿明白原来是汽水中产生的二氧化碳导致的。

再例如，幼儿园组织的亲子观察活动"玉米娃娃"中，小朋友们在妈妈的陪同下观察黄、白、紫、黑色的玉米，都喊着："妈妈，我要吃玉米。"教师乘机鼓励家长带着孩子开展"吃玉米"的活动。各组的小朋友在妈妈的带领下，群情激昂，各显神通，蒸、煮、炒、炸，做出了一系列美食：甜甜玉米粥、烧烤玉米棒、排骨玉米汤等。孩子们不仅大饱口福，而且目睹了烹制美食的方法和过程，真可谓"吃出了学问"。

在上面的两个案例中，教师都能抓住幼儿在活动中情绪很高、想有所发现的最佳教育时机，通过语言的推波助澜和行动的支持，将幼儿的体验活动从一个高潮推向另一个高潮，收到了良好的活动效果。事实说明，推波助澜策略是将活动推向高潮的好方法。

第四节　结束教学活动的策略

一次科学艺术的教学活动，不能只有引人入胜的导入环节、环环相扣的导学环节以及令人振奋的活动高潮环节，还应有耐人寻味的结束环节。精彩的结束环节能激活幼儿脑中已有的信息，将幼儿的学习思维进一步提高，使教学活动达到"言有尽而意无穷，余言尽在不言中"的完美境界。

结束教学活动的一般策略如下。

一、总结归纳策略

总结归纳策略是指在教学活动快结束时，教师用准确简练的语言，把学习活动的主要内容，尤其是能直接实现目标的内容加以总结归纳，加深幼儿对所学知识与技能的印象的策略。

例如，某位教师在指导幼儿观察了水以后，以组织幼儿开展猜谜活动结束课程。（谜语：A. 刀砍没有缝，枪打没有洞，斧头砍不动，没牙能咬动。B. 在小溪里游玩，在池塘里睡觉，在江河里奔跑，在大海里欢笑。C. 无色透明没有味道，人们生活离不了，天上下地上流，工业农业都需要）

再例如，在指导幼儿认识 5 以内的数字后，教师一般会根据每个数字的形状编成数字儿歌来结束活动："1"像铅笔能写字，"2"像小鸭水中游，"3"像耳朵能听话，"4"像小旗迎风飘，"5"像小钩能钓鱼。

上面所举案例一将幼儿所学的知识总结归纳为谜语，让幼儿猜，既加深了幼儿对水的认识，又培养了幼儿爱思考的好习惯。案例二将幼儿所学知识归纳总结成生动、形象、有趣的儿歌，将机械记忆转化为意义记忆，结束教学的效果非常显著。

在使用总结归纳策略时要注意以下问题。

第一，要根据本班幼儿的实际水平与特点，最好是启发幼儿自己先归纳总结，然后教师再补充小结，教师不能包办代替。

第二，在总结归纳的方式上，要根据教学实际而定。教师可简明扼要地讲解要点，也可启发幼儿回忆并复述要点，还可组织幼儿创编儿歌，开展与主题活动相关的游戏等活动，或者使用现成的儿歌、游戏等形式形象化地做总结。

二、操作练习策略

操作练习策略是指在教学活动结束时，通过引导幼儿参与多种多样的操作活动，练习操作方式，巩固所学知识，进一步形成技能的教学策略。

例如，在社会活动"筷子宝宝"的教学活动中，某教师让幼儿介绍自己利用什么工具帮助自己进餐，从而引出筷子的概念，然后对筷子的知识进行扩展，介绍了筷子的种类、样式以及发展变化的情况，进而给幼儿提供黄豆、小石头、小木片、小土块、小纸团等操作材料，组织幼儿尝试用筷子夹东西，并讨论"什么东西容易夹？什么东西不容易夹？怎样使用筷子？"等问题。最后开展用筷子夹纸团的比赛活动：将桌子摆成一行，幼儿分成两队分别站在桌子两边，每人前面都放一双筷子、一个盘子，两队的第一个小朋友分别从小筐里夹纸团放到第二个小朋友的盘子里，其他小朋友依次夹纸团传下去，先完成的队取得胜利。

这次活动以筷子为主题，最后以操作比赛的方式结束活动，既增强了活动的趣味性，又提高了幼儿参与活动的积极性，将活动推向了高潮，同时巩固了幼儿使用筷子的技能。

运用操作练习策略结束教学要注意以下问题。

第一，操作练习的材料要充分，便于幼儿操作练习，便于幼儿将生活所学与课堂所学进行双向迁移，并获得学习的意义。

第二，设计的操作练习活动在内容上要能集中运用所学技能。

第三，操作练习活动要与前面的教学环节有机联系起来，做到自然过渡。

三、游戏表演策略

幼儿的身心发展特点决定了幼儿在学习活动中容易分散注意力，容易疲劳。而当教学活动结束时运用提问、总结评价等成人化的教学方式巩固所学知识，肯定收不到理想的效果。而幼儿天生好动，喜欢游戏，因此在教学活动中应尽量以组织幼儿围绕活动主题开展生动有趣的游戏表演来结束课程。

例如，在故事课《小蝌蚪找妈妈》的教学活动中，可采用音乐游戏的策略结束教学活动，巩固所学知识。游戏过程是由一名幼儿扮演小蝌蚪在小河里游，全体幼儿演唱歌曲《小蝌蚪找妈妈》。歌声停，扮演小金鱼的幼儿出现，与扮演小蝌蚪的幼儿对话。对话结束后，音乐起，游戏重新开始，依次出现小鸭子、小螃蟹、小乌龟，分别和小蝌蚪对话，最后小蝌蚪和妈妈对话，结束活动。

游戏表演是幼儿最喜爱的活动，也是结束课程最常用的策略，在使用时，游戏的内容要紧扣主题，游戏最好让每名幼儿都参与。

四、水到渠成策略

水到渠成策略是指在教学活动中，根据幼儿的认知规律，按照活动内容的逻辑顺序组织教学，最后自然收尾，结束活动的策略。

例如，在科技制作活动中，幼儿在教师的引导下自制了小飞机玩具。幼儿们情绪高昂，跃跃欲试，这时教师说："小朋友们，你们每人制作的小飞机都非常漂亮，大家也非常高兴。下面我们一起到操场上去放飞自己的小飞机，比一比看谁制作的小飞机飞得高、飞得远好吗？"然后组织幼儿离开活动室去放飞机，结束教学活动。

这种结束方式顺理成章，水到渠成，并且能承上启下，体现了活动的延续性。另外，教师能准确把握活动的进程和时间、节奏，使结束活动过渡自然，与之前的教学环节相呼应，有效地达到了预期的教学目标。

五、拓展延伸策略

拓展延伸是指在宽度、大小、范围上向外延长扩展。拓展延伸策略是指在结束教学活动时，引导幼儿把本次活动中所学的知识、技能等，在课后的日常生活或在其他领域的学习活动中迁移、运用、巩固、丰富、扩展，并使各活动内容间具有连续性、承接性的策略。

（一）在学习内容上拓展延伸

例如，要求幼儿课后把学到的故事讲给爸爸妈妈听，把新学的歌曲唱给亲人听，这些都属于纵向拓展延伸。这样做不但能巩固幼儿所学的知识和技能，而且能让幼儿与亲人加强交流，提高幼儿的自信心。再例如，在健康活动中，幼儿认识了自己的鼻子后，教师安排幼儿课后观察小鸡、小狗、猴子、大象等动物的鼻子和我们人类的鼻子有什么不同，这些属于横向拓展延伸。这样做既能巩固幼儿所学的知识，又能扩大幼儿的探索观察范围，开阔幼儿的视野。

（二）在学以致用上拓展延伸

例如，幼儿在数学课上学习按颜色分类后，教师可安排幼儿回家后将衣服、玩具、蔬菜等物品按颜色分类。再例如，幼儿在科学课上认识磁铁后，教师要求幼儿回家后制作磁铁小玩具，用磁铁找掉在地上的铁针等。只有让幼儿将在课堂上所学的知识应用于生活实践，才可能使幼儿在实践的磨砺中将知识内化，进而激起幼儿更高的学习积极性和主动性。

（三）在学科整合上拓展延伸

在教学活动中，也应将幼儿的课后活动拓展延伸到相关的其他学科领域中去。例如，健康课"白白的牙齿"，让幼儿通过学习、观察等一系列活动，认识了自己的牙齿，并了解到吃饭后滞留在牙缝中的食物残渣和糖类食物，都会变成像醋一样的酸性物质，伤害牙齿。课后的拓展延伸活动，可引导幼儿开展把同牙齿一样含有钙质的坚硬的鸡蛋壳放到醋里去的科学观察活动。幼儿经过观察探究，亲眼看见了鸡蛋壳在醋中变成不堪一击的"软蛋壳"，使幼儿更深刻、直观地认识到酸性物质对牙齿的伤害，在增强幼儿保护牙齿的意识的同时，也培养了他们的科学探究能力。

该案例的拓展延伸活动，既巩固了幼儿所学知识，又扩大了幼儿的视野，提高了幼儿进行科学探索的兴趣。

通过以上案例，我们清楚地看到，教学活动的结束和延伸环节作用非同一般。因此，在设计教学活动时，要高度重视结束和延伸环节，把重要的、有趣的设计放在"终场"，起到"压轴"的作用。

另外，结束环节不只是起激活信息、延伸扩展的作用，还起到评价作用。评价包括对幼儿的评价和对教师的评价。评价是活动达到目标的重要组成部分，其中幼儿的自我评价最重要。

例如，大班科学课"好玩的塑料瓶"教学过程。

一、观察塑料瓶

1. 师：（出示塑料瓶）小朋友们都喜欢玩，你们看，老师今天给你们带来了什么好玩的东西？

2. 师：你们看，塑料瓶好看不好看？哪里好看？（颜色：有红，有白，有绿，有黄；形状：有圆，有方）

3. 师：塑料瓶有红的、黄的、绿的颜色，都很鲜艳，形状有方形的，有圆形的，样子也非常好看。那么，瓶子的身子和脖子比哪个长哪个短？小朋友们都长了一个红樱桃一样的小嘴巴，瓶子的小嘴巴长在哪里？是什么形状的？你们喜欢瓶子吗？

4. 师：小朋友们观察瓶子都非常细心，表达得也非常棒。

5. 小结：夸塑料瓶。

塑料瓶真好看，红白绿黄真鲜艳。瓶身高高脖子短，身子有方也有圆，圆圆的小嘴在上边，小朋友们见了都喜欢。

二、玩耍塑料瓶

1. 师：小朋友们观察并夸奖了塑料瓶，塑料瓶听了可高兴啦！它说小朋友们观察得非常仔细，表达得也非常棒。塑料瓶夸小朋友们聪明能干，它还要考一下小朋友，你们有没有信心回答它的问题？

2. 师：塑料瓶说小朋友们会唱歌会跳舞，本领可大了。那塑料瓶有什么本领？（装东西）能装什么东西？除了装东西还可以怎么玩？

3. 师：塑料瓶听了小朋友们的话，心里更高兴了："原来我有这么多的本领！"那我们一起玩装东西的游戏好吗？

4. 玩装沙、装水等游戏。

评析：由于幼儿年龄小，本身经验有限，因此在各类教学活动中往往对事物的兴趣不持久，或在活动中遇到一点点困难，受到一些干扰，就不想继续了。特别值得一提的是，幼儿的兴趣和自信心最初是建立在别人对他们的反应上的，他们总是通过别人的眼睛认识自己，通过别人对自己的评价来肯定自己。因此，在引导幼儿学习的过程中，教师应采取巧言激趣的策略，适时地运用引导性、启发性、鼓励性、称赞性、信任性的巧妙语言，不时地点拨、鼓励幼儿想一想、试一试、做一做。只有这样才能持续激发幼儿学习的兴趣，增强其战胜困难、解决问题的自信心，进而激活幼儿的思维，让其自主学习，快乐成长。

后记

　　本人在编写本书的过程中，虽本着继承发扬、开拓创新的原则，但由于水平有限，错误难免，敬请大家批评指正！

　　本书除了阐释对幼儿教育新课改的一些见解之外，还从实际出发，分别介绍了教学活动各环节中常用的导学策略等实用知识。通过所举教学案例可以看出，谈话导学策略是使用非常广泛的导学策略，而其他的导学策略各具特色，但使用的条件和范围不尽相同。通过理论和实践的论述，我们还可以得知，幼儿教学活动是一个综合性很强的活动，教师只有根据教学的内容和幼儿已有的知识经验，有针对性、有的放矢地选择适用的导学策略，并在教学活动中灵活机动地穿插使用，才能收到事半功倍的教学效果，才能使我们的教育达到最高境界。

　　教育是一门艺术，更是一门科学，而我们对教育的探究是没有止境的。在不断深化教育教学改革、全面走进创新型教育的今天，我衷心地期望所有从事幼教事业的教师们，在教育工作中能够理论联系实践，积极探索总结，相互交流提高，共同开创中国幼教事业的新天地。

靳存安

2016 年 6 月 10 日

西南师范大学出版社
《名师工程》系列丛书目录

系列	序号	书　　名	主编	定价
陕派名师系列	1	《让教育走进灵魂深处——一位优秀教师的教育心语》	刘跃红	30.00
	2	《教育与梦想同行——宝鸡"国培计划"项目成果精选》	李春杰	30.00
	3	《中小学教师师德素养提升80讲》	张军学　曹永川　国晓华	30.00
	4	《轻松突破作文瓶颈——构建范畴思想下的作文思维》	李旭山	35.00
	5	《爱在人生伊始——幼儿教师培训指导手册》	张昭	35.00
	6	《为儿童终身发展奠基——幼儿教师必备的幼教技能》	靳存安	30.00
	7	《如何成为一名专家型教师》	孙铁龙　党纳	35.00
教研提升系列	8	《语文教师必备的音韵学素养》	李明孝	30.00
	9	《校本教研的7个关键点》	孙瑞欣	30.00
	10	《教师怎样做小课题研究——高效助力教师专业化成长》	徐世贵　刘恒贺	30.00
	11	《今天我们应怎样评课》	张文质　陈海滨	30.00
	12	《今天我们应怎样进行教学反思》	张文质　刘永席	30.00
	13	《一节好课需要的教育智慧》	张文质　姚春杰	30.00
鲁派名师系列·教育探索者	14	《追问历史教学之道》	钟红军	36.00
	15	《灵动英语课——高效外语教学氛围创设艺术》	邵淑红	30.00
	16	《校园，幸福教育的栖居》	武际金	30.00
	17	《复调语文——尊重生命自我成长的语文教学》	孙云霄	30.00
	18	《智趣数学课——在情感深处激发学生的数学智能》	王冬梅	30.00
	19	《高品位"悦读"——让情感与心灵更愉悦的阅读教学》	马彩清	30.00
	20	《品诵教学——感悟母语神韵的阅读教学》	侯忠彦	30.00
	21	《智趣化学课——在快乐中提升学生的科学素养》	张利平	30.00
码名师解系列	22	《教育需要播种温暖——谢文东与儒雅教育》	余香　陈柔羽　王林发	28.00
	23	《为了未来设计教育——梁哲与探究教育》	冼柳欣　肖东阳　王林发	28.00
	24	《真心是教育的底色——谭永焕与真心教育》	谭永焕　温静瑶　王林发	28.00
	25	《做超越自我的教师——刘海涛与创新教育》	王林发　陈晓凤　欧诗停	28.00
	26	《打造灵动的教育场——张旭与情感教育》	范雪贞　邹小丽　王林发	28.00
高效课堂系列	27	《让数学课堂更高效——教研员眼中的教学得失》	朱志明	30.00
	28	《从教会到教慧——小学生数学学习能力的培养艺术》	滕云	30.00
	29	《用什么提高课堂效率——有效数学课必须关注的10大要素》	赵红婷	30.00
	30	《让作文更轻松——小学作文高效教学36锦囊》	李素环	30.00
	31	《让研究性学习更高效——研究性学习施教指导策略》	欧阳仁宣	30.00
	32	《让母语融入学生心灵——提升学生语文素养的高效施教艺术》	黄桂林	30.00

系列	序号	书　名	主编	定价
创新课堂系列	33	《重塑课堂生命力——小学新课堂教改成功之路》	陈华顺	30.00
	34	《小学语文"三环节"阅读教学法——自学、读讲、实践》	薛发武	30.00
	35	《个性化课堂教学艺术：小学语文》	商德远	30.00
	36	《如何实现三维目标——让学生与文本共鸣的诵读教学》	张连元	30.00
	37	《想说　会说　有话可说——突破作文瓶颈的三维教学法》	杨和平	30.00
	38	《综合课的整合创新教学》	周辉兵	30.00
	39	《如何打造学生喜欢的音乐课堂》	张　娟	30.00
	40	《理想课堂的构建与实施——一个教研员眼中的理想课堂》	张玉彬	30.00
	41	《小学语文：决定教学质量的关键策略》	李　楠	30.00
	42	《用〈论语〉思想提升数学教育智慧》	胡爱民	30.00
	43	《童化作文——浸润儿童心灵的作文教学》	吴　勇	30.00
系名列校	44	《人本与生本：管理与德育的双重根基》	广州市广外附设外语学校	30.00
	45	《生本与生成：高效教学的两轮驱动》	广州市广外附设外语学校	30.00
	46	《世界视野与现代意识：校本课程开发的二元思维》	广州市广外附设外语学校	30.00
	47	《让每个生命都精彩——生命教育校本实践策略》	王鹏飞	30.00
	48	《好学校，从关注每个学生开始——石梅小学优质教育多元感悟》	顾　泳　张文质	30.00
思想者系列	49	《回归教育的本色》	马恩来	30.00
	50	《守护教育的本真》	陈道龙	30.00
	51	《教育，倾听心灵的声音》	李荣灿	30.00
	52	《心根课堂——让教育随学生心灵起舞》	刘云生	30.00
	53	《做一个纯粹的教师》	许丽芬	26.00
	54	《率性教书》	夏　昆	26.00
	55	《为爱教书》	马一舜	26.00
	56	《课堂，诗意还在》	赵赵（赵克芳）	26.00
	57	《今日教育之民间立场》	子虚（扈永进）	30.00
	58	《教育，细节的深度反思》	许传利	30.00
	59	《追寻教育的真谛——许锡良教育思考录》	许锡良	30.00
	60	《做爱思考的教师》	杨守菊	30.00
鲁派名校系列·教育探索者	61	《让生命异彩纷呈——差异教育的构建与实施》	张晓琳	30.00
	62	《博弈中的追求——一位中学校长的"零"作业抉择》	李志欣	30.00
	63	《大教育视野下的特色课程构建——海洋教育的开发实施》	白刚勋	30.00
名师教学手记系列	64	《唤醒生命的对话——孙建锋语文教学手记》	孙建锋	30.00
	65	《让作文教学更高效——王学东写作教学手记》	王学东	30.00
名校长核心思想系列	66	《智圆行方——智慧校长的50项管理策略》	胡美山　李绵军	30.0
	67	《做一个智慧的校长》	孙世杰	30.00
	68	《成为有思想的校长》	赵艳然	30.00

系列	序号	书　　　　名	主编	定价
创新班主任系列	69	《班主任专业化成长策略》	杨连山	30.00
	70	《班级活动创新与问题应对》	杨连山　杨照　张国良	30.00
	71	《班集体建设与创新人才培养》	李国汉	30.00
	72	《神奇的教育场——打造特色班级文化创新艺术》	李德善	30.00
创新教学语文系列	73	《曹洪彪新概念快速作文》	曹洪彪	30.00
	74	《小学语文：享受对话教学》	孙建锋	30.00
	75	《小学语文：名师教学目标落实艺术》	刘海涛　王林发	30.00
	76	《小学语文：名师魅力教学设计艺术》	刘海涛　王林发	30.00
	77	《小学语文：名师魅力课堂激趣艺术》	刘海涛　豆海湛	30.00
	78	《小学语文：单元整体教学构建艺术》	李怀源	30.00
	79	《小学作文：名师情趣课堂创设艺术》	张化万	30.00
优化教学系列	80	《高效教学组织的优化策略》	赵雪霞	30.00
	81	《高效教学方法的优化策略》	任　辉	30.00
	82	《高效教学过程的优化策略》	韩　锋	30.00
	83	《让教学更生动——激发兴趣让学生快乐认知》	朱良才	30.00
	84	《让教学更高效——策略创新让教学事半功倍》	孙朝仁	30.00
	85	《让教学更开放——拓展延伸让学生触类旁通》	焦祖卿　吕　勤	30.00
	86	《让教学更生活——体验运用让学生内化知识》	强光峰	30.00
	87	《让知识更系统——整合与概括让学生建构体系》	杨向谊	30.00
	88	《让思维更创新——思辨与发散让学生思维活跃》	朱良才	30.00
名师名课系列	89	《名师如何炼就名课》（美术卷）	李力加	35.00
教师成长系列	90	《做会研究的教师》	姚小明	30.00
	91	《学学名师那些事》	孙志毅	30.00
	92	《给新教师的建议》	李镇西	30.00
	93	《教师心灵读本：成为有思想的教师》	肖　川	30.00
	94	《教师心灵读本：教师，做反思的实践者》	肖　川	30.00
幼师提升系列	95	《全国优秀幼儿健康教育活动课例评析》	教育部教育管理信息中心	30.00
	96	《全国优秀幼儿艺术教育活动课例评析》	教育部教育管理信息中心	30.00
	97	《全国优秀幼儿社会教育活动课例评析》	教育部教育管理信息中心	30.00
	98	《全国优秀幼儿语言教育活动课例评析》	教育部教育管理信息中心	30.00
	99	《全国优秀幼儿科学教育活动课例评析》	教育部教育管理信息中心	30.00
教师修炼系列	100	《班主任工作行为八项修炼》	杨连山	30.00
	101	《教师心理健康六项修炼》	李慧生	30.00
	102	《教师专业化五项修炼》	杨连山　田福安	30.00
	103	《课堂教学素养五项修炼》	刘金生　霍克林	30.00
	104	《高效教学技能十项修炼》	欧阳芬　诸葛彪	30.00
	105	《教师新师德六项修炼》	王毓珣　王　颖	30.00
创新教学数学系列	106	《小学数学：名师教学目标落实艺术》	余文森	30.00
	107	《小学数学：名师高效教学设计艺术》	余文森	30.00
	108	《小学数学：名师易错问题针对教学》	余文森	30.00
	109	《小学数学：名师魅力课堂激趣艺术》	余文森	30.00
	110	《小学数学：名师同课异教》	林高明　陈燕香	30.00
	111	《小学数学：名师抽象问题艺术教学》	余文森	30.00

系列	序号	书　　名	主编	定价
教育心理系列	112	《做最好的心理导师——中学生心理健康咨询手册》	杨东	30.00
	113	《每天学点教育心理学》	石国兴　白晋荣	30.00
	114	《学生心理拓展训练与指导》	徐岳敏	30.00
	115	《好心态成就好学生——学生心理问题剖析与对症教育》	李韦遵	30.00
教学新突破系列	116	《把教学目标落实到位——名师优质课堂的效率管理》	冯增俊	30.00
	117	《拿什么调动学生——名师生态课堂的情绪管理》	胡涛	30.00
	118	《零距离施教——名师和谐师生关系的构建艺术》	贺斌	30.00
	119	《一个都不能落——名师提升学困生的针对教学》	侯一波	30.00
	120	《让学习变得更轻松——名师最能吸引学生的情境设计》	施建平	30.00
	121	《让知识变得更易学——名师改造难学知识的优化艺术》	周维强	30.00
教育通识系列	122	《用心做教师——青年教师快速成长的十大定律》	王福强	30.00
	123	《做最受学生欢迎的老师》	赵馨　许俊仪	30.00
	124	《做有策略的校长——经典寓言与学校管理智慧》	宋运来	30.00
	125	《做有策略的教师——经典故事中的教育启示》	孙志毅	30.00
	126	《从学生那里学教书》	严育洪	30.00
	127	《突破平庸——提升教育质量的31个跳板》	严育洪	30.00
	128	《教育，诗意地栖居》	朱华忠	30.00
	129	《好班规打造好班级》	赵凯	30.00
	130	《做学生成长的引领者——学生终身成长的素质培养》	田祥珍	30.00
	131	《如何管出好班级——突破班级管理的四大瓶颈》	刘令军	30.00
	132	《青春期性教育教师实用手册》	闵乐夫	30.00
高中新课程系列	133	《高中新课程：教师角色转变细节》	缪水娟	30.00
	134	《高中新课程：班主任新兵法细节》	李国汉　杨连山	30.00
	135	《高中新课程：教学管理创新细节》	陈文	30.00
	136	《高中新课程：更有效的评价细节》	李淑华	30.00
名师讲述系列	137	《施教先施爱——名师讲述班主任的核心教导力》	杨连山　魏永田	30.00
	138	《在欢乐中成长——名师讲述最具活力的课堂愉快教学》	王斌兴	30.00
	139	《让学生做自己的老师 ——名师讲述如何提升学生自主学习能力》	徐学福　房慧	30.00
	140	《引领学生高效学习 ——名师讲述如何提高学生课堂学习效率》	刘世斌	30.00
	141	《教育从心灵开始——名师讲述最能感动学生的心灵教育》	张文质	30.00
教育管理力系列	142	《名校激励管理促进力》	周兵	30.00
	143	《名校安全管理执行力》	袁先潋	30.00
	144	《名校师资团队建设力》	赵圣华	30.00
	145	《名校危机管理应对力》	李明汉	30.00
	146	《名校校本研究创新力》	李春华	30.00
	147	《学校文化力建设策略》	袁先潋	30.00
	148	《名校长核心教育力》	陶继新	30.00
	149	《名校长高绩效领导力》	周辉兵	30.00

系列	序号	书　　　　名	主编	定价
教育管理力系列	150	《名校行政管理细节力》	杨少春	30.00
	151	《名校教学管理提升力》	张　韬　戴诗银	30.00
	152	《名校学生管理教导力》	田福安	30.00
	153	《名校校园文化构建力》	岳春峰	30.00
大师讲坛系列	154	《大师谈教育心理》	肖　川	30.00
	155	《大师谈教育激励》	肖　川	30.00
	156	《大师谈教育沟通》	王斌兴　吴杰明	30.00
	157	《大师谈启蒙教育》	周　宏	30.00
	158	《大师谈教育管理》	樊　雁	30.00
	159	《大师谈儿童人格塑造》	齐　欣	30.00
	160	《大师谈儿童习惯培养》	唐西胜	30.00
	161	《大师谈儿童能力培养》	张启福	30.00
	162	《大师谈早恋与性教育》	闵乐夫	30.00
	163	《大师谈儿童情感教育》	张光林　张　静	30.00
教育细节系列	164	《名师最具渲染力的口才细节》	高万祥	30.00
	165	《名师最有效的沟通细节》	李　燕　徐　波	30.00
	166	《名师最有效的激励细节》	张　利　李　波	30.00
	167	《名师培养学生好习惯的高效细节》	李文娟　郭香萍	30.00
	168	《名师人格教育的经典细节》	齐　欣	30.00
	169	《名师营造课堂氛围的经典细节》	高　帆　李秀华	30.00
	170	《名师最有效的赏识教育细节》	李慧军	30.00
	171	《名师最有效的批评细节》	沈　旎	30.00
教学提升系列	172	《方法总比问题多——名师转变棘手学生的施教艺术》	杨志军	30.00
	173	《用特色吸引学生——名师最受欢迎的特色教学艺术》	卞金祥	30.00
	174	《让学生爱上课堂——名师高效课堂的引导艺术》	邓　涛	30.00
	175	《拿什么打开思路——名师最吸引学生的课堂切入点》	马友文	30.00
	176	《没有记不牢的知识——名师最能提升学生记忆效果的秘诀》	谢定兰	30.00
	177	《让学生的思维活起来——名师最激发潜能的课堂提问艺术》	严永金	30.00
国际视野系列	178	《行走在日本基础教育第一线》	李润华	26.00
	179	《润物细无声——品鉴国外德育智慧》	赵荣荣　张　静	30.00
	180	《不让一个学生掉队——国际视野下的教育均衡实践》	乔　鹤	28.00
	181	《从白桦林到克里姆林宫——俄罗斯中小学教育纪实》	赵　伟	30.00